中公新書 2329

リチャード・ベッセル著
大山 晶 訳

# ナチスの戦争 1918-1949

## 民族と人種の戦い

中央公論新社刊

# 目次

# 凡例

一、本書はRichard Bessel, *Nazism and War*, Weidenfeld & Nicolson, 2004.の全訳である。
一、原著には小見出しはなく、本訳書で付したものである。
一、読みやすさを考え、適宜改行を加えている。
一、本文中の〔　〕は訳注であることを示す。

# ナチスの戦争 1918-1949

# 序論

ナチズムと戦争は切り離すことができない。ドイツの国民社会主義は、第一次世界大戦に敗北し傷ついた国で政治運動として台頭し、勝利を収めた。その指導者は自らの人生の意味を戦争に見出《みいだ》していた。ヒトラーは第一次世界大戦を「人生でもっとも忘れがたい時期」と形容し、それに比べれば「すべての過去は忘却のかなたに消え失《う》せた」と述べている(1)。

政治的イデオロギーとしてのナチズムは、戦争と闘争を中心に展開した。つまり、戦いは国家の主要目的であると同時に「民族」の健全さの尺度でもあったわけだ。ナチズムのイデオロギーは戦争のイデオロギーであり、平和は戦争の準備期間にすぎず、敵とみなした人種とは永遠に戦い続けるのが当然だった。このイデオロギーはヨーロッパ大陸の人種地図を塗り替えるべく引き起こされた戦争によって現実のものとなる。

ナチズムによる政治は攻撃的で敵意に満ち、ドイツの街頭に暴力をもたらした。制服に身を包んだ政治的武装部隊はナチの自慢の種だった。ナチ・ムーヴメントとナチ政権のプロパガンダにはかならずと言っていいほど戦争用語が使われた。ひとたび国家権力を掌握するや、分別に欠け最終的に自滅したとはいえ、ナチ指導部は戦争に向けて驚くほど着実に歩を進めた。ドイツ国内の経済と社会の軍国化をはかり、ドイツ市民を洗脳し、戦争を容認するどころか熱狂的に賛同するまでに仕立て上げた。その結果勃発した第二次世界大戦は、第一次世界大戦よりもはるかに破壊的なものとなる。ナチによって戦争の性質は変わり、産業化時代の大規模な戦闘の恐怖に、殲滅《せんめつ》という人種主義者の蛮行が加わった。

ナチはドイツ国民を民主主義の政治プロセスに参加させることなく、暴力と戦争に加担させた。ヨーロッパ大陸のほぼ全域に、そしてほぼすべてのドイツの家庭生活に戦争をもたらした。過去いかなる国も経験したことのないような敗北をドイツにもたらした。そのただなかに残されたドイツ人は、いまだかつてない悲惨な戦争と人類史上もっとも恐ろしい狂乱とも言うべき殺戮《さつりく》の、政治的、経済的、社会的および精神的残骸から、どうにか抜け出すことができた。

ドイツのみならずヨーロッパの二〇世紀はナチズムと戦争によって転換期を迎えた。二〇世紀ヨーロッパの騒然たる歴史の中心で、第一次世界大戦が生み出した衝撃波は広がり、おびただしい血が流されたのち、封じ込められた。(2) うわべだけの礼節と、さらに言うならばうわべだけの文明は、第一次世界大戦をもって、ヨーロッパ社会から剝がれ落ちた。一九一四年八月の銃声が告げたのは、ひとつの時代の到来である。そのなかで数千万のヨーロッパ人が暴力的な死を迎え、何億ものヨーロッパ人が、公益が私益に優先する無慈悲な独裁国家に従属させられた。荒々しく破滅的な世界大戦を経て莫大《ばくだい》な犠牲を払ったのち、一九四五年の第三帝国崩壊で流れは変わる。しかし第一次世界大戦の破局がもたらしたじつに破壊的な展開がヨーロッパ大陸で鎮静したのは、戦後の時代が過ぎ、ドイツ統一が果たされ、ソ連および東欧の共産主義体制が崩壊した、二〇世紀の終わりになってからのことだ。

要するに、ナチズムの起源はドイツ固有の社会的・経済的構造にはじめから存在したわけではなく、第一次世界大戦とその敗北という大きな混乱の結果生まれたものだと考えられる。しかしながら、ナチズムは現代ヨーロッパ史における長期的な課題、すなわち人種主義の顕現であるとともに、その極致でもある。人間を「人種」によって分類し、これらの「人種」は人間的な価値階層のなかで序列化しうるという信仰は、一九一四年の大戦勃発よりはるか以前に形作られ、広範囲にわたる支持を得ていた。それゆえ、ナチズムがドイツのみならず、一九世紀ヨーロッパで広く流布していた思想や信仰の表出であることを理解しておかねばならない。しかしドイツに固有の特徴も見られる。それは世界有数の工業国において、幼稚な人種イデオロギーに鼓舞された暴力的な政治結社が権力を掌握し、想像を絶する規模の戦争を起こしえたという点だ。これまで明らかにされてきた史上もっとも恐ろしい人種主義をナチズムが強制できたのは、この事実のためである。

当然のことながら、人種差別によるナチの集団殺戮、とりわけヨーロッパ・ユダヤ人の絶滅計画の研究は、近年の第三帝国研究のなかで重要な位置を占めている。マルクス主義が陰りを見せ階級と階級意識に対する歴史家の関心が弱まったこと、また新たな資料、とくに戦争中の東欧占領地におけるナチの活動に関する保管資料が入手可能になったこと、そして歴史家たちがナチ・イデオロギーを以前にも増して真摯に受け止めるようになったことなどから、「人種」が歴史研究の中心テーマとなってきている。

ヨーロッパ・ユダヤ人の殺害に関する研究(3)や、ナチのポーランド東部（ガリツィア）、ベラルーシ、バルト諸国占領や集団殺戮に関する印象的で詳細な研究が進展しているのに加え、「人種」を論点に据えた研究は数多くある。(4) 集団殺戮の中心となった高官たちを養成した国家保安本部（RSHA）指導者(5)、ナチ・ドイツにおける結婚や家族に関する法律(6)、ナチのヨーロッパ・ジプシー攻撃(7)、「反社会的」と烙印《らくいん》を押された人々への対処(8)、第三帝国の犯罪捜査警察(9)、ナチの植民組織(10)、親衛隊（SS）が作り上げた莫大な利益をもたらす組織(11)、医学と優生学(12)などは、研究テーマのほんの一例にすぎない。

今日、ナチズムに関する著作は、ナチの人種主義や、計画的で組織的かつ包括的な大量殺戮をテーマにしたものが中心になっている。そのうちもっとも目を引くのが、マイケル・バーリーとヴォルフガング・ヴィッパーマンが提示した新たなパラダイムである。彼らはこう述べている――「[ナチの]社会政策の主要な目的は、依然として人種の新たな序列を作り上げることにあった。この目標は、外交や戦争の遂行も含めた他のすべてに優先した。政権の人種政策担当者にとって、第二次世界大戦は何よりもまず人種戦争であって、最後まで限りなく冷酷にやり遂げなければならないものだった」[13]。異議を唱えるまでもないだろう。バーリーとヴィッパーマンは、全体主義、近代化、あるいはファシズムのグローバル理論に基づく解釈が的外れだという確固たる論拠を提示している。そうした解釈では、国民社会主義に関する本当に重要な問題、つまり人種的な動機からくる戦争と大量殺戮についての説明がつかないというのである。

しかし、「人種」にばかりこだわりすぎると、ナチズムの歴史の重要な側面を見落とす危険がある。第三帝国における経済発展、ナチ政権下でのドイツ人の日常生活、ナチの「民族共同体《フォルクスゲマインシャフト》」では階級格差が解消されるという魅力、「人種主義国家」の指導者ヒトラーにとって最大の関心事であり続けた軍事増強と軍事行動、といった側面だ。もちろん、こうしたテーマのいずれも、ナチの人種主義と切り離すことはできない。

第三帝国は、民族共同体《フォルクスゲマインシャフト》構成員の平等と無階級社会を目指し、再分配を行う現代の偉大な政権のひとつだったという意見もあるかもしれない。しかし、結局のところ、その財源は他国民からの搾取と、死に至らしめたユダヤ人からの計画的な略奪に依存していた[14]。第三帝国において、経済の主要な役割は、民族闘争に必要な資金を供給することにあった。ドイツ人の日常の事柄や成功の見込みは、しだいに人種という思想を中心に据えたプロパガンダや政策に影響されるようになっていく。民族共同体《フォルクスゲマインシャフト》では、陸軍士官が労働者の娘と結婚することがあっても、ユダヤ人と結婚することはありえない。ドイツ人の幸福はしだいに他者の隷属に依存するようになった。

ドイツの軍隊は、人種根絶の戦争であることを承知のうえで、進んで参加したと考えられる。ゲッツ・アリーが最近述べた「経済、社会、人種、戦争に関する政策が結びついて、この国への支持を盤石なものにした」という言葉は忘れがたい(15)。ナチの「人種」の概念、および人種間の闘争は必然的で永久に続くという考えには、かならず戦いがついてまわる。国内の政敵との戦い、ユダヤ人との戦い、スラヴ人との戦い、人種的に純潔なドイツ人が隣人を隷属させヨーロッパ全域に定住するために障害となる人々との戦いだ。

本書はナチズムの中核にある要素、つまり人種という視点から考え出された闘争と戦争に焦点を当てることで、ナチズムについて明快な議論を提示するものである。ナチズムの原因と結果はいずれも戦争にあり、状況と成り行きを決定したのも戦争であった。戦争はナチの成功の前提条件であると同時にナチの企ての本質であり、ナチ政権の活動とナチに従属させられた人々の生活を支配した。そして第三帝国による戦争がもたらしたものは、ナチズムそれ自体よりも生きながらえ影響を及ぼし続けた。本書はその点を考慮し構成されている。

ドイツの国民社会主義と戦争との関係を論じた四つの章を年代順に並べた。第1章は第一次世界大戦の余波である。これを知らなければ、ナチズムの台頭と勝利を想像するのは難しい。第2章は第二次世界大戦へと至る道。ヒトラーがドイツ政府の頂点に立つや、ナチの政策を方向づけたのはこの戦争だった。第3章は第二次世界大戦の遂行。ナチのイデオロギーは、人種主義者による絶滅戦争という形で現実化した。そして第4章が第二次世界大戦の余波である。ナチズムの負の遺産は、一九四五年五月からはるかのちまでドイツ人とヨーロッパ人の生活に影響を与え続けた。

以上のような枠組みによってナチズムの歴史をとらえることにより、政治、経済、社会、軍事の歴史を結びつけることが可能になる。また、実際そうすることは必要である。そこから過去数十年間にわたり研究者が発表してきた、第三帝国の歴史に関する数多くの論文へと進む道が開ける。

ナチズムの歴史を年代順に語ろうとすれば、当然、ヒトラー政権の始まりと終わり、つまり一九三三年から四五年の期間に収まるわけがない。ナチズムをそれに先立つ第一次世界大戦の後史として、さらには第三帝国が崩壊した一九四五年五月以後の前史として検証するからだ。ナチズムがもたらしたものは未曽有《みぞう》の苦しみだけではない。結果的に、（西）ドイツと（西）ヨーロッパは著しく安定し、繁栄した。この戦後の成功譚《たん》もナチズムと戦争の結果だが、莫大な犠牲を払ったのも事実である。ヨーロッパは分断され、ナチ・ドイツによる暴力と破壊の結果、数千万人が亡くなった。

ナチズムの台頭と凋落《ちょうらく》は、そして第三帝国が起こした戦争は、ドイツおよびヨーロッパの社会、政治、精神構造に大いに作用し、何十年もの間影響を及ぼし続けることになった。だからこそ、ナチズムの歴史を異常で独特な恐ろしい事件ととらえ、その特異で無類な邪悪さが突如発生したものだと決めつけるのではなく、私たちの生きる瑕疵《かし》多き世界の歴史の恐るべき一部分として理解に努めることがますます必要になってくるのだ。

# 第1章　第一次世界大戦の余波とナチズムの台頭

### ヒトラーの決意

一九二三年一一月に企てたミュンヘン一揆《いっき》が失敗に終わり、有罪判決を受けたアドルフ・ヒトラーは、獄中で執筆した『わが闘争』のなかで、第一次世界大戦終結時の自らの様子を次のように記している。

［一九一八年］一〇月一三日から一四日にかけての夜間、イギリス軍はイープルの南の前線で毒ガス攻撃を開始した。黄色いガスの効果は未知で、少なくとも私自身は聞いたことがなかった。まさにその晩、私はこのガスを浴びる運命にあった。ヴェルヴィックの南側の丘で一〇月一三日の夕刻、われわれは数時間にわたり、ガス弾によるすさまじい爆撃にさらされた。攻撃は激しくなったり弱まったりしたものの、一晩中続いた。真夜中頃には多くの兵士が動けなくなり、なかには落命した者もいた。朝方近くなって、私も痛みを感じ始めた。一五分ごとに痛みは強まり、朝の七時頃には両目が焼けるようだったが、よろめきながら、この戦争で最後となる通信文を後方に届けた。数時間後、私の目は燃える石炭のようになり、何も見えなくなった。

私はポンメルンのパーゼヴァルクの病院に送られ、そこで革命のことを聞かねばならなか

った。(1)

視力を失った伍長《ごちょう》が休戦と革命について知ったときの様子を芝居がかった口調で述べながら、ヒトラーはこう主張している。

起こってしまった恐ろしい出来事について明確な情報を拾い集めようとすればするほど、私の頭は憤りと恥ずかしさで熱くなった。この悲劇に比べれば、私の両目の痛みなどどうということもない。

その後の日々は耐えがたく、夜はさらにひどかった。敵の慈悲にすがるなど、愚か者か嘆かわしい嘘《うそ》つきだけが勧めそうなことだ。夜間に私の憎悪は膨れ上がった。この卑劣な犯罪を企てた者たちへの憎悪である。

ヒトラーにとって、教訓は明らかだった。

ユダヤ人に合意できるようなことは何もない。きっぱりと白黒つけなければならない。それで私は、政治という仕事に携わろうと決意したのだ。(2)

この発言から、ナチズムとナチの政策の起源がよくわかる。世界大戦での敗北という結果を受け、ヒトラーは抑えきれない憎悪をほとばしらせ、ドイツの敵とされる者たち、とくにユダヤ人への暴力的な敵意を強硬に示している。アドルフ・ヒトラーほど第一次世界大戦の結果に大きな意味を見出《みいだ》していた者はいない。フランドルでマスタードガス攻撃を受け、一時的に盲目となってポンメルンの片田舎の軍病院に横たわる無力な傷病兵。(3)ドイツ軍は崩壊し、ドイツの戦争遂行努力を支持する裏づけとなっていた希望と期待は消滅した。ナチズムが誕生した時と場所を特定できるとすれば、それは一九一八年一一月のパーゼヴァルクの野戦病院だろう。

## ドイツ帝国の崩壊

第一次世界大戦終結は多くのドイツ人にとって思いもよらない突然の悲劇で、ただでさえ大きな衝撃であるところに、政治革命のショックまでもが加わった。一九一四年に戦争勃発を歓迎して明確に結束していたものが（勃発時点でのドイツ人の実際の反応から生まれたというよりは、一九一四年八月の事件の報じ方や、その後の受け止め方から生まれたものだったが）、あからさまで冷酷で暴力的な分裂へと変わった。(4)多くのドイツ人は、国民が祖国愛を通じて結束し大戦が始まったものと信じていたのに、結果的に皇帝は退位し、社会と経済が混乱するなか、帝政は面目を失い崩壊して戦争は終わった。ドイツ人が敗北から想起するのは、一九一八年に数十万のアメリカ軍によって増した連合軍の強さではなく、ドイツ自体の崩壊である。戦争中にドイツ国内で広がっていた困窮への不満、労働者階級の急進主義とストライキ、一九一八年初頭の攻撃失敗後に起こったドイツ兵の大量脱走は皇帝の退位を促した。そして最終的には一〇月下旬と一一月初旬、戦争に負けたも同然でありながら見込みのない自殺行為とも言える作戦に送られることに不満を抱いた水兵がキールとヴィルヘルムスハーフェンで反乱を起こし、それが決定打となった。(5) 一九一八年一一月にドイツの政権は社会民主党（SPD）の政治家たちの手に転がり込んだが、国民全体の支持を得られたとは言いがたい。彼らが直面したのは、憤りを募らせ、苦悩し、平和に対する非現実的な期待でいっぱいの人々、そしてこの先どのように進んでいくべきか、大いに迷う人々だった。

停戦と革命後の数ヵ月で、ドイツの経済と政治は混乱状態に陥った感がある。一九一八年一一月の政権交代そのものは著しく平和的に進んだし、ドイツ軍の帰国と動員解除も大方の予想よりかなりスムーズに運んだものの、すぐに流血沙汰が続いた。東プロイセンのポーゼン州と西プロイセンで、ポーランド人暴徒がポーランド住民の多い領域をドイツから奪取したのだ。ベルリンでは一九一九年一月に共産党員が蜂起したが、準備不足もあって簡単に鎮圧され、スパルタクス団の指導者ローザ・ルクセンブルクとカール・リープクネヒトが殺されている。ドイツの工業地帯（とくにルール地方）ではストライキが起こり、生産性が急激に低下し、暴力沙汰に発展した。旧軍は弱体化していたため、政府はその代わりとなる軍事組織の設立を助け、頼りにするようになった。義勇軍《フライコール》である。大戦で戦う機会を逸した学生たちや退役兵からなる義勇軍部隊は、政府の脅威となるであろう左翼をしばしば非常に残忍かつ血なまぐさい方法で鎮圧した。そしてのちにナチ・ムーヴメントで存在感を際立たせることになる多くの人々にとっては、これがはじめて政治を経験する場となる。石炭と食糧の不足、輸送の困難、狂乱的なインフレのせいで、ドイツ人の生活は悲惨だった。政情不安と経済の混沌《こんとん》を反映して犯罪率が上昇し、インフレを背景に窃盗事件が急増し、暴力沙汰は日常茶飯事になっていった[6]。ドイツ人にとって当然だったはずの秩序ある社会は、消え失《う》せたかに思われた。著名なドイツ系ユダヤ人の社会学者ノルベルト・エリアスは、一九九〇年に亡くなる直前、こう回想している——「戦争が突然終わったときのことは、今でもはっきりと覚えている。突然、秩序が崩壊した。みな、頼れるのは自分しかいない。平和になったのはわかったが、ドイツが敗北したのが悲しく、それからはごく単純に毎日を生きていこうとした[7]」。

## ヴェルサイユ条約の衝撃

第一次世界大戦によって、ドイツは上品とは言い難い、非常に粗野な、「毎日を生きていくため」の場所になってしまった。当然のことながら、さまざまな面で幅広い憤懣《ふんまん》が生じる。秩序の崩壊を目《ま》の当たりにしたドイツ人は、降りかかった災厄を誰のせいにすべきか、矛先を探した。祖国がなぜ戦争に突入し、戦い、貧困化したかという過酷な事実に向き合うのではなく、ふたつの対象に怒りの目を向けたのである。国外では、屈服したドイツにヴェルサイユ条約という容認しえない「絶対的命令」を押しつけた連合国に。そして国内では、ドイツを背後からひと突きにしたとされる人々に。

一九一九年七月にドイツが不本意ながら調印したヴェルサイユ条約は、たいへんな衝撃をもたらした。停戦時、ドイツ人の多くは、アメリカ大統領ウッドロー・ウィルソンが一九一八年秋に明言していた気高い講和原則から生まれる平和を無邪気に期待していたため、条約は耐えがたいほど厳しいものに思われたのだ。西部（アルザス＝ロレーヌとオイペン＝マルメディ）、北部（北シュレースヴィヒ）、そしてもっとも重要な東部（ポーゼン、西プロイセン、上シュレジェンの一部）の領土を失ったこと、支払いに何十年もかかる莫大《ばくだい》な賠償金を課せられたこと、そして「戦争責任条項」によって戦争勃発の責をドイツ政府が負わされたことは、とても容認しえず不公平としか言いようがなかった。

ヴェルサイユ条約でドイツが割譲した経済的資源なしでは、国の未来が暗いことは誰の目にも明らかである。これにより、一九二〇年代のドイツの窮境を、世界大戦での敗北による物質的・社会的損失のせいではなく、弱体化した国に連合国が押しつけた不公平な講和条件のせいにする傾向が強まった。右派のみならずあらゆる政治的立場の人々がヴェルサイユ条約を糾弾し、実際、政治的対立だらけのヴァイマル共和国で、おそらく唯一一致していたのが、ヴェルサイユの「絶対的命令」に対する敵意だった。

## 「背後からのひと突き」伝説

ドイツのこのような混乱状態は、信頼できる民主政治を進めていくためには当然有害である。多くのドイツ人は、国軍が四年という長きにわたり多数の敵からドイツを断固として守ったのち、自国での裏切りのせいで崩壊したと信じるようになった。突然の予期せぬ敗北は、連合軍が優れていたからではなく「背後からのひと突き」のせいだ、と主張されたのである。第一次世界大戦でドイツ軍はロシアを破って戦争から離脱させ、東方の敗戦国に懲罰的な講和条約を押しつけたのち、まだ敵地を占領していた。そして何年もの間、最高司令部と政府はドイツの先行きについての幻影を助長し、楽観的なプロパガンダと情報管理を行ってきた。そういった背景を考えると、人々がドイツの兵士たちは戦場で敗れたのではなく、国内の裏切り者と革命家によって崩壊させられたのだと信じたのも無理はない。前線の兵士たちが最後まで英雄的に戦ったとされるのに対し、国内の臆病な人々はおそらく物不足や困窮、そして祖国も持たぬ無節操な左翼の扇動者によってくじけ、ドイツの戦争遂行努力を支えることもできなかっただろう。英雄的な奮闘の伝説に裏切りの伝説が加わり、ドイツがなぜ戦争に負けたのかという曖昧で複雑で不愉快な真実に向き合うよりも、このふたつの伝説をうのみにするほうが簡単だったのだ。

この政治的に有害な伝説は、ドイツが絶望的な戦いを放棄した瞬間から形をとり始めた。たとえば一九一八年一一月半ばにプロイセンの戦争省は、「四年間戦争の恐怖から祖国を守り、屈服することなくハイマート（故郷）に戻った軍服姿の英雄たち」を歓迎するよう指示している。[8] 一一月革命後に暫定政府の指揮をとっていた社会民主党のフリードリヒ・エーベルトは、自身も戦争でふたりの息子を失っていたが、一九一八年一二月一〇日、ベルリンに帰還したドイツ軍部隊を迎えた際、同様の賞辞を述べている。「諸君の犠牲と偉業は比類ない。いかなる敵も諸君を負かすことはできなかった！」[9] エーベルトは「敵が人的資源や物量ではるかに優位に立ったからこそ、われわれも奮闘をあきらめたのだ」とも述べているが、話すべきことの雛《ひな》形《がた》は決められていた。ドイツ軍が戦場では負けていなかったという主張は受け入れられた。

しかし戦場で負けたのでないとすれば、どこで負けたというのか。停戦条約の調印直後、帝国は国内で「背後からひと突きにされた」という主張がしだいにささやかれるようになった。陸軍元帥パウル・フォン・ヒンデンブルクはこの主張を取り上げ、彼らしい陰険な方法で広めた。一九一九年一一月に議会の調査委員会で、ドイツの敗戦は軍指導者あるいは戦闘部隊に落ち度があったからではなく、「ハイマート」が腰抜けだったからだと証言したのだ。ヒンデンブルクは一九一八年一二月から広まっていたこの主張を繰り返し、「イギリスのある将軍」が「ドイツ軍は背後からひと突きにされた」と言ったらしいと述べ、大きな波紋を呼ぶことになる。[10]

ヒンデンブルクはエーリヒ・ルーデンドルフとともに一九一六年から一八年までドイツの戦争指揮の責任者だったが、もっと慎重であるべきだった。しかし慎重だったとしても、このフレーズがヴァイマルとナチ・ドイツの政治的用語として定着するのを止めることはできなかっただろう。あるいは数百万のドイツ人が自分なりの理由をつけて敗北にまつわる好ましくない事実を直視せず、「背後からのひと突き」伝説を受け入れるのを妨げることはできなかっただろう。こうして、戦争体験の記憶を戦争体験の伝説にすり替える御膳立てが整った。

ドイツ人は戦争を専制政権への奉仕のなかで行った愚かな大量殺戮《さつりく》とみなすのではなく、歴史家ジョージ・モッセの言葉を借りるなら、「意味のある、神聖とすら言えるできごととして振り返った。[……]戦争体験の神話は、戦争の本性を隠し戦争体験を正当化するために作り出された。戦争の現実性をはぐらかすことを意図していたのだ(11)」。

### 憎悪に基づく政治運動の温床

ドイツの第一次世界大戦がどのように終結しどのように記憶されたかは、深刻な結果につながった。それは一九一八年以後、敗北から生まれた新たな民主的共和政体が、最初から分裂に直面することを意味した。ドイツ住民の多く、蓋を開けてみれば大半が、新たな民主的「体制」に黙って不満を募らせるか荒々しく反対するかのどちらかだったのだ。これは第一次世界大戦でドイツに悲劇(二〇〇万人以上のドイツ人が亡くなり、さらに数百万人が負傷し、西部、北部、東部のかつてのドイツの領土は取り上げられ、経済は困窮した)をもたらした責任をとるべき人々が、その責任からまんまと逃れられることを意味した。また、新たな共和国政府が大衆の期待ることを意味した。しかし外交的にも経済的にも非常に難しい立場に応《こた》えなければならないことを意味した。しかし外交的にも経済的にも非常に難しい立場にあるなか、その望みは薄い。そしてさらに、ドイツ人が本当は敗北を受け入れておらず、戦時から一九一八年以後の平時へ、社会の切り替えが進んでいないことを意味した。ドイツ政界において、ヴェルサイユ条約の「絶対的命令」や民主的な政治家、いわゆる「一一月の犯罪者」、富裕層、ユダヤ人、外国人に対してしきりに表明された憎悪は、大部分が第一次世界大戦の遺物だったのである。

　これにより、憎悪に基づく政治運動が成長するための温床ができあがった。彼らは軍事的敗北から生まれた政治体制を一掃すること、ドイツ人の「民族共同体《フォルクスゲマインシャフト》」を確立して政治的・社会的分裂を克服すること、一九一八年一一月の「恐ろしい事件」、「卑劣な犯罪」を覆すことを確約している。停戦条約が調印された際、ドイツの状況を文字どおりまったく知ることができなかったアドルフ・ヒトラーは決意した。背後からのひと突きを再び起こしてはならない、前線のドイツ兵を国内で二度と裏切ってはならない、一般市民の間に非ドイツ分子の毒が広がるのを二度と許してはならない、と。

　ヒトラーは一九一八年一一月の経験を『わが闘争』のなかで述べ、「われわれは過去の栄光にまだ浴する価値があるだろうか？」と問いかけている。[12]その答えは断固たる「ある《ヤー》」だ。一九一八年の不名誉は、完全なる勝利もしくは完全なる敗北によって消し去られるだろう。反逆分子は抹殺されるだろう。二度と停戦条約を結ぶことはないだろう。

## NSDAPの前身

のちに国民社会主義ドイツ労働者党（ナチ党〔NSDAP〕）となるドイツ労働者党は、第一次世界大戦直後に誕生している。敗北と革命に続く混沌のなかで生まれた多くの小規模な右翼政治団体のひとつで、一九一九年一月五日、ミュンヘンで結成された。ベルリンはもちろんだが、ミュンヘンも戦後大規模な政治的混乱を経験している。一九一八年一一月七日にバイエルン王国のヴィッテルスバッハ朝が倒れた。皇帝が退位する二日前のことである。その後、急進的な左翼政府がいくつか誕生しては消え、最後にあたるミュンヘン・ソヴィエト共和国（モスクワに感化されていた）は、政権を掌握して一ヵ月の混乱ののち、五月初めに倒された。最終的に政治を引き継いだのが保守的なバイエルン政府だったため、ベルリンの共和国政府を目の敵《かたき》にする右派にとって、ミュンヘンは心地よい居場所となる。ナチ党の未来の党首は、一一月二一日にパーゼヴァルクからミュンヘンに戻ったが、可能な限り長く軍にとどまった。実際、一九二〇年三月末まで正式には除隊していない。この点で、ヒトラーは第一次世界大戦の大方の退役兵とは異なる。彼らは軍隊を離れ市民生活に戻ることを何よりも願ったからだ。ヒトラーは陸軍で「信任者」（情報提供者）の仕事にありつき、反ボルシェヴィキ「研修」を受けたのち、バイエルンの首都で誕生していた多くの急進的な政治団体を調査することになる。一九一九年九月一二日にドイツ労働者党の会合に出席したのも任務のためだ。数日後、ヒトラーは党員となった。[13]

ヒトラーが小規模で「退屈な」ドイツ労働者党に参加して政界を目指したのは、第一次世界大戦末期の経験や、軍に引き続き雇われたことが直接関係している。まぎれもなく、ナチズムは政治運動として始まったときから戦争と結びついていた。ほかにも結びついていたものはある。そのひとつ、義勇軍《フライコール》は、多くの点で「ナチズムの前衛」として機能した。[14] 戦争を体験したばかりの将校が率いる義勇軍《フライコール》には一九一九年三月の時点で約二五万人が所属していたが、軍を支え、左翼による現実の脅威、および想定される脅威から政府を守るためだけに存在したわけではない。[15] 戦後の時代にも戦いを持ち込み、のちにナチ・ムーヴメントで頭角を現す多くの者たちに一時的な居場所を提供したのである。エップ義勇軍で参謀長を務めたエルンスト・レーム、やはりエップ義勇軍の隊員だったルドルフ・ヘス、ロスバッハ義勇軍の隊員だったマルティン・ボルマン、ハインツ機関とシル義勇軍に加わったヴィクトル・ルッツェ、メルカー将軍のもとで狙撃兵義勇軍に所属したラインハルト・ハイドリヒはその一例だ。

ドイツの若い成人が戦争中ほぼ全員軍務に就《つ》いたことを考えると、塹壕《ざんごう》からの帰還兵が戦後の不穏で急進的な政界で存在感を強めるのは当然だった。しかし、ナチズムと第三帝国を形成したのは、第一次世界大戦中と大戦後の戦闘経験だけではない。集団殺戮も含め、ナチのもっとも過激な政策の実行に役立った者たちの多くは、戦中戦後の混乱期に青春時代を（しばしば父親たちを前線にとられて）送っていた。[16] 彼らは銃後で戦争を体験したわけだが、銃後であっても重要な体験であることに変わりはない。実際、鋭い洞察力をもつ思想家セバスティアン・ハフナーがナチズムのルーツと考えているのは、「前線世代」よりもこの世代の者たちだ。「真にナチ世代と言えるのは、一九〇〇年から一九一〇年の一〇年間に生まれた者たちで、彼らにとって戦争は大がかりなゲームにすぎず、戦争の現実とは無縁だった」とハフナーは述べている。(17)

## ナチ・ムーヴメントの特徴

草創期のナチ・ムーヴメント（ヒトラーはまたたく間にドイツ労働者党の支配権を握ると、一九二〇年二月に「国民社会主義ドイツ労働者党」と改称）には、反マルクス主義、反ユダヤ主義、反ヴェルサイユ条約、そして国内外での暴力という特徴があった。こういった姿勢はいずれも敗戦に起因している。そしていずれも将来ナチ政権が専心することになる戦争を指し示していた。

ナチにとって「マルクス主義者のインターナショナリズム」は、ドイツの労働者を国家的・人種的共同体から引き離し民族《フォルク》の結束を弱める脅威であるとともに、一九一八年にドイツの奮闘を妨害したものでもある。ゆえに粉砕しなければならなかった。ユダヤ人はマルクス主義者の脅威の陰に隠れ、ドイツ民族を汚染し弱らせ破壊しようとする病原菌である。ゆえに排除しなければならなかった。敵国はヴェルサイユ条約を利用してドイツを永遠に跪《ひざまず》かせようとしている。ゆえに「原状」回復するためだけでなく、必要な「生存圏」を東方に拡大し掌握するためにも打倒しなければならなかった。そして第三帝国を打ち立て、ドイツが支配するヨーロッパを実現するためには、暴力という手段が必要だった。

民主的なヴァイマル「体制」を打倒し、マルクス主義を粉砕し、「ユダヤ人問題」を解決し、「ヴェルサイユの鎖」を断ち切り、ドイツが再び戦争に向かうことのできる軍事力を築き上げることによって、目標は達成される。要するにナチズムは、国内（マルクス主義者、ユダヤ人とそのドイツ国内の同調者に対する）および国外での戦いに専心する運動であるとともに、人種差別的世界観に支配された運動だったのである。ナチはドイツの「アーリア人」を頂点に、「ユダヤ人」を底辺にしたヒエラルキーが人間にはあると考えていた。

ここまでで、ナチ・ムーヴメントにとくに斬新な点は見当たらない。第一次世界大戦後のドイツでは、熱狂的かつ暴力的な雰囲気のなかで過激な右翼団体が数多く誕生し、敗戦のおかげで政権を掌握した共和制に敵意を抱き、憤慨し、怒り、自暴自棄になった人々を引き込んでいたからだ。新たな共和制、マルクス主義者、ユダヤ人、ヴェルサイユ条約に対する猛烈な敵意は、終戦直後の時代に多数の支持を引きつけた。無力なヴァイマル政府が分裂を深刻化させる一方で、盛んに使われるようになった言葉が、ドイツ人の団結を表す民族共同体《フォルクスゲマインシャフト》である。それを構築すれば、階級的・社会的分裂は克服され、人種的「異分子」もいなくなるというのだ。クーデターの企てや数百人にのぼる政治的殺人、産業の混乱、犯罪の増加など、内戦に発展しそうな雰囲気が漂うなか、ナチの暴力的なレトリックと活動（ナチは暴力的な分隊である突撃隊《シュトゥルムアブタイルンク》、つまりSAを迅速に組織しており、これは一九二一年から政治集会での警護を行い、積極的にプロパガンダに利用された）は、時代にうまく溶け込んだ。また、ナチの人種主義的で反ユダヤ的なメッセージは、ライバル組織に比べはるかに過激だったかもしれないが、反ユダヤ的な事件や暴力が急増する状況にうまく適合した。(18)

## ミュンヘン一揆という転機

一九二〇年代初頭にヒトラーが党首に就任し、ミュンヘン周辺でかつてないほど大勢の聴衆が演説に集まるようになると、新興のナチ・ムーヴメントはしだいに注目され支持されるようになっていった。しかしその後、インフレが最悪の事態に陥った一九二三年一一月にミュンヘン一揆が失敗すると、終戦直後のナチズムは完全に終息する。バイエルン政府に厚遇されながらベルリンのいわゆる「一一月の犯罪者」を雄弁な演説で攻撃するのと、反逆という暴力行為を実行するのとでは事情がまったく違った。ベルリン政権転覆のためにバイエルン政府を脅し、武力で政府に楯突《たてつ》かせようという的外れな企ての結果、ナチ・ムーヴメントは終戦直後のドイツに暴力で対抗しようとしたさまざまな左翼団体と同じ運命をたどる。ヒトラーは前年のムッソリーニのローマへの進軍をまね、旧軍の元主計総監エーリヒ・ルーデンドルフと並んでベルリンへの進軍を開始したが、ミュンヘン中心部にほど近い将軍廟《フェルトヘルンハレ》の前で軍にさえぎられた。国軍は外国の軍隊から国を守ることはできなかったかもしれないが、必要とあらば内部からの

1923年11月4日。ミュンヘン一揆の5日前、民兵組織がミュンヘンの通りを行進し、バイエルン戦没者記念碑の前を通り過ぎている。ヒトラー（無帽でステッキを手にしている）は隊形を点検している。

暴力的な転覆の企てに対しドイツ国を守る用意があった。

当時はかならずしも明らかではなかったものの、ミュンヘン一揆の企てはナチズムの歴史の転機となった。この一揆はヴァイマル共和国の初期に企てられた最後のクーデターとなる。フランスとベルギーの部隊がルール地方を占領してドイツに賠償金を請求し、ハイパーインフレーションで有史以来未曽有《みぞう》のレベルまで貨幣価値が下落し、ドイツ経済が急激に悪化、左右両派からの暴力的な抗議が相次いで、ヴァイマル共和国はもっとも不安定な時期を迎えたかに見えた。しかし、それは一九二〇年代半ばの比較的安定した時期に向かって共和国が危機を脱した瞬間でもあった。ナチのクーデター失敗後まもなく貨幣は安定し、グスタフ・シュトレーゼマンのもとでドイツ政府がフランスとの和解に尽力した結果、大損害を被ったルール占領は終結し、終戦直後の「大混乱」は終息した。

ミュンヘン一揆でヒトラーは全国的な有名人になった。北部や東部のドイツ人がバイエルンにいるナチの扇動者を知ったのは、クーデターが企てられたためばかりではない。ヒトラーは引き続き行われた裁判で自らを弁護するため演壇に立ってさらに有名になり、NSDAPの党首として国じゅうの新聞の一面を飾った。おそらく何より重要なのは、一揆が失敗したために、ナチ・ムーヴメントが戦後の早い段階でそれまでの活動をかなり切り捨てたことだろう。SAと他の武装民兵組織との関係は一九二三年初頭に強まり、この比較的急進的な支援者から見限られないためには一一月に行動を起こさねばならないという圧力をヒトラーは感じていたが、両者の関係は破綻し、一九二〇年代半ばのNSDAP再建に伴い解消された。反逆罪にしては非常に軽い刑期を終えてヒトラーが釈放され、NSDAPが一新されると、ナチ・ムーヴメントはもはや議会の外で暴力的な行動に参加することも厭《いと》わない退役兵の運動ではなくなった。規律ある政党となり、議会民主制を打倒すべく議会での駆け引きに取り組むことになったのである。

## NSDAPの再結成

一九二五年二月二七日にミュンヘンでNSDAPを再結成すると、ヒトラーは政治生命を危機にさらした一九二三年一一月の過ちを二度と繰り返さないと心に誓った。以後、ヴァイマル体制への反対活動は、法律の範囲内で規則に従って行われることになる。統一され中央集権化されたNSDAPの基盤にあるのは、指導者への無条件で純粋な忠誠だった。党員は他の政治団体や民兵組織に所属することは許されない。ナチ指導部は「運動と組織の内部結束を徹底的に強化し」、SAは「武装グループや部隊」を加入させず、非武装の分隊として集会を警護し大衆を「啓発する」ことになった。しかし、ナチ・ムーヴメントの基本的な目的は変わらない。「ドイツ国民のもっとも忌むべき敵、すなわちユダヤ人およびマルクス主義者」と戦うことだった(19)。

党はドイツ人社会の階級区分を打破し、ユダヤ人を排除した民族共同体《フォルクスゲマインシャフト》を作り上げ、ヴァイマル体制を打倒することを目指し続けていた。相変わらず軍事的で反民主的で人種主義的な政綱を掲げ、第一次世界大戦におけるドイツの敗北とヴェルサイユ条約の受け入れを頑《かたく》なに拒んだ。しかし一九二三年以後状況は一変する。終戦直後の混乱は去り、過激な政治活動に対する大衆の支持も失われた。ドイツの民主主義を国民が気に入らなかったにしても、一九二〇年代半ばには、もはや体制が即崩壊する危険は見当たらなかった。一九二八年五月の国会選挙で、NSDAPはかろうじて二・六パーセントの票を得たにすぎない。一九二四年五月の国会選挙でドイツ民族自由党が集めた票の半分以下である。

しかし一九二八年にはナチは非常に重要な成果を誇ることができた。NSDAPは草創期の本拠地だったバイエルンを越えて首尾よく広がり始め、全国政党となったのである。北部および東部ドイツでは、一九二四年の選挙で統一戦線を張ったさまざまな民族主義団体がしだいにNSDAPの組織に合体していった。[20]これは一九二四年には他の民族主義組織とともに活動しなければならなかったナチが、一九二八年には事実上、急進的で人種主義的な唯一の右派政党になったことを意味する。NSDAPはまだ大政党には程遠かったものの、人種主義者の票を取り合うライバル政党はもはや存在しなかった。そしてドイツの有権者にさほど人気があるわけではなかったが、政治活動家を引きつけることにかけてはかなり成功していた。

一九二八年末にはNSDAPの党員は約一〇万人に達している。[21]同年五月の選挙で全国で八一万票とるのがやっとだった党としては驚くほどの党員数だ。ナチはまた、若年層を取り込み始めた。若者をSAに入隊させ、大学生から驚くほどの支持を得て、第一次世界大戦で戦っていない世代に首尾よく支持を広げた。[22]ナチの指導者たるアドルフ・ヒトラーは、大衆の大きな関心と支持を呼び起こし、下手をすれば暴走しかねない党員たちを規律ある政治組織のなかで統御していた。実際、ヒトラーの舵取《かじと》りがなければ、党の分裂もありえただろう。ヒトラーが自らの地位を正当化した独裁的な「指導者原理」は、ヴァイマル共和国の比較的安定した時代をナチ・ムーヴメントが生き延びるための鍵になったと考えられる。

実際のところ、一九二〇年代半ばに復活したナチ・ムーヴメントは、状況が好転するのを待たねばならなかった。一九二七年七月に内務大臣の機密報告書で述べられているように、ナチは「数字上は取るに足らない、大半の住民にも政治的事件の経過にも顕著な影響を与えることなどできない、急進的・革命的な分派」だったかもしれない。(23) しかしこの時期、党は規律ある組織を作り、ヒトラーが指導者であることへの反発を抑え、事実上ドイツにおける唯一の急進的右派政党となって、一九二〇年代末と一九三〇年代初頭に見られるように、ヴァイマルの社会と政治に深くとどまっていた問題がひとたび表面化するや、うまく立ち回ってそこから利益を得ることができた。

### 鉄兜団の鬨の声

一九二〇年代半ばのシュトレーゼマン時代には経済が比較的安定し、国際社会への復帰も進み、首尾は上々だったにもかかわらず、ヴァイマル政府はけっして盤石な民主的基盤を得ることができなかった。行政を担当した政党は、かならずと言っていいほど次の選挙で支持率が低下した。一九二四年から二八年にかけて連立政府に加わった党はすべて、一九二八年の選挙では四年前に比べ得票数が減少している。政党は国全体の繁栄よりも、地域社会と地域経済の利益を上げることが自分たちの役割だと考える傾向があったし、ドイツの有権者もそれを基準に投票した。左派であれ右派であれ、かなりのドイツ住民が、この連立政府やあの政党が嫌いだからというのではなく、総じて政府の共和制に反発していた。一九二〇年代半ばに全国で四〇万から五〇万の会員を有していた退役将校の右派組織、鉄兜団《てつかぶとだん》のブランデンブルク支部が、一九二八年九月に次のように述べている。多くのドイツ人は間違いなくこの意見に賛成したことだろう。

われわれは現体制を心から憎悪している。〔……〕なぜなら、奴隷となった祖国を解放し、ドイツ人民が戦争で着せられた汚名をそそぎ、生存に必要な場所を東方に得て、ドイツ人民を再び兵役につかせるというわれわれの目的を、この体制は妨げるからだ。(24)

フリードリヒ・エーベルト亡きあと、一九二五年に第一次世界大戦の英雄パウル・フォン・ヒンデンブルク(民主的なヴァイマル「体制」を体現する人物とはけっして言えない)が大統領に選出されていたにもかかわらず、ベルリンの共和制政府に対する敵意は変わらず燃えたぎっていた。実際、この老将軍が保守派と右派の有権者から広い支持を得てドイツ共和国のトップに就任したことは、未来への不吉な兆候となる。(25)

鉄兜団のけたたましい鬨《とき》の声が示唆しているように、第一次世界大戦の遺物はヴァイマル・ドイツの政治に害を与えた。鉄兜団の常套《じょうとう》手段は、ナチズムが跋扈《ばっこ》する雰囲気を作り上げた。まずは暴力による国政への干渉である。終戦直後の混沌とした激しい分裂のさなかに、多くの政治家の命が奪われた。一九一九年にフーゴー・ハーゼ(人民代表委員会の六人のメンバーのひとり。一九一八年一一月に政府の共同委員長)、一九二一年にマティアス・エルツベルガー(中央党の政治家で一九一八年に停戦条約に調印。のちに財務相）、一九二二年にはヴァルター・ラーテナウ（外務大臣、戦時中は戦時原料局長）が暗殺されている。義勇軍《フライコール》の部隊は、左派による現実および想定される反乱を粉砕すべく、過剰なほどの暴力を繰り返し用いた。民兵組織は、ヴァイマルの政治場面で日常的に見かけられる存在となった。政治的なレトリックは極端に過激になった。暴力に対する暗黙の容認が広がり、それはヴァイマル・ドイツ政界の第一の特徴となった。[26]

第二の特徴は、ヴェルサイユ条約が完全なる不公平条約であること、それにより課せられた賠償が容認しえないものであることが、ドイツのあらゆる政治的立場の人々に受け入れられていた点である。これを信じるあまり、悪意ある連合国に押しつけられた外的負担が取り除かれさえすれば事態は是正される、という幻想が強まった。ドイツ人は世界大戦での敗北を直視するよりも、まったく頼りにならない政治を選んだ。そのなかではドイツ人が抱える困難の非常に多くが、外部の要因、外国人、ヴェルサイユ条約の「絶対的命令」のせいだとされた。

第三の特徴は、領土、とくにポーランドとの「流血の国境」の東側を失った傷が癒えず、つねに敗戦を思い出す原因になるばかりか、そこから再度の決戦の必要性を考える人々が多かった点である。要するにドイツ社会はいつ内戦が勃発してもおかしくない状態にあったわけだ。ナチは好機をとらえ、こういったことを運動の拡大に大いに役立てた。

## 制限された国軍と民兵組織

内外での戦いはヴァイマル・ドイツの政治に非常に大きな役割を果たしていたが、ドイツ軍の兵士の数はきわめて少ないままだった。ヴェルサイユ条約の条項により、ドイツ軍、つまり国軍《ライヒスヴェーア》軍の兵力は一〇万人に制限されていた。これは開戦前夜、つまり一九一三年のドイツの全兵力の約六分の一にあたる。さらに、国軍に入隊した志願兵は、一二年間の兵役を義務づけられた。これは一九二〇年のヴェルサイユ条約施行以前に比べて、国軍とドイツ社会との直接の行き来がほとんどなくなることを意味する。徴兵は行われないし、軍務を終えた若者が一定のペースで市民生活に復帰してくるという流れもない。また、希望者がすべて軍人になれるわけでもない。しかしヴァイマル・ドイツには戦争の記憶、戦争の影響、軍のイメージ、軍国主義の価値観が浸透していた。政党が威圧的な制服姿の部隊を抱えることは当たり前になった。

ナチのSAは一番の成功例で、ヴァイマル共和国末期には同様の「政治的兵士」のなかでも最大の部隊となったが、とりたてて特異な存在だったわけではない。共産主義者には赤色戦線戦士同盟があったし（一九二九年に禁止されると、「ファシズムに対する闘争同盟」となった）、社会民主党はかなりの隊員数を誇る国旗団に支えられていた。好戦性や軍国主義とは程遠い印象のあるカトリック中央党にすら十字架団という民兵組織があった。ヴァイマル・ドイツの若者は軍に入隊する機会がないだけになおさら、軍への憧れや暴力のはけ口をさまざまな民兵組織や制服姿の部隊に求める傾向があった。

国軍は多くの若者たちの軍隊生活への渇望を満足させられないばかりか、事実上、国を防衛することもできなかった。いざとなれば国内の反乱から国を守る程度のことはできたが、外部からの軍事的脅威を撃退するにはとうてい及ばない。フランス軍（一九二五年時点で七五万人の兵力）、ポーランド軍（三〇万人）、そしてチェコスロヴァキア軍（一五万人）にすら数で劣っていたからだ。(27) 軍首脳部は祖国を防衛する能力について幻想を抱いていたかもしれないが、それもすべて一九二三年に打ち砕かれた。フランスとベルギーの軍がさらなる現物での賠償を求めてルール地方に進軍してきたのを、なすすべもなく傍観しているほかなかったからである。(28)

### 東部国境の防衛

同様に深刻なのは、ポーランドがもたらす脅威だった。ヴァイマル時代に国軍はポーランドを深刻な軍事的脅威とみなし、新生ポーランドに攻撃されても対処できる力がドイツ軍にはないと確信していた。(29) 国軍は将来の再軍備や戦争計画を立案できたし、実際に立案もした。その計画は第一次世界大戦（要するに、軍事的目標のために経済や社会の協力を求める、産業化時代の戦争）の教訓を生かすものであると同時に、民主的な政治体制との関係を不安定にするものでもあった。(30) しかし、その一方で、軍は「愛国的な」市民、とくに脆弱《ぜいじゃく》な東部国境地域に住む市民の協力を求めなければならなかった。

これにより軍首脳部は難しい立場に置かれ、ナチ・ムーヴメントとの宿命的な関係が始まる基盤はここから生まれた。ナチは多くの人々から胡散臭《うさんくさ》い目で見られ続け、政府を暴力で転覆させる考えをおそらく捨てていなかったが、ドイツ東部では、ナチと軍部との実践的な協力の基盤が一九三〇年代初頭にはできあがっていた。東部国境警備の組織について、国軍は社会民主党率いるプロイセン政府との合意に達することができず、そのせいでヴァイマル政界の顕著な特徴だった「国民主義的」民兵組織の潜在的な能力を活用する必要性はいっそう明らかになっていた。[31]とくに一九三〇年九月の国会選挙でNSDAPが驚異的な成功を収めてからは、これはすなわちナチへの期待を意味した。想定されるポーランドの侵略に対抗するため、国軍首脳部が大衆の支援を求めると、愛国心に燃えた（すなわちマルクス主義者以外の）若者がナチの構成員（とくにSA）のなかにしだいに数多く見られるようになった。ゆえに東部国境防衛計画では、ナチの活用を考慮する必要があったのである。[32]

ヒトラーは一九三二年四月に（ポンメルンの）ラウエンブルクで、「現体制の指導者を解任しない限り、ナチがドイツ国境を防衛することはない」と断言したと伝えられているものの、実際はヴァイマル共和国の最後の数年間、SA隊員が国境防衛部隊に喜んで参加したことが判明している。[33]ナチの支持者は軍事訓練を熱望し、ポーランドとの対決を熱望した。そして国軍は訓練を施してくれる人々の助けを歓迎した。こういったことは、とくにポーランド回廊〔ヴェルサイユ条約によってポーランドに編入された旧ドイツ領のヴィスワ川下流域地方〕によって帝国の他の領土から切り離されていた東プロイセンの「飛び地」において顕著だった。この地域の国軍幹部のなかに、のちに第三帝国で注目すべき役割を果たす顔ぶれが見られる。

一九二九年一〇月から東プロイセンの防衛管区Iで司令官を務めたヴェルナー・フォン・ブロムベルクは、一九三三年にヒトラー内閣の国防大臣に就任したし、ブロムベルクの参謀長ヴァルター・フォン・ライヒェナウは第二次世界大戦で国防軍部部長と陸軍元帥を務めることになる（そして東部戦線に配した麾下《きか》の部隊が「無慈悲な人種主義者」となることを期待した）[34]。そして防衛管区Iの師団つき牧師ルートヴィヒ・ミュラーは、ドイツ・プロテスタント教会（ナチの「ドイツ的キリスト者」）の初代（そして唯一の）国家主教を、ヒトラーの政権掌握後の短期間務めた。

## 「闘争の時代」

もちろん、一九三〇年代初頭にナチのSAと党の活動家たちが国境防衛にばかり関心を寄せていたわけではない。一番の関心は政治権力を掌握するための運動にあり、それはしだいに熱を帯び、しばしば暴力的になっていった。一九二〇年代末に新たな経済危機が始まると（最初にそれを痛感したのは農家だった）、中産階級の党が得ていた固定票が崩れ、重要な選挙でNSDAPに支持が集まるようになった。地方の選挙結果はナチへの支持の高まりを示した（党の地方支部が国じゅうに設置された一九二九年六月にメクレンブルク＝シュヴェリンで四パーセントだった支持率が、同年一〇月のベルリンではほぼ七パーセント、一一月のリューベックでは八・一パーセント、一二月のチューリンゲンでは一一・三パーセント、翌三〇年六月のザクセンでは一四・四パーセントに上昇)。一九三〇年代初頭には一連の選挙運動で政治活動が加速し、ナチの集会、行進、プロパガンダ、党大会という巨大なうねりへと発展する機会が生まれた。

急速に拡大するNSDAPとSAのメンバーのもっとも印象深い特徴のひとつは、活動に対し非常に積極的な姿勢を示したことである。既存の「ブルジョワ」党員とは異なり、ナチは次から次へと続く選挙運動の際だけでなく(選挙期間中、地方の党員やSAの部隊は毎晩派手に騒ぎ立てていたようだ)、選挙と選挙の間もたゆまぬ活動を続ける心構えでいた。

ナチの活動家たちはヒトラーの演説を聞くため、あるいはSAの主要な行進に参加するため、しばしばかなりの距離を移動している。また、定期的に党に献金し、集会に次ぐ集会、大会に次ぐ大会に出席した。「闘争の時代《カンプツァイト》」にNSDAPやSAに加入した多くの若者は、ヒトラーの運動に尽力することで、活力、冒険、そして家庭や共同体の退屈さや孤立感から抜け出す機会と、さらには兵役に代わるものを手に入れた。この積極的な策略で、ナチは加入者の生活を支配することができたのである。

### 頻発する暴力事件

ナチの政策は暴力的な政策でもあった。ヒトラーはヴァイマル共和国打倒のために「合法的」な運動をすると繰り返し公言したものの、これは基本的に、国の軍隊との直接対決は悲惨な結果になりかねないので避けるという意味であり、かならずしも暴力を避けるという意味ではない。ナチ・ムーヴメントは相変わらず軍隊調で暴力的だったが、実を言えば、党に引き込まれた若者にとってはそれも魅力のひとつだった。

軍隊式のヒエラルキー、行進、そして制服は、ナチの活動家にとっても満足げに見つめる第三者にとっても魅惑的で、彼らはナチ・ムーヴメントに活動的な若い力、すなわちマルクス主義とヴァイマル体制を粉砕し勇敢な魂をドイツに取り戻す力を見出していたのである。たとえナチがいまだに非武装を建前にしていても、SAでは護身術や野外演習、ときには手榴弾《しゅりゅうだん》や機関銃を使った軍隊式の訓練までもが、一九三〇年代初頭には当然のごとく行われていた。[35]一九三二年九月にSAのあるリーダーが述べているように、軍事演習や武器を使った訓練は、「SAの士気と闘争心を高めるにはとくによい方法だった」のだ。[36]

ヒトラーは繰り返し暴力的なレトリックを使い、ひとたびナチが権力を掌握したら「首が飛ぶ奴《やつ》が出る」と強調した。[37]一九三二年八月に上シュレジェンの村で共産党支持者を残酷に撲殺した悪名高いポテンパ殺人事件では、有罪判決を受けたナチの凶悪犯たちに対し、NSDAP指導者は「限りない誠実」を宣言している。[38]ゲッベルスは「闘争の時代」のSAについて、「SA隊員は戦いを欲しているし、戦いに導かれる権利もある。隊員の存在の正当性は戦いでのみ勝ち取ることができるのだ」と書いている。[39]ナチ指導部が思い描く政策は「戦い」であって、彼らはそれを隠しもしなかった。

攻撃的な姿勢はドイツの街頭での暴力沙汰にも表れており、ナチ・ムーヴメントはそれを誇りにしていた。一九二〇年代末から一九三三年まで、NSDAPとそのプロパガンダ活動の進展と、政治的に鼓舞された暴力事件との間には緊密な関係があった。政治大会や行進、あるいは政治的信念の異なる集団が偶然鉢合わせしたことから起こる乱闘は、しだいにありふれた光景となり、殴打や刃傷《にんじょう》や銃撃も同様に行われた。集会や行進が挑発的になれば応えないわけにはいかない。政治がらみの乱闘による死傷者は増加し、一九三二年の夏にピークを迎えた。

選挙運動は、ヴァイマル共和国最後の年の特徴とも言うべき狂乱状態を極めた。最悪の事件のひとつ、アルトナ（ハンブルクの隣）で七月一七日に起こった「血の日曜日」事件では、共産主義者とナチのデモ参加者の乱闘で一八人が死亡し六八人が負傷している。全体で数百人が死亡、数千人が負傷し、ナチ・ムーヴメントはその死をナチの「思想」、ナチの指導者、そしてドイツへの殉死だと賛美した。たしかに、政治的暴力を扇動したのはナチだけではない。とくに共産党員は支持者に「どこであれファシストを見かけたら撃て」と警告し、負けていない。[40]また、社会民主党の国旗団も乱闘にひるまなかった。しかし一九三〇年代初頭、政治はしだいにナチの思惑どおり、暴力的に進められることになる。

それでもナチは、あまりに事を急ぎすぎないよう注意しなければならなかった。成果は一九三二年七月三一日の国会選挙で明確に示される。このときNSDAPは自由選挙で最高の支持を得て、得票率は三七・四パーセントに達し、国会第一党となった。しかし選挙での成功が即ベルリンでの権力掌握につながるわけではない。ナチは集めた支持のほぼすべてを活用しても、一九三二年四月のプロイセン州の選挙と大統領選挙では得票率をほとんど伸ばすことができず、ふたつのマルクス主義政党、すなわち社会民主党とドイツ共産党（ＫＰＤ）、あるいはカトリック中央党への支持を減らすことにも失敗した。そして大統領フォン・ヒンデンブルクが国会の第一党党首であるヒトラーに政権を渡すのを嫌がっていることが判明した。

ナチの比較的乱暴な支持者、とくに東プロイセンの支持者は、自力で対処しようと決意し、爆破や放火や暗殺の企てといったテロ行為を繰り返した。[41] しかし、このナチの野放しの暴力は、権力への道ではなく危険な災いへの道となる。警察は即座に断固たる処置をとり、政府は政治テロに対抗すべく厳しい有事立法を成立させ、これによりナチのテロ作戦は終息した。

さらに、ある程度の政治的暴力、とくに共産党員に対する暴力はナチへの支持拡大（敵を殴るのを好む人々、あるいは他者に敵を殴ってもらうことを好む人々からの支持）につながるかと思われたが、野放しの暴力はかえって支持を遠ざける。一九三二年一一月にＮＳＤＡＰの得票が減少したのは、明らかに八月初旬のテロ作戦のせいだった。ナチはドイツに内乱を起こすふりをすることはできたが、内乱が現実に起こる前に手を引かなければならなかった。

## 黙認される反ユダヤ主義

一九四〇年代初頭にドイツ支配下のヨーロッパで行われたことを考えると、ヴァイマル共和国最後の数年間、ナチの暴力の主な標的がユダヤ人ではなく共産党員と社会民主党員だったことは奇妙に思われるかもしれない。ユダヤ人はもちろんSAに目をつけられたし、NSDAPが攻撃的な人種差別を行う反ユダヤの党であることに疑いを抱く者はいなかっただろう。しかし、この時期のユダヤ人への攻撃は、ほとんどあとからの思いつきで、左翼の支持者を攻撃する際、目についたものに攻撃の矛先が向かっただけのように思われる[42]。

　標的となったのは無防備な小売店主や法律家だったが、町の目抜き通りにいたユダヤ人らしき風貌の人々も攻撃された（一九三二年九月一二日にベルリンのクアフュルステンダム通りで約五〇〇人のSAが働いた悪名高い暴力行為はその一例である[43]）。ユダヤ人商店の窓は煉瓦《れんが》や石を投げる格好の標的となった。これはもちろん、ドイツにおけるユダヤ人の職業構成をある程度は反映している。商業や専門職（医師や弁護士）に従事するユダヤ人が非常に多かったからだ[44]。いずれにせよ、ナチの暴力の標的となったユダヤ人は、一般的に殴り合いに慣れていたり簡単に反撃できたりする人々ではない。マルクス主義の政敵に対する頻繁な攻撃とは異なり、ユダヤ人攻撃は基本的に政権掌握とはほとんど無関係だったものの、一九三〇年代初頭にNSDAPの政治運動が成功していた背景にはつねに反ユダヤ主義があった。

　あからさまな反ユダヤ主義は、ナチが大衆の支持を得るためにはさほど重要ではなかったように思われる。もちろん、ユダヤ人に対する偏見、そして一般的に人種主義の姿勢は、一九二〇年代から三〇年代初頭にかけて多くの活動家がナチ・ムーヴメントに参加する強い動機となった。[45] しかしだからといって、一九三〇年から三三年にかけてNSDAPに投票した数百万の人々の大多数にも同じことが言えるわけではない。ヴァイマル・ドイツの主要なユダヤ人組織だった「ユダヤ教を信仰するドイツ市民の中央協会（Central Association of German Citizens）」ケルン支部の指導者は、一九三〇年九月の選挙でナチが躍進したことにショックを受け、こう述べている。「六五〇万の［ナチへの］投票者が六五〇万の反ユダヤ主義者だと考えるのは明らかに誤りだ」。むしろこのふたつがイコールでないほうが恐ろしいと彼らは認識していた。つまり、「反ユダヤでないのにNSDAPに投票した人々は、ナチへの支持を思いとどまるほどには反ユダヤに嫌悪感を抱いていないということなのだ[46]」。

ヴェルサイユ条約に対する怒りやポーランドとの「流血の国境」の承認拒否と同様に、反ユダヤ主義は一般的な背景、つまり大部分とは言わないまでも多くのドイツ人が同意できる広い世界観を形成していた。いかなる政党も公にはユダヤ人の利益を擁護したがらなかったこと、反ユダヤ主義がけっしてNSDAPに限ったことではないという事実、そしてヴァイマル時代を通してユダヤ人に向けられた広範な暴力行為と敵意は、控えめに言っても、すべて反ユダヤ主義を黙認する広い培地があったことを示している。

ナチの活動家はユダヤ人への憎しみをあらわにし、一九三〇年代初頭の選挙運動において、より人心を引きつけるテーマがあるのは戦術的に考えても明らかだったのに、そんなときでさえ反ユダヤ主義がナチのプロパガンダからはずれることはけっしてなかった。ナチの演説家は、いわゆるユダヤ人の犯罪、あらゆる領域に広がる悪影響、「堕落と生来の下劣さ」について、声高に非難した。ナチの演説でほかにもっと優先すべき事柄があるときですら、反ユダヤ主義と一般的な人種主義者の思い込みは、イデオロギーをまとめる糊《のり》の役目を果たした。しかし、ナチが政権を掌握できた一番の理由は全ドイツ人が心の底に抱いていた激しい反ユダヤ主義をうまく引き出したからだと断言するのは、第二次世界大戦中に起こったことを考えればわからないでもないが、おそらく誤りだろう。

## ナチ・ムーヴメントの支持者たち

では、ナチが政権を求めて奮闘していたその時期にナチ・ムーヴメントに引き込まれたのはどんな人々なのか。過激なほど反民主的・反ユダヤ的・好戦的かつ報復主義の政党が引きつけたのは、どのようなドイツ人だったのか。ユダヤ人を除くほとんどのドイツ人、というのがその答えだ。トマス・チルダースの言葉を借りれば、NSDAPが生まれたのは「ドイツの選挙政治ならではの現象だった。NSDAPはなんでもありの抗議する政党」で、一九三二年には他のいかなる政党も成功したことがないほど、ドイツ国民の幅広い層からうまく支持を集めている。(47)

ドイツの従来の政党は、特定の社会的・経済的グループにアピールするのが普通だった。しかしNSDAPは違う。NSDAPは労働者階級よりも中産階級、カトリック教徒よりもプロテスタント教徒、女性よりも男性、大都市よりも小さな町や田舎、南部や西部よりも北部や東部の有権者を引きつけることに成功した。また、とくに若者に人気があったが、労働者、カトリック教徒、女性、都会の住人、年配者からの支持も、他の政党がかつて集めたより多く得ることができた。(48) ヴァイマル・ドイツで社会層全般から票を集めることに成功していたのは、カトリック中央党だけである。もっとも、この党はカトリックの環境にしっかり根ざしており、カトリックの利益を優先すると見られていた。NSDAPは、全ドイツ人が社会的階級や（キリスト教の）宗派を超えて団結するという民族共同体《フォルクスゲマインシャフト》のイデオロギーを繰り返すだけでなく、ヴァイマル共和国の最後の数年間には、実際にそのような「共同体」を支持者に示していたように思われる。

第一次世界大戦の記憶は、こういったこととどううまく結びついたのだろうか。戦いを生き延び、一九三二年と三三年の運命を決する選挙で投票できた元ドイツ兵は一〇〇〇万人以上に及ぶ。少なくとも八〇〇万人がおそらく投票しただろう。(49) 他の有権者もすべて、一九一四年から一九年までの経験に強く影響されていた。戦争経済を乗り切ろうと奮闘した労働者もそうだし、男の稼ぎ手を奪われて家族のために収入を得なければならなかった女たちも、幼くして戦争中の品不足におびえた子供たちもそうだった。

一九三二年の有権者はすべて、年齢的に何らかの形で戦争を記憶できた人々である。最年少の有権者でさえ、停戦条約が締結された一九一八年には六歳だったのだ。実際、とくに若手の有権者、つまり第一次世界大戦では若すぎて戦えなかった者たちにとって、好戦的で急進的なナチのメッセージには特別な魅力があった。あらゆる階級、あらゆる宗派のドイツ人がかつてないほど国家の大義のために団結した「一九一四年の精神」、あるいは当時の塹壕の友情と犠牲を再現しようという演説が、厳しい政治的・社会的分裂に苦しむ国に響き渡ったのは間違いない。戦争中の「前線魂」という伝説的なイメージは、軋轢《あつれき》を生じ危機に陥ったヴァイマル「体制」の政治とは異なり、このうえなく魅力的だった。

このように、平等な民族共同体《フォルクスゲマインシャフト》を確立することによって人為的な「階級」区分を克服するというナチの目標は、おおむね第一次世界大戦と戦争の記憶から生まれた。ドイツで「一九二九年以降、世論の再軍国化が進み(50)」、戦争関係の読み物に大勢の大衆が引きつけられたことでナチ・ムーヴメントは成長したが、ここで強調すべきは、一九一四年から一八年にかけてヒトラー自身が前線で一兵士として軍務に就いた経験が影響しているという点だ(51)。

## 真の民族共同体のもとに

ヴァイマル体制が崩壊した際、つまりドイツの有権者が既存の政党への信頼を失い、経済的・政治的危機が一九三〇年代初頭に頂点に達した際、ナチのメッセージは多くの有権者に恨みのはけ口や攻撃の矛先をどこに向けるべきかを示し、復讐《ふくしゅう》とよりよい未来への希望を約束した。他の政党の派閥政治がさまざまな領域での向上を約束できなくなるにつれ、私利私欲を超えると主張したナチのメッセージはますます魅力的になっていく。物質的・局地的利益に代わってナチズムがドイツ人に提示したのは、将来の平等な民族共同体実現への並々ならぬ自信だった。

NSDAPは国家の大義のために労働者の支持を勝ち取る意図を公表したが、それが重要なのは、たんに共産党や社会民主党の支持者を奪うことができたからだけではない。ナチの他の支持者に、これが真の民族共同体《フォルクスゲマインシャフト》のもと、全ドイツ人を団結させることのできる運動だと示した点にある。法や個人の尊重や、経済的・社会的繁栄という合理的な目標の追求に基づく共同体ではない。戦士と戦士を生み出す者の民族共同体だ。ナチ・ムーヴメントはひどく騒然とした戦後社会に生きる人々の心の奥底に響いた。第一次世界大戦の負の遺産を真の意味で克服できない社会と国において、ナチはイデオロギーを戦争と人種差別に絞ることで力を得たのである。

第一次世界大戦と一九一八年の敗北は、四半世紀以上もの間、ドイツに影を落とした。第三帝国政府による施策の多くは、国内の社会政策から第二次世界大戦の遂行に至るまで、一九一八年の負の遺産への対応だった(52)。軍の崩壊と政治革命の結果、混乱は民主政治のせいと考えられるようになったが、その記憶を形作る伝説の結果、混乱を克服するには戦争が必要だと考えられるようになった。数百万のドイツ人がナチズムとヒトラーに寄せていた並々ならぬ信頼は、元をただせば戦争への信頼である。これは戦中・戦後の時代が極端な混乱状態にあったことを否定するものではない。

しかしひょっとしたら、ドイツが戦争の余波を実際にどのように体験したかよりも、自分たちが経験したことをドイツ人がどのように考えていたか、そして逆から見れば、戦争そのものについて不思議なほど肯定的に考えるようになったのはなぜかといったことのほうが、はるかに重要なのかもしれない。一九一八年以後、ドイツ人は第一次世界大戦の影から抜け出せなかったために、従来の政治エリートとは違った、政治ギャングによる暴力的で人種主義的な政治運動の台頭を招き、一九三三年一月の政権掌握を許した。首相指名の鍵を握る人々は暴力的な党首に政府を作らせ、それによりドイツ初の民主主義を一掃し、ヨーロッパを再び世界戦争へと導いたのである。

# 第2章　ナチ政権と戦争への道

## 人種闘争という総合的な目標

首相に指名され、「国民的結集」政府を組織した数日後の一九三三年二月三日の夜、アドルフ・ヒトラーは一九三〇年一〇月から陸軍総司令官を務めていたクルト・フォン・ハマーシュタイン＝エクヴォルトの自宅で、さまざまな軍管区の司令官と会見している。夕食後の二時間半の演説で、ヒトラーはナチ政権が軍の役割をどう考えているか、概略を述べた。ハマーシュタインの娘が記したと思われる議事録によれば、新首相は自らの目的を明確に示している(1)。

ヒトラーは、人生は人種間の戦いであるという独自の考えから話を始めた。「個人の人生では、より強い者やより優れた者がかならず勝つが、それは民族に置き換えても同じだ」。それから、第一次世界大戦によって引き起こされた問題やドイツの世界経済における立場、「ボルシェヴィズムによる世界の汚染」について弁舌をふるったあと、本題に移った。

今、ドイツ人はどうすれば救われるか。どうすれば失業を逃れられるか。私は一四年間言い続けてきたが、何度でも繰り返し言おう。経済計画や産業への信用供与や国庫補助金はすべてナンセンスだ。失業から逃れられる方法はふたつしかない。ひとつ目はどんな価格でもいいから、何としても輸出を増やすこと、ふたつ目は大規模な移住政策をとることだ。これはドイツ国民の生存圏の拡大を前提条件とする。私が提案するのは二番目の方法だ。五〇年から六〇年で、まったく新しい健全な国家ができあがるだろう。しかしこれらの計画は、必要な前提条件が整ってはじめて実行に移すことができる。前提条件とは国の強化だ。ひとはもはや世界の市民であってはならない。民主主義や平和主義などありえない。民主主義がお話にならないことは誰もが知っている。民主主義は経済においても有害だ。労使協議会は兵士の協議会と同じくらい無意味だ。なぜ民主主義がこの国で可能だなどと考えられるのか。[……]ゆえに政権を掌握し、徹底的に破壊分子の考えを抑圧し、道徳的規準に沿って民衆を教育することがわれわれの仕事だ。反逆を試みる者がいれば、死刑をもって冷酷に罰しなければならない。あらゆる方法でマルクス主義を抑圧することが私の目標だ。

私が思うに、今ジュネーヴ会議で軍備平等権を支持しておいて、そのあとで軍備を拡張するというのは無意味だ。マルクス主義に毒された兵士の軍隊で何ができるというのだ。[……]私はマルクス主義を完全に粉砕するのに六年から八年という期限を自分に課そう。そうなれば陸軍は活発な外交政策を指揮できるし、ドイツ人の生存圏拡大という目標は、戦闘によって達成できるだろう。目標はおそらく東方にある。しかし、併合された、あるいは占領された土地の住民をドイツ化することは不可能だ。ドイツ化できるのは土地だけである。[第一次世界]大戦後のフランスとポーランドのように、数百万の人々を国外退去させなければならない。[……]

われわれは陸軍の傍らで陸軍のために働くだろう。栄《は》えあるドイツ陸軍には世界大戦の英雄的な時代と同じ精神が「今日も」宿っていて、陸軍は自主的にその義務を遂行することだろう。

さて、将軍閣下、私はあなたがたに大いなる目標のためにともに戦っていただきたい。私を理解し、武器ではなく道義という点から私を支えてほしい。私は国内の闘争のために自分の武器を作り上げた。陸軍があるのは、ただ外国との戦闘のためである。目標のために、ドイツを救済するために、全力で立ち上がる私のような人間に出会うことは二度とないだろう。(2)

その後の数年間で明らかになるナチの計画が、ここで数多く述べられている。政敵、とくにマルクス主義者の粉砕、民主主義の一掃、ドイツ国民が喜んで戦い死ぬような教育、ヴェルサイユ条約の打倒、世界経済に背を向ける決意、軍備増強、そして東方における新たな生存圏の獲得ならびにその徹底的なドイツ化。ナチの主要な政策でここに明言されていないのは、人種闘争という総合的な目標だ。しかし、これは全体のなかに事実上含まれており、政権の他のすべての政策、つまり経済政策、社会政策、プロパガンダも、文脈のなかにはめこまれている。

陸軍とヒトラーの協力体制

二日後、ナチ党の機関紙『フェルキッシャー・ベオバハター』は、「陸軍と新首相が協力体制」という大見出しで会合が開かれたことを簡潔に報じている。[3] ヒトラーが述べた目標は、陸軍幹部の耳に心地よく響いた。彼らは何年もの間、ヴェルサイユ条約によって押しつけられた制限を打開する方法や再軍備の方法、効果的にドイツ国境を防衛し攻撃的軍事行動をとれる方法を探ることに専心していたからだ。新たな国防大臣ヴェルナー・フォン・ブロムベルクの右腕だったヴァルター・フォン・ライヒェナウはこう述べている。「今日ほど軍と国の意見が一致したことはない」[4]。

国内の政争、あるいはさらに悪ければ内戦の泥沼にはまることは避けたいと心から願っていた将校団にしてみれば、マルクス主義を粉砕し民主主義を一掃するというヒトラーの約束は非常に歓迎すべきものだった。事実上ヒトラーは、大規模な再軍備に反対しそうな国民への抜本的な解決策を陸軍に提供したことになる。ナチは国内の敵に目を光らせ、国軍は再軍備によって国外の敵に立ち向かう手段を与えられたというわけだ。さらに一九二〇年代後半から三〇年代初頭にかけて、陸軍将校、とくに下級将校のなかにはナチズムにかなり共感を抱く者がいた。実際、一九三三年初頭には多くの下級将校がナチの突撃隊（SA、じきに国軍の主要なライバルになる）への参加に興味を示している。[5]

要するに、ヒトラーの提案と新たな「国民的結集」政府は、陸軍が望むものを提供してくれたわけだ。このとおり、政府は再軍備のために国内の政治的前提条件を整え、産業国間の戦争には平時から国民全体の綿密で総括的な組織作りと戦争のための資源準備が必要だという第一次世界大戦の教訓を理解し、それに従って行動する覚悟ができているように思えた(6)。懸念を抱く将校もいたかもしれない。だが大方はそういった考えを腹のなかに収め、新政府はドイツ国内の「マルクス主義」を粉砕し、民主主義を一掃し、問題なく再軍備できる国家を樹立する仕事に速やかに着手した。将軍たちもナチも、将来武力侵略を遂行するにはまずドイツ社会の軍事化が必要だと考えていたのである(7)。

### 保守派とナチ党による連立政府

一九三三年一月三〇日に誕生したヒトラーを首相とする連立政府において、国民社会主義ドイツ労働者党(NSDAP)は少数派だった。ヒトラー自身を除けば、入閣したのはわずかふたりにすぎない。内務大臣ヴィルヘルム・フリックと、無任所大臣およびプロイセン内務大臣ヘルマン・ゲーリングである。閣僚の大多数は、保守派か政治色の薄い人々だった。カトリック系右派の政治家で、ヒトラー政府の実現に役立つ人脈を持っていたフランツ・フォン・パーペンは、副首相となった。特記すべきは、パーペンが高齢の大統領パウル・フォン・ヒンデンブルクとの仲立ちを務められるのは自分だけだと思い込んでいた点である。ヒトラーが必要とする有事立法をヒンデンブルクの同意なしに成立させることはできないと踏んでいたのだ。

保守的なドイツ国家人民党の党首アルフレート・フーゲンベルクは経済・農業大臣に就任し、

経済政策を決定する支配的な地位に就《っ》いたかのように思えた。国防大臣には大統領の選定でヴェルナー・フォン・ブロムベルクが就任した。とくに軍に関心を抱いていた大統領は、防衛管区Ⅰ（東プロイセン）の元司令官でナチの同調者であるブロムベルクを、「完全に政治色の薄い人物」とみなしていた。[8] 外務大臣と財務大臣は前のパーペン内閣とシュライヒャー内閣からの留任で、これもヒンデンブルクの希望によるものだった。外務大臣は貴族の外交官コンスタンティン・フォン・ノイラート男爵（一九二一年から三〇年まで駐伊大使、その後三二年まで駐英大使）、財務大臣は官僚のルートヴィヒ（ルッツ）・シュヴェリン・フォン・クロージク伯爵である。クロージクはヒトラーが一九四五年四月に自殺したあともこのポストにとどまることになる。表面上は、ヒトラーが策略を弄する余地はほとんどないように見えた。アルフレート・フーゲンベルクは「われわれはヒトラーを封じ込めている」と信じて自らを慰め、フランツ・フォン・パーペンはヒトラーの手のひらの上で踊らされていることにも気づかず、「われわれは彼を雇った」とおめでたく結論づけている。[9] 彼らは完全に間違っていた。

保守派とナチによる連立政府の構成と、それがわずか数ヵ月で専制政治に変容したことから、ナチの政治活動のふたつの大きな特徴が見てとれる。ひとつは、伝統的な保守派の政治エリートに必要とあらば協力するという意欲。実際、ヒトラーが首相に就任する鍵となったのは彼らの存在である。もうひとつは、ナチ・ムーヴメントの急進主義。これによってナチは敵を倒し、一九三三年初頭にナチ「革命」のペースを加速させることができた。

もしフランツ・フォン・パーペンが一九三三年一月にあれこれと策をめぐらせ、一月三〇日にヒトラー政府を発足させなければ、もしクルト・フォン・シュライヒャーがNSDAP党首を後継者にすることを断固阻んでいたら、もし高齢の大統領パウル・フォン・ヒンデンブルクが、かつて「ボヘミアの伍長《ごちょう》」と蔑んで政府を任せなかった男を首相に指名したりしなければ、もし既存のエリートたちが最終的にヒトラーと取引する気にならなければ、第三帝国はおそらく誕生しなかっただろう。彼らが非常に多くの点でナチズムに同意したからこそ、つまり大げさな民族主義、ヴェルサイユ条約への反対、再軍備の決意、「マルクス主義」への憎悪、民主政府に対する軽蔑といった主張に賛成したからこそ、ヴァイマル共和国が崩壊した際に権力への鍵を握っていた保守的な支配者層は、ナチの動きに歩調を合わせることができたのだ。

そういった状況だったので、一九三三年二月二〇日に開かれた会合で、なぜ「民主主義の時代に民間産業を維持できなかったか」や、次回の選挙がなぜ「最後の」選挙になるかについて新首相からレクチャーを受けたあと、参列した実業家たちがNSDAPに次回選挙資金を気前よく提供したのは驚くにあたらない(10)。既存のエリートは権力を自分たちで分けあいたいと考えていたかもしれないが、一九三〇年代初頭の危機的雰囲気のなか、既存のエリートにはないものをナチは持っていた。ドイツ史において他のいかなる政治運動も集めたことがないほど大きな大衆の支持である。そこにあふれんばかりの政治的不寛容と驚くほどの道義心の欠如が加わり、ヒトラーを政権の頂点に押し上げた裏取引の基盤は完璧になった。ヒトラーが首相に指名されたというニュースを聞いて、クラウス・マン（作家トーマス・マンの息子）が一九三三年一月三〇日の日記に書いているように、ドイツは「無限の可能性を秘めた国」になったのだ。(11)

## 法の支配の崩壊

ナチズムとドイツの政治的保守主義との関係から、ヒトラーが首相になれた理由はほぼ説明がつくが、ナチズムが民主主義の名残を一掃できたのは、絶え間なく、力強く、攻撃的で革命的な大衆運動のおかげである。ナチ活動家にしてみれば、ヒトラーが首相に就任した今こそ、ドイツの国力と権力を意のままにし、褒美を受け取り、ドイツの街角で荒れ狂う一触即発の戦いにおいて念願の報復を敵にお見舞いするチャンスだった。

ヒトラー政府の成立はナチの信奉者から歓喜の声で迎えられた。ベルリンでは数千人のナチ支持者が勝利者たるヒトラーの前を松明《たいまつ》を掲げて行進し、新生ドイツに敬意を表している。国じゅうで勝利者ナチのデモが行われた。(12)共産党員は抗議集会を開催しようとしたが、警察によって鎮圧された。プロイセン内務省（ゲーリングの管理下にあった）が一九三三年二月一日に共産党員の集会を法で全面的に禁じるよりも前だったのだが。ナチ賛歌「ホルスト・ヴェッセルの歌」のリフレイン部分が現実のものになった。街頭をＳＡの「褐色の制服を着た大隊が闊歩《かっぽ》できる」ようになったのだ。

続く数週間、ナチの活動家の部隊は（一時間あたり数千人の日和見《ひよりみ》主義者が人気政党に乗り換えたことで膨れ上がった)、新政府が三月五日に要求した国会選挙のための運動を支援した。今回、ナチは国の資金を使って敵を恫喝《どうかつ》し威嚇《いかく》することができた。ナチと保守派が高次元で協力するはずの政治は、ナチの行動主義の政治に取って代わられ、しだいに、国を後ろ楯《だて》にしたならず者の政治へと変わっていく。

二月半ばの時点で、警察は明らかにナチの悪党と結びついている。プロイセン内務相となったゲーリングが二月一五日に警察によるナチ組織の監視を終了させ[13]、二月一七日には、SA、親衛隊(SS)、鉄兜団《てつかぶとだん》の活動を妨げず、代わりにSA隊員を「全力で」支援するよう警察に求めているからだ[14]。さらに二月二二日には、SA、SS、鉄兜団のメンバーからなる「補助警察」の設立が命じられた[15]。

この背景にはヒトラーの首相就任から数日のうちに発動された有事立法がある。まず二月四日の「ドイツ国民を保護するため」の布告で集会の自由と出版の自由が制限され、さらに国会放火事件に続いて、二月二八日に「国民と国家を保護するため」の緊急布告が発せられた[16]。二月二八日の布告では、ヴァイマル憲法で保障された表現の自由、出版の自由、集会と結社の自由、郵便による伝達の秘密保護、家宅捜索のための許可証の必要が、一時停止されている[17]。その結果、予想どおりナチの暴力は恐ろしいほど激化し、法による支配は崩壊した。いまや、ナチの活動家が暴力的な衝動を発散したり、積年の恨みを晴らしたり、自分たちが権力の座にあるのだということを知らしめたりすることを阻むものはほとんどなかった。

### 社会主義労働運動の消滅

重大なのは、三月五日に選挙が終わっても暴力が減少しなかったことだ。暴力はむしろ増大し、あからさまに繰り返された。弱体化の進む左派の敵に対し、ナチの活動家はますます攻撃的になっていった。労働組合の事務所、社会民主党の機関紙や地方組織が、褐色のシャツを着た一団につぎつぎと攻撃され、荒らされ、略奪され、占拠された。暴漢たちは大喜びで敵の住んでいた建物に鉤《かぎ》十字の旗を掲げた。この暴力的な運動が中央からの指図だったという証拠はない。だが、運動が非常に効果的に進んでいることは明らかだった。社会主義労働運動はほんの数週間で一掃され、ナチが自主労働組合を正式に禁止し、奪取した旧組合員を「ドイツ労働戦線」に組織し、五月一日を「ドイツ労働者の日」と宣言する頃には、ドイツにはもはや機能する労働組合運動は残っていなかったからである。

社会民主党の労働運動は一八八〇年代にビスマルクの社会主義者鎮圧法のもとで迫害されながら何年も生き延び、一九二〇年には右派のカップ一揆《いっき》を打倒するという輝かしい経歴を持ちながら、事実上消滅した。ベルリン政府が労働組合に対する一貫した政策を明確にする前に、SAは問題を効率よく解決し、民主主義の迅速な一掃と独裁政権の強化に向けて大いに貢献した。ヒトラーが将軍たちと交わした「国内での闘争のために用意した自分の武器を使ってマルクス主義を粉砕する」という約束が守られたことになる。

左派の政敵はヒトラーの首相就任後数週間でナチの一番の標的となったものの、暴力の対象はかならずしも共産党員、社会民主党員、労働組合に限られていたわけではない。数週間が経過し、とくに三月の選挙が終わると、SAが地方政府の役所を襲撃し、黒と赤と金の共和国ドイツの旗を公共の建物から引きはがし、代わりに鉤十字の旗を掲げた。また、「好ましくない事業」つまり外国人が所有する百貨店や商店（カールシュタット、ヴェルトハイム、ヘルマン・ティーツ、ウールワースも含まれていた）の不買運動や破壊も行われている。[18] 軍は傍観し、警察も喜んで新政府に奉仕したため、しばらくの間、ナチの活動家はやりたい放題に見えた。

## エスカレートする暴力

ドイツのユダヤ人も攻撃対象になり始めた。ヒトラー政府の組閣後数週間が経過し、ドイツの警察部隊をナチが掌握したことで、ナチの政敵に続いてユダヤ人が攻撃されるようになり、一九三三年三月半ばにには暴力は驚くほどエスカレートした。プロイセン警察を支配していたゲーリングは三月一〇日に基調を打ち出し、「警察がユダヤ人商店を保護するという考えは受け入れかねる」とエッセンで演説している。[19] ユダヤ人商店の客は脅迫されるようになり、ユダヤ人は警官が見ている前で暴行された。官憲はゲーリングの演説を引き合いに出し、法を遵守できないことを正当化した。[20]

三月一三日にブレスラウ（ドイツで三番目に大きなユダヤ人共同体があった）で起こったユダ

ヤ人弁護士襲撃事件は、派手な暴力の爆発へと発展している。武装したSAが裁判所に押し入り、ユダヤ人弁護士と判事を建物から追い立て、審理中の法廷から大勢の傍聴人を引きずり出し、何人かを殴ったのだ。[21] SAはまた、ユダヤ人株式仲買人が武器を所有していないかどうかを調べると称して、ブレスラウの証券取引所にも現れている。こういった暴力は、ドイツからユダヤ人を排除するために慎重に計画された運動の一環ではなく、若い無法者が自分たちの争いをドイツの内政に持ち込み、お祭り気分でサディズムを発散させたにすぎない。同じことがユダヤ人商店のボイコットにも言えるだろう。これはSAによって強要され、三月の間に頻繁に行われるようになり、四月一日にはユダヤ人の事業の一日全国ボイコットをナチ指導者が宣言するまでになった。[22] これによってナチの活動家は鬱憤を晴らすことができたが、ドイツ経済からのユダヤ人の実際の排除は、のちに行政手段を用いてさらに効果的に達成されることになる。[23] 政権掌握という大仕事を成就させたあとのナチ活動家は、まるで新たな権力を楽しむかのように、無防備なユダヤ人を攻撃した。

しかし新政権がその地位を固め始めた矢先、一部ナチの度を超した攻撃が明らかになった。無法者の政治では独裁政治に堅固な基盤を与えることはできない。三月一〇日、ヒトラーはSAとSSに「きわめて厳重な規律」を求め、「事業の障害となったり混乱の原因となったりすることのないように」と強く要求している。[24] それをきっかけに、副総統ルドルフ・ヘスと内務大臣ヴィルヘルム・フリックが暴力、とくに経済的な標的への暴力の制御を求めた。[25] SAの暴力を抑制したいという考えは、四月一日土曜日に計画されたユダヤ人商店の全国一日ボイコットにも影響を及ぼしたように思われる。ゲッベルスが三月二七日の日記に書いているように、「目的達成のためにはどんな苦労も惜しまない所存であることを彼ら（ユダヤ人）に示さなければならない」が、この全国ボイコットは、制御不能になりかねなかった全国での自主的な取り組みをコントロールするひとつの方法を示した。[26]

ドイツ国家とその制度を急進的で革命的な方向へ無理やり転換させる代わりに、ヒトラー（七月六日にナチ「革命」が「永続的な状態ではない」と宣言）は運動を既存の枠組みのなかで進める意思を固めたようだった。[27] これは非常に効果的なやり方であることが判明した。というのも、既存のエリートと協力したところにハングリーで暴力的な下位の運動からの圧力が加わったおかげで、ナチはファシスト仲間であるイタリアのムッソリーニがローマへの進軍から六年かけて達成したよりもはるかに効果的に、六ヵ月で独裁政治を盤石なものにできたからだ。

ナチは急進的に国を作り直すのではなく、有事立法によって支配し、官僚的手順をとるべきところを徐々に独断で決定できるように変え、法の支配を弱体化させた。彼らはこうしてヒンデンブルクから政権を手渡されたときに夢見ていたよりもはるかに急進的な変化を国にもたらすことに成功した。

## 「ポツダムの日」と全権委任法の制定

1933年3月21日の「ポツダムの日」。「新生ドイツ」が旧ドイツの正統な後継者であることを主張するため、首相ヒトラーが元帥服を着た大統領ヒンデンブルクに敬意を表し頭を垂れている。

敵に大規模な脅しをかけたにもかかわらず、一九三三年三月五日の国会選挙でNSDAPは絶対多数を獲得できなかったが、とはいえ既存のエリートとともに既存の国家構造のなかで独裁政治を確固たるものにすべく働いたことは、ふたつの大きな成功につながった。まずは華々しく演出したプロパガンダ作戦の成功、ふたつ目は思うままに独裁を行使するための法的基盤の構築である。

最初に行われたのは大がかりなショーとも言うべきプロパガンダで、ナチズムの勝利で国家の価値がどのように高まるかを十二分に示すものだった。第一回帝国議会が招集されて六二年目にあたる三月二一日、ヒトラーはポツダムの駐屯地の教会で老大統領に新政府を正式に披露した。一週間前の三月一三日に国民啓蒙宣伝大臣に任命されていたゲッベルスが、新旧ドイツ（保守的なプロイセン軍の伝統と、国民社会主義による国家的価値の大衆向けの刷新）を結びつけるための演出を練り上げ、「ポツダムの日」と呼ばれるこの日、ナチ政府が一九一八年の革命で追いやられた帝国の合法的な後継者であることが象徴的に宣言された。町の通りは黒・白・赤のドイツ帝国旗とナチの鉤十字の旗で飾られた。ヒトラーは帝国元帥の軍服に身を包んだ大統領に恭《うやうや》しく礼をし、それから国軍、SA、SSと鉄兜団の隊員が大統領の前を行進した。式典の様子はすべてラジオで放送され、報道も派手に行われた。[28] 社会民主党員は参加を拒否し、多くの共産党員はすでに強制収容所でみじめに暮らしており、共和国の黒・赤・黄の旗は一枚も見られず、ヴァイマル共和国は言ってみれば歴史のごみ箱に追いやられたも同然だった。

プロパガンダに続いて法律が制定された。ポツダムでの式典の三日後、ヒトラーは圧倒的な議会の承認（反対票を投じたのは社会民主党だけだった）を得て議会政治を終焉《しゅうえん》へと導き、これにより民主主義は一掃された。三月二四日の全権委任法（正式名称は、国民および国家の危機緩和のための法律）により、ヒトラー政府は緊急事態に関する法を制定したり、議会にはかったり、大統領の署名を手に入れたりする必要がなくなり（それまでは有事立法の際には必要とされた）、憲法の基準に縛られない権限を手にした。[29]

全権委任法は一九三七年四月まで、あるいはヒトラー政府が交代するまでの時限立法のはずだったが、実際は、第三帝国が一九四五年五月に崩壊するまで延長され、ナチの独裁政治の法的基盤となった。全権委任法の通過後数週間で、政敵は官公庁から排除された。SAが国じゅうに設置した急造の強制収容所に、数千人の社会主義者、共産党員、ユダヤ人が送られた。報道機関は新たな宣伝省の管理下に服従させられた。NSDAPを除くドイツの政党はすべて解散させられ、ヒトラーの首相就任後半年も経《た》っていない一九三三年七月一四日、政党新設禁止法によりドイツは正式に一党独裁国となった。(30) 軍幹部はその間ずっと、防衛大臣ヴェルナー・フォン・ブロムベルクが一九三三年二月三日に述べたように、ドイツ政府がいまや「広範な国民の熱望の具現であるとともに、多くの優秀な人々の長年の悲願を実現する」政府であることに誇りを感じていた。(31)

### 親衛隊による「血の粛清」

しかし、将軍たちにとって喜ばしくない要因が皆無だったわけではない。SA指導者エルンスト・レームの「褐色の軍団」が新たな国民社会主義人民軍の中心組織になるかもしれないという懸念があったからである。この大規模な組織は一九三三年一月以降の数ヵ月で数十万人規模に成長し、国軍を数で凌駕《りょうが》していたが、近代的な戦争を遂行できる軍としての基盤はなかった。SA幹部たちは警察の上層部に収まり、強制収容所を設置して、一九三三年には勝利の美酒に酔っていたが、それが一九三四年六月三〇日の「長いナイフの夜」〔SSによる粛清事件〕につながることを理解できていなかった。

一九三四年の「血の粛清」の勝者は殺害を実行したSS、そしてもちろん国軍だった。親衛隊保安部（SD）長官ラインハルト・ハイドリヒは準備において重要な役割を果たしている。

粛清は昔の恨みを晴らす機会（たとえば殺されたグレゴール・シュトラッサーは、一九三二年末にナチの政権参加をめぐってヒトラーと決裂するまで党組織の中心人物だったし、元バイエルン州総督グスタフ・フォン・カールは一九二三年一一月のミュンヘン一揆でヒトラーとともにベルリンに進軍するはずだった）であると同時に、シュレジェンのSA指導者エドムント・ハイネスのような、規律に反した乱暴なSA幹部たちを排除する機会にもなった。

しかし、その一番の目的は軍の潜在的なライバルを排除することにあり、国軍はドイツの軍として生き残った。ヒトラー政府は堅固な再軍備計画を決意していたため、ナチ政権の重要な武力としてのSAは一九三四年に粉砕された。レームはナチの国民軍を率いる夢を果たせず、総統の命令で殺された。粛清は潜在的なライバルを排除するだけでなく、ヒトラーにさらなる人気をもたらした。総統は一九三四年七月一三日に国会で粛清を正当化し、かつての仲間の殺害は合法だと事件後に宣言したが、あるゲシュタポが報じたところによると、この演説は「あらゆる階層の人々に大きな満足をもって受け入れられた」という[32]。

バイエルンのある警官の報告によると、「粛清と、前参謀長レームや反抗的なSA指導者に対する総統個人の介入は、全面的な承認をもって受け入れられ」、「とくに国の指導者に対する信頼と首相に対する個人的な評価は、いずれの場所においても非常に高まった」[33]。粛清は明らかに、SAの乱暴な振る舞いに我慢できなくなっていた人々や、この殺人によって秩序が回復すると考える人々の心を打った。厄介で不穏で、ときにはホモセクシュアルを隠すこともなかったSA指導者たちを殺害し、秩序と道徳性を回復するために行動する決然たる指導者という姿をヒトラーが公的に示したことは、イアン・カーショーの言葉を借りれば、「このうえなく素晴らしいプロパガンダとなった」のである。[34]

陸軍は直接殺害にはかかわらなかったものの、一九三三年に強制収容所の設置を黙諾したのと同様に、黙認した。「国で唯一武力を担っているのは国軍だ」とヒトラーに断言させるためには、こんなことはささやかな譲歩にすぎないように思えたし、これにより、軍幹部が熱望し計画していた大規模な軍事力拡大への道筋が明らかになったからだ。[35]

軍部はヒトラーを必要とし、殺人の共犯者になったことで、後年、総統とともに世界戦争と集団殺戮《さつりく》への道を無節操に進まざるをえなくなってしまう。ヒトラーの先代首相で一九二〇年代末に国防大臣を務めたクルト・フォン・シュライヒャーとその妻が自宅で惨殺されても、軍幹部がナチの独裁政治への協力を疑問視することはなかった。それどころか、わずか一ヵ月後の一九三四年八月二日に大統領パウル・フォン・ヒンデンブルクが亡くなった際には、行政府の長であるヒトラーを、国家元首としても認める用意ができていた。これによりナチの独裁者を縛りつけていた最後の憲法上の制限は取り払われた。以後、ドイツの兵士は総統に対して忠誠を誓うことになる。

## 公共事業による雇用創出

ヒトラーが政権を掌握した際、社会の関心は軍の状況ではなく経済状況に向けられていた。記録では六〇〇万人以上、実際はさらに多くの人間が無職で、ドイツはおそらく合衆国を除けば他のどの先進工業国よりも深刻な恐慌の影響を受けている。民主主義政府が弱体化しヒトラーが権力を掌握するに至った要因は経済的窮乏と不安にあり、新政府がドイツ人を再び就職させられるかどうかで判定が下るのは明らかだった。ここでナチ政権は驚くほどの成功を収める。数十万の人々が失業状態を脱し、農地開拓、道路建設、道路補修、郵便・鉄道インフラの改善といった農業や公共事業の仕事に就くことができたのだ。一九三四年のピーク時には総計約一〇〇万人のドイツ人が、国が支援するさまざまな事業創設計画で職を見つけている(36)。

もっとも有名なのは、政府がアウトバーン網(一九二〇年代に計画は始まっていた)建設に着手したことだろう。この計画では民間のエンジニアで古くからのNSDAP党員だったフリッツ・トートが一九三三年六月に総監に任命されている(37)。アウトバーン建設は失業率の高い地域から優先される傾向があり、できるだけ大勢の人数が仕事に就けるよう、機械の導入が抑えられた。一九三四年には約四万人が道路建設現場で働き、その二倍以上が資材の供給や建設計画に携わっている(38)。ナチはそのような計画、とくにアウトバーン網の建設について数々のプロパガンダを展開した(実際はナチのもとで完成した道路は比較的少なかったのだが)。ヒトラーは鍬《くわ》入《い》れや新区間の開通式を報じるニュース映画に繰り返し登場し、ドイツ人も外国からの訪問者も、この近代国家を団結させる「総統の道路」に驚嘆した。[39] これはナチ特有の大がかりなショーだった。ナチ政府と総統はこれにより、大恐慌を乗り越える事業を本気で行っているという強い印象を与えることができたのである。

この印象は完全なる虚偽ではないし、当初は再軍備よりもむしろ雇用の創出のほうが失業者の数を引き下げた。ナチ政権の最初の二年間には、軍事支出の増加はかなり控えめである。少なくとも、一九三五年三月に空軍の存在を公表し徴兵制を再導入したあとの軍事力および軍事費の増大に比べれば、の話だが。登録失業者数が急速に減少した要因のひとつに、公共の雇用創出計画による六〇万以上の雇用の確保があったのは明らかだ。[40] ヒトラーの政権掌握時にはちょうど六〇〇万人を超えていた失業者数が、一年後には四〇〇万人を割り、一九三五年八月には一七〇万人になったからである。[41] しかし、雇用をめぐる戦いでナチが当初成功を収めたのには、非常に目立つ政府の活動よりももっと大きな原因があった。ナチ政府の最初の数年間には、就職市場に参入した若者が比較的少なかったのである。第一次世界大戦中に出生数が大きく減少した結果だ。

急増する政府支出と数十万の若者の徴兵により、続く数年で失業率はさらに下落し、完全雇用が達成されたが、その後はしだいに深刻で広範な労働力不足へと向かっていく。記録によると一九三七年の夏時点で失業者は約五〇万人しかいなかったが、一九三八年以降、ドイツは失業ではなく全般的な労働力不足を経験することになる。農業における労働力不足は深刻化し、一九三〇年代末には外国人労働者数がかなり増加し、一九三六年には二二万一九二人だったのが、一九三八年には三七万五〇七八人、一九三九年春には四三万五〇〇〇人に増えている。[42]同時に、就業者数の増加は失業者数の減少よりも急ピッチで進み、ますます多くのドイツ人が労働に引き込まれ、長時間労働も進んだ。[43]女性のいるべき場所は家庭で、人種的に好ましい女性が民族共同体《フォルクスゲマインシャフト》のためにできるもっとも重要な仕事は出産だというのがナチの考え方だったにもかかわらず、化学産業や電器産業といった軍事産業も含め、しだいに女性の雇用が進んだ。

## ナチの経済再生の目的

それにもかかわらず、ナチの経済再生の目的は、奇跡をもたらすことでも個人の生活水準向上のためにドイツ人に職を与えることでもなかった。ナチの経済政策は、赤字財政によって経済成長と繁栄を促すケインズ主義の需要管理政策のたぐいではない。ナチ政権は消費需要を促すことでドイツ経済を回復に導く方法はとらず、課税率を高いまま維持し、消費財産業と消費者支出を冷遇した。ヒトラーにとって、そもそも経済は富を生み出す領域ではない。軍事征服に必要なハードウェアを供給するための領域であり、政権の全経済政策の根底には再武装への決意があった。平等主義の民族共同体《フォルクスゲマインシャフト》と経済的再分配という目標は真面目《まじめ》に考えられていたが、それは戦争を通じて達成されるものだった。[44]ナチは自由市場経済、グローバル経済への融合、経済的自由主義（一九三〇年代には、これは満足のいく成功をまるで収めてはいなかった）

の導入を拒絶し、代わりに、経済への大規模な国家干渉、閉鎖的な経済圏の維持を目指していた。

実際には、これはライヒスマルクの兌換《だかん》の事実上の停止や、ヒャルマー・シャハト（一九三三年三月から二度目のライヒスバンク総裁、一九三四年八月から三七年一一月まで経済大臣）が一九三四年に新計画を導入したことによる政府の輸入管理、製造に対する国の大々的な直接関与といった形で現れる。乏しい外貨準備高のやりくりは、再軍備に貴重な外貨を使いたい政権にとって重大な問題となった。莫大《ばくだい》な政府支出は、とくに一九三六年以降再軍備の流れが加速してからというもの、国相手の商売がドイツの産業界にとって一番得だということを意味した。個人企業が商売上の理由で投資や生産力の提供を嫌がった場合には、国が介入した。

非常に有名な例のひとつが、一九三七年に設立された「国家工場ヘルマン・ゲーリング」である。これはドイツ国内で産出される二級品の鉄鉱石から鉄鋼を製造し、第二次世界大戦中にヨーロッパ最大の工業会社に成長した。(45) また、合成潤滑油やゴムを作るプラントが立ち上げられ、新たな「歓喜力行団《かんきりっこうだん》」の車（史上最大の売れ行きを見せることになるフォルクスワーゲンのビートル型の車）を製造する巨大工場も建設された。一九四〇年に一五万台、四二年に一五〇万台を生産するというこのプロジェクトは、ナチの事業として意味深いものだった。(46) 大の車好きだったヒトラーは、ヘンリー・フォードがT型フォードでアメリカに貢献したことを、自分もドイツでやり遂げたい、そしてドイツの大衆に車を提供したいと熱望したが、これはナチのもとでは完全には実現していない。戦争勃発前に試作品が作られたものの、その後軍用車の製造に切り替えられ、ドイツ人が小型車を購入するために週払いでドイツ労働戦線に積み立てた資金は、実際にはナチの戦争遂行のさらなる財源となったのである(47)。

ナチ・ドイツは資本主義国家であり続け、生産手段は大部分が個人所有のまま、とくに政府から受注を勝ち取った企業が莫大な利益を上げていた。しかし、この資本主義経済には高水準の課税と国家の厳しい管理という特徴があり、一九三三年に自主労働組合が解散させられたのちは自由な団体交渉ができなくなり、経済に占める政府支出の割合が激増し、価格、賃金、投資判断を支配する市場のメカニズムはしだいに国の管理に取って代わられるようになった。つまりこれは資本家が制御していない資本主義経済だったと言える。ナチ経済の中心にあるのは、再軍備し侵略戦争が可能な軍事組織を作り上げるというひたむきな決意と、そのために国力を活用する意欲だった。ナチ経済の目的は、金を儲《もう》けることではなく、戦争をすることにあったのだ。

### ラインラントの再軍備

一九三六年は第三帝国の経済史および軍事史においても、独裁者の行動においても、明白な転機となる(48)。この頃にはドイツ経済は大恐慌から立ち直り、ヴェルサイユ条約によってドイツ軍に課されたもっとも重要な制限も取り除かれていた。空軍の存在が明らかにされ、前年には

ニュルンベルク党大会で重砲を披露する国防軍。1937年9月。

徴兵制が導入され、今になって考えてみれば、一九三六年三月七日にヒトラーはおそらくもっとも重要で危険な再軍備への一歩を踏み出した。ラインラントの再武装化である。ヴェルサイユ条約第四二条および第四三条により（一九二五年のロカルノ条約でも確認された）ドイツはラインラントへの部隊配備を禁じられていたが、ヒトラーは国防軍をラインラントに進駐させることでドイツの軍事主権を回復し、戦争遂行への大きな障害を取り除き、さらにラインラントの産業も再軍備計画に組み入れた。国際連盟はドイツの行為を非難したが、抗議は受け入れられなかった（いずれにせよ、ヒトラー政府はすでに一九三三年一〇月に国際連盟を脱退するとともにジュネーヴ軍縮会議からも退き、集団安全保障を無視している）。ドイツ軍幹部が恐れていたように条約違反をフランスが強く抗議できていたら、ドイツ軍が立場を固守するのは困難だっただろう。また、西部国境に軍を配備できなければ、ナチ政権は軍事攻撃に着手できなかっただろう。東方に攻撃を仕掛ければ、ドイツは西からの攻撃に無防備にさらされることになるからだ(49)。

戦争へと進むナチにとって、ラインラントの再軍備はどれほど重視してもしすぎることはない。ミヒャエル・ガイヤーが述べているように、「再軍備と作戦計画を次の段階に進められるかどうかは、すべてこの地にかかっていた(50)」。これをもってナチ・ドイツの防衛的再軍備は終わり、侵略戦争を可能にするための再軍備の段階に入る。アドルフ・ヒトラーにとって、このみごとな成功は、彼が全能であることの証《あかし》だった。ドイツ軍がライン川を渡った一週間後の三月一四日に、ミュンヘンの集会でヒトラーはこう述べている。「もちろん私は神が指し示す道を、夢遊病者のごとき確信をもって進む(51)」。

### 四ヵ年計画の導入

ラインラントの再軍備後に軍事支出は大幅に増加し、四ヵ年計画が導入された。一九三六年一〇月にヘルマン・ゲーリング率いる業務管理機構とともに立ち上げられたナチの四ヵ年計画は、ソ連の五ヵ年計画とはまったく異なる。生産手段を国が直接所有・管理することも、投資や生産の包括的な国家計画も目指してはいない。ゲーリングが述べているように、「ドイツ経済に総力戦の準備をさせること」がその目的だった(52)。

一九三六年夏に（高い軍事費による過熱や、危機的外貨不足の恐れのある経済を背景に）ヒトラーが記した「四ヵ年計画に関する覚書」は、厳格と言っていいほど明確に目的を提示している。「政治は、国民の存続にかかわる歴史的な戦いであるとともに進路だ」という独特な前文から始めたのち、ナチの独裁者は「われわれが考える軍事的発展は桁はずれではないし、その進度も速すぎはしない」と断言している。続きはこうだ。「ドイツ国防軍の訓練や部隊の編制、軍備において、そして何よりも精神的教育において、世界の一流の軍隊にひけをとらぬよう発展させることができなければ、ドイツは滅びるだろう」。ドイツ経済の役割は「世界でも一流の軍隊」を作り上げるのに必要な資金を供給することで、それにより「国民の存続にかかわる歴史的な戦い」をうまく進めることができる。「それゆえにこの仕事は無条件で他のすべてに優先されなければならない」。

経済学的考察は完全に二の次だった。経済的合理性を無視して、ドイツが外国の輸入品に依存せずに済むよう、経済的自給自足（アウタルキー）が求められた。ヒトラーによれば、「国民は経済のために生きるのではないし経済指導者のために生きるのでもない。経済理論や財務理論のためでもない。逆に財務と経済、経済指導者とすべての理論は、もっぱら国民が自己を主張する戦いに役立つためにある」[53]。来るべき奮闘への準備のために、ヒトラーは経済のすべてを軍需品に注ぐよう要求し、次のような命令で締めくくっている。

I　ドイツ軍は四年以内に戦闘可能にならねばならない。

II　ドイツ軍は四年以内に戦争の準備が整っていなければならない。[54]

これらの要求は、ヴィルヘルム・ダイストの言葉を借りれば、「単なるレトリックではなく、軍の立案者がすでに考慮していた、どう進めていくべきかについての明確な指示だ」[55]。要求は嫌がる軍事組織に押しつけられたわけではなく、ドイツ軍における量と質の変化を予測した一九三五年と三六年の軍事計画をもとに、ドイツ経済に伴うさまざまな事情も考慮して策定されている。軍備は全領域で推し進められた。

ドイツの新たな空軍は、一九三五年三月にその存在を公表されたのち、ゲーリングを頂点に、技術と工業の制約が許す限り迅速な成長を遂げている。海軍については、ヒトラーはヴィルヘルム時代の海軍政策には批判的だったものの、すぐに拡張の必要性を確信し、計画は勢いを増した。最初の目標はフランスと同等の海軍を作り上げることだったが、一九三四年半ばに承認された造船計画は、イギリス海軍の半分の規模の艦隊を目標にしており[56]、一九三〇年代末にはドイツ海軍の建造計画は、その強さにおいて「ドイツがかつて着手したなかでもっとも大がかりな計画となった」（一九三八年に海軍では五二万トンの船が建造中だった[57]）。

そしてもっとも肝心な陸軍に関しては、ドイツ軍は「圧倒的な侵略戦争の遂行が可能な陸軍」に成長することを期待している[58]。ほぼ三分の一が自動車部隊と戦車部隊からなる予定で、そのための財務上の制約は受けない。そして一九四〇年には二六〇万の兵力を抱える一〇二師団を包含することになっていた。これは一九一四年にドイツが戦場に送ったよりも五〇万人多い。[59]クラウス＝ユルゲン・ミュラーが指摘しているように、このような拡張は非常に危険だった。つまり「防衛のための再軍備と侵略のための再軍備の境界を越えてしまった。軍事政策によって、すぐに制御不能になる恐れのある力を作り上げてしまったのだ[60]」。

## 拒否された経済相シャハトの経済政策

この大規模な再軍備の結果、経済全体に圧力が蓄積した。過熱景気で完全雇用が達成されたものの今度は逆に労働力が不足し、自主労働組合が廃止されたにもかかわらず労働者が非公式に交渉する力を得たことから、危険なインフレ圧力が高まった。外貨準備高は大きく減少し、政府支出は飛躍的に増加していた。陸海空軍の拡大は基本的に互いとは無関係に行われ、協調的で統合された軍備計画を進めることは不可能だった。[61]もっと合理的な政策という点から考えれば、こういったやり方は中庸や後退につながっただろうし、経済政策にまつわる大きな意見の相違を招いたのは、まさにこの問題だった。

経済相ヒャルマー・シャハトは、ナチ政府の草創期に復興のための資金調達を計画し、グローバル経済との結びつきを維持したままで、政府財政と再軍備に必要な原材料を管理下に置こうとしたが、結果は失敗に終わる。シャハトの努力は国防軍から軍事産業、ゲーリング（四ヵ年計画によって戦争経済を推し進め、経済相の力を弱めた）、そしてヒトラーにいたるまで、あらゆる方面からの抵抗にあった。ヒトラーの「四ヵ年計画に関する覚書」は、シャハトの考えに対する明確な拒否だと言える。(62) 世界経済に融合する代わりに、ヒトラーは経済的自給自足を求めた。安定した政府財政を維持し、軍事支出を適正化して外貨を節約する代わりに、大規模な再軍備を命じた。

ヒトラーを説得できず、経済政策をめぐるゲーリングとの戦いに敗れ、シャハトは一九三七年一一月に経済相を辞職する。ドイツは合理的な経済および安全保障政策から目を背け、総統は「国民の存続にかかわる歴史的な戦い」に向かう計画を立てた。軍幹部はナチ政権の幹部とともに経済論理を無視し、平時には前例のないほどの軍備計画を受け入れる道を選んだ。

## 軍事支出の莫大な増加

軍事支出の増加はじつに莫大だった。陸軍総司令官ヴェルナー・フォン・フリッチュは、一九三七年六月二四日に「国防軍の戦争準備のための命令」のなかで、「政局は全般的に、ドイツがいかなる方向からの攻撃も考慮に入れる必要はないという前提の正しさを証明している」と述べている。(63) これはドイツが自国の安全のためにそれ以上再軍備を進める必要はないと述べるだけでなく、ドイツがそれほどまでに猛烈なペースで再軍備できた大きな理由をも示している。要するに、誰もドイツを止めようがなかったのだ。

一九三八年から三九年には、政府支出の半分以上が軍事予算にあてられていた。これはドイツの国民総生産の約一五パーセントにあたる。[64] まだ戦争を始めていない国としては驚くべき数字だ。一九三〇年代末のソ連を除けば、隣接諸国とは比べものにならない。一九三六年から三九年にかけて、全産業投資の三分の二が戦争と戦争に関わる領域に集中し、一九三九年にはドイツの全産業労働力の四分の一が軍需関連部門に充《あ》てられていた。また、戦争関係のインフラ計画、ジークフリート線の建設、さまざまな原材料調達部門にはさらに多くの人間が雇用されている。[65]

これほどまでに莫大な軍事費をかけた計画は、平時に維持できるものではない。工業力、労働力の供給、外貨準備高、あるいは財源といったどの点から考えても、ドイツ経済にそのような軍備計画がさほど長く続けられるはずはなかった。それは、もし使う予定のない軍備ならば、という話だ。ヒトラーは明らかに使うことを決意していたし、国防軍幹部も事態がどちらに進んでいるかについてほとんど疑いを抱いていない。一九三六年八月、陸軍は今後予定される軍事費の増大を算定して、「この状況を長期にわたり維持することはできない」と結論づけている。「ゆえに国防軍は再軍備後迅速に働く機会を与えられねばならない。そうでないならば、軍備レベルに対する要求を下げることによって状況を緩和しなければならない」[66]。さらに明確な結論は、一九三六年一〇月に陸軍兵器局長が出している。ドイツの軍事増強計画の完全なる遂行は「国防軍を特定の、すでに確定した時期に交戦させる明確な意図」があってはじめて意味をなす、という結論だ(67)。

かつて歴史家が熱心に取り上げていたナチの電撃戦についての議論はどうだろう。ナチ政権は比較的限られた物資で済む数回分の短い戦闘を計画するのではなく、できるだけ多くの戦闘が可能な準備を進めていたように思われる。ヒトラーはドイツが戦争をするためには犠牲を払わねばならないことを承知していたし、軍幹部には喜んで協力してくれるパートナーがいた。ナチ・ドイツにおいて、短期決戦の軍事戦略に合致する一貫した経済政策があったという説を裏づける確たる証拠はないように思われる。来るべき戦闘の計画を方向づけたのは未来の電撃戦の構想ではなく、第一次世界大戦の記憶だった。総統は経済的影響も顧みず、一般市民に犠牲を強いるものだと知りながら、限定戦争の準備をするのではなく、できるだけ多くの軍備を求めた。ナチの戦争は、(少なくとも)ヨーロッパ全域の占領を目指しており、けっして限られた範囲の戦争ではなかったのである。

### ドイツ民族の「生存圏」の確保

ナチが長期化する戦争を目論《もくろ》んだ根源には、ドイツ民族の「生存圏」を確保しようという、「国民の存続にかかわる歴史的な戦い」の構想があった。これは『わが闘争』でヒトラーががなりたてた大法螺《おおぼら》でも、ナチが戦争をするための曖昧なメタファーでもなく、ナチ指導者にとって最大の関心事であった。ドイツは人口過剰なのに、現在の国土では増え続ける人口を支えることができない。ゆえに「民族」の未来を確かなものにするためには、農業集落を形成するための土地を獲得しなければならないというのだ。その土地はスラヴ人が住む東方で得られるはずだった。ポーランドのかなた、ユダヤ人が支配すると言われるソ連の土地だ。今にして思えば、第二次世界大戦中に農業省次官として「ヨーロッパ占領地におけるドイツ農民の再編成(68)」という遠大な計画を作成したヘルベルト・バッケが、一九二六年にロシアでの農業に関する博士論文を書いていたのは、まったくの偶然とは思えない(69)。

ドイツは固有の領土だけでは住民を養うことができない、ゆえにもっと農地が必要だという考えは、第一次世界大戦をきっかけに広く受け入れられていた。第一次世界大戦でドイツが深刻な食糧不足に苦しんだこと、海上封鎖されればひとたまりもないこと、そして一九一八年以後、東プロイセンの農地の大部分を失ったことは、ドイツ人のなかに「封鎖症候群」とも言うべき傷を深く刻み込んだ(70)。また、ナチは第一次世界大戦におけるドイツの経験から第二次世界大戦の構想を得ており、「血と土」というイデオロギーが及ぼした影響を理解するには、こういった背景を理解しておく必要がある。

さらに、ナチ・ムーヴメントの高まりとナチ独裁政治の確立の背景には、深刻な農業危機があった。NSDAPは一九三〇年代初頭の荒廃に直面した（プロテスタントの）小規模農場主から圧倒的な支持を得ており、ヒトラー政府は政権掌握と同時にドイツの農場主を国際競争と担保権執行の脅威からいち早く保護している。食糧輸入に必要な外貨の不足、一九三〇年代半ばに民衆を不安に陥れた食料価格の急騰、[71]そして軍備に促された景気回復で田舎から都市部へと労働者が流入したことにより、ドイツの農業問題はナチの優先課題の上位にとどまった。[72]

ヒトラーとヒムラー（第一次世界大戦後に農業を学び、一九二二年にミュンヘンで学位を取得）、そして周囲の多くの人々にとって、ドイツ人を農場にとどまらせること、そして東方で占領した土地に定住させることは、「民族」の存続に不可欠だったのである。ヒトラーは「第三帝国は農民の王国になるか滅びるかのどちらかだろう」と述べ、「血と土」や北欧「人種」の未来に魅入られた者たちは、この発言を満足げに復唱した。[73]

## 「アーリア人種」の繁殖

「生存圏」と「血と土」というナチの理想は、「アーリア人種」の繁殖を進める考えと緊密に結びついている。一般的に田舎の女性のほうが都市部の女性よりも多産であるという事実を、都会の「アスファルト文化」を軽蔑するナチは見逃さなかった。人種と人種間の熾烈《しれつ》な競争に関する思想はナチ・イデオロギーの中心を占めていたので、ドイツ女性が十分な数の子供を産まなければドイツ民族は来るべき大戦争で敗れると確信した男たちが、女性の社会的立場や結婚、性、生殖の問題にこだわったのは驚くことではない。当時の証言によれば、ナチは一九三三年以後の二年で「ドイツ女性を完全に生産現場から引き離し、専業主婦に戻すことを」決意している。[74]

公営企業で働く女性や、失業した男性に職を譲ることのできる、いわゆる「共稼ぎ」の女性（夫も就職しているのに雇用されている女性）に対する排斥運動が始まり、民間企業で働く女性にも内々での圧力が加わった。その一方で結婚はますます奨励され、失業減少法が一九三三年六月一日に施行されると、退職して結婚し子供を産む女性が経済的に優遇された。一番の優遇措置は結婚資金の貸付である。融資を受けるには、就業していた女性が退職すること、そして将来の夫が精神的にも肉体的にも健康で、繁殖能力および親になる能力があり、遺伝性の病気がなく結婚に適していると証明する診断書をとることが条件となった。[75] 登録失業者の削減という差し迫った問題は、人種的に問題のない女性を本来いるべき場所に戻したいという要望とうまく結びつけられた。女は家にいて夫を支え、子供を産め、というのだ。

景気が回復し、労働力不足が深刻化し、再軍備計画によって人的資源が限界に達すると、女性の雇用に対する姿勢は変化した。女性の役割を主婦や母親に限定しようとする動きは一九三〇年代半ばに止まった。労働力不足が深刻化し始めた一九三六年一一月に、ドイツ労働会議所所長は「やむをえない場合には、多数の女性が工場で働かなければならなくなるだろう。ゆえに女性は心づもりをしておく必要がある。工場から女性を解放するという社会的願望も、軍事的必要性の前には断念しなければならない」と述べている。[76] 一九三七年には、結婚資金の貸付条件から女性の退職がはずされた。一九三〇年代末には自宅外や工場で働く女性が増加している。そして家族のうちのふたりないし三人（結婚した女性と年金受給者も働く）で家計を支えることが積極的に奨励された[77]。

## 断種法の施行と結婚・出産

それにもかかわらず、政権は出産という女性の役割を見落としていなかった。しかし、これは単純な出産促進政策ではない。子供を持つことを奨励される女性たちがいる一方で、産むことを阻まれる女性たちもいた。

民族共同体《フォルクスゲマインシャフト》に「適合する」者たちは、プロパガンダとかなりの金銭的な優遇措置（一九三五年九月に、四人以上の子供を持つ「遺伝的に健全な」両親に子供ひとりあたり一〇〇ライヒスマルクの一時金が支給されたのはその一例）によって、「多産」を奨励されている[78]。

しかし子供を作ることが好ましくないと考えられた人にとっては、話はまったく別だった。ナチは政権を掌握するや、結婚と出産の法的枠組みの改正に着手した。その最初の大きな一歩が「遺伝性疾患子孫防止法」（断種法）である。これは一九三三年七月一四日に成立し、三四年初めに施行された。「遺伝的疾患を持つ者はすべて、医療科学の経験から子孫が深刻な肉体的あるいは精神的欠陥を受け継ぐ可能性が高いと予測されるなら、外科的介入により断種することができる」という内容だ[79]。この法により、保健機関は統合失調症、躁《そう》うつ病、てんかん、ハンチントン舞踏病、先天性失明、先天性難聴、深刻な肉体的奇形といった先天性とされる疾患を持つ人々、さらにはアルコール依存症患者まで断種できるようになった。彼らはこの新たな権利を積極的かつ熱心に行使し、とくに精神医学の施設で患者を断種する仕事に着手した。一九三四年には八万四三三〇件、三五年には九万一二九九件、三六年には八万六二五四件、三七年には約七万七〇〇〇件の不妊手術が行われている[80]。手術を受けた者の約半分は女性で、全部で約二〇万人の女性がこの法律により断種された（うち一八万人はアルトライヒ、すなわち一九三七年の国境内の住民で、これは一六歳から五〇歳までの全女性の約一パーセントに相当する）[81]。

優生学の見地からの強制的断種はナチ・ドイツに限ったことではない。しかし基準はあったものの、法では断種できない場合や外国の反応が危ぶまれる場合、たとえば、第一次世界大戦後にドイツ人女性とフランス占領部隊のアフリカ人との間にできた、いわゆるラインラント私生児の場合などには、不妊処置は秘《ひそ》かに施された[82]。

結婚と出産が誰に許されるべきかという問題に、政権は特別な注意を払った。一九三五年九月のニュルンベルク諸法（後述する）は、誰との結婚が許されるか、あるいは人種的見地から誰と性的関係を結ぶことが許されるかについて規定している。「健康的理由から望ましくない結婚を防ぐために」、一九三五年一〇月の「ドイツ国民を遺伝的疾患から守るための法」は、深刻な伝染病、精神疾患、あるいは遺伝性疾患を持つ者の結婚を禁じた[83]。当時の証言によれば、この法によって「ごく個人的な問題だった結婚が、以前とは対照的に、公益にかかわる制度」になるとともに、「生物学的な目的としての生殖がはなから不可能なら無意味な制度」になった[84]。

一九三八年七月には結婚と離婚に関する法が修正されている。「結婚はとりわけ民族の維持と繁殖という目的を果たすものなので」、もしパートナーが避妊したり、受胎調節を利用したり、未熟で受胎できなかったり、受胎を困難にする、あるいは好ましくない受胎をするような精神的・肉体的疾患があったりする場合には、結婚を無効にできることになった。[85]実際は、こういった規定は女性に不利で、夫が子供のできない妻を何の支援もせぬまま離縁し、民族の繁殖のために再婚する可能性もあった。ナチの「公益が私益に優先する」というスローガンが男女の関係にも適用されることになり、人種間の永久的な闘争で民族共同体《フォルクスゲマインシャフト》という目的を果たすために、結婚、性交渉、生殖が利用されることになったのである。

## NSDAPの日常生活への浸透

ドイツ国民が本当に民族のための妊娠という人種主義的な考えを抱いていたか、あるいはロシアの草原地帯に移住する気になっていたかどうかは、また話が別だ。他の国の人々と同様に、ナチ・ドイツでもほとんどの人々が日常のさまざまな事柄で頭がいっぱいだった。政権に積極的に反対していた人々やユダヤ人その他の迫害された人々は除いて、大部分とは言えないまでも多くのドイツ人は、戦争が始まるまでのナチの最初の六年間をどちらかと言えば肯定的にとらえていたようだ。

失業者が速やかに減少したおかげで数百万の人々が再びまともな生活を送れるようになり、[86]

ナチの政権掌握後、結婚数と出生数が増加したのは（一九三三年に九七万一一七四人だった出生数がわずか二年後には一二六万一二七三人に増加した）、たんに金銭的優遇措置をとったためばかりではない。「新生ドイツ」でなら正常な家庭生活を営めると信じていたからだろう。[87] ナチ自身は、積極的かつ建設的な生活を再び送れる状況を作り出したことを誇りにしており、一九三〇年代初頭の危機的な時期のあとに「正常な状態」を回復できるかのように見せたことが、政権支持のための重要な基盤となった。[88] 一九三三年以後、束《つか》の間《ま》ではあるが、多くのドイツ人は「よき時代」が戻ってきたような気分を味わっていた。

しかしこれらの「よき時代」はとても正常と言えるものではない。ドイツ人はできるだけ正常に私生活を送ることを望んでいたかもしれないが、私的な領域は脅かされた。ナチ政権はドイツ人の日常生活にどんどん深く入り込んできた。自発的であれ、圧力によるものであれ、強要されたのであれ、さまざまな状況や党組織において、党員であることが多くの人々の生活のなかでますます大きな割合を占めるようになっていったのである。膨大な数のドイツ人がNSDAPに入党し、党の発表によれば、第二次世界大戦勃発までに五〇〇万人以上が党員となった。入党の動機はさまざまである。時代の波に乗ろうと考えた者もいれば、経歴に箔《はく》がつくと考える者もいた。入党しないことで被る仕事や職場での不利益を恐れる者もいれば、ナチの宣伝を純粋に受け止めた者もいた。理由は何であれ、数百万人が入党したのだった。

### ナチの青年組織

ナチの他の組織も大勢の隊員を引きつけている。SAはナチの政権掌握後急成長し、一九三四年夏に幹部が虐殺されるまでの間に、隊員数は約三五〇万人に膨れ上がった。国民社会主義自動車軍団のような組織は、自動車好きのドイツ人に人気が高かった。ドイツ人女性は国民社会主義女性同盟に組織され、その会員数は一九三八年末までにアルトライヒでほぼ二三〇万人に達した。一九四一年には約六〇〇万人に達し、一八歳以上のドイツ人女性の五人にひとりが会員だったことになる。さらに数百万人がドイツ女性事業団（ナチの政権掌握後に「統合された」さまざまな女性組織を引き継いだ傘下組織）の団員もしくは関係者だった[89]。若者は少年向けのヒトラー・ユーゲント（HJ）やドイツ女子同盟（BDM）に参加した。一九三六年までにドイツの若者の大多数が組織に加入し、一九三九年には入会が強制となった。

ナチの青年組織は政権への国民の忠誠を強固にするもっとも効果的な方法のひとつだったが、その一方で既存の伝統的な権威（すなわち学校、教会、家庭）を弱体化させ攻撃するのにも役立った。一九三四年六月には、ある社会民主党の秘密通信員が非常に洞察力あふれる報告書のなかで次のように記している。

若者は相変わらず体制を支持している。教練、制服、キャンプ生活など目新しいものに魅《ひ》かれ、若者の団体に比べれば学校や家庭は二の次だと考えているのだ。結構なことだ。危険のない素晴らしい時代。多くの人々は、ユダヤ人やマルクス主義者を迫害したおかげで経済的な道が開かれたと信じている。［……］若い労働者も同調している。「ひょっとしたら、いつか社会主義の時代が来るかもしれない。たしかに新たな方法で社会主義を試みている国もある。だが、明らかに他の国々ではそのような変化は起こっていない。底辺の階級にいるよりは民族共同体《フォルクスゲマインシャフト》のほうがずっといい」というのが、彼らの考え方だ。［……］

親たちは事態を静観している。他の子供たちがみなやっていることをわが子がやりたがるのを止められないし、他の子供たちがみな着ている制服をわが子に着るなとは言えない。また、危険な行為を禁じることもできない。

ヒトラー・ユーゲントの扇動により、子供たちや若者たちのほうが両親に対し、よきナチになれ、マルクス主義を捨て抵抗をやめユダヤ人と接触するな、と求めている。(90)

### ドイツ労働戦線

ヒトラー・ユーゲントやドイツ女子同盟を卒業したドイツの若者たちには、別の組織が待ち受けていた。労働奉仕団と軍隊（若者の場合は一九三五年以降）、さらにはナチの最大組織、ドイツ労働戦線である。労働戦線は一九三三年春に労働組合の役割と資産を奪い、「知力と拳を持つすべての建設的ドイツ人」（すなわち従業員だけでなく雇用者と自営業者も含む）を統合した。一九三四年三月には団員数は一四〇〇万人を超え、一九三八年には二〇〇〇万人に達している。

各団員は月に一・五から二ライヒスマルクの会費を払った。[91] この巨大組織は開戦した一九三九年の時点で常勤の従業員三万五〇〇〇人を抱え、めまいがするほど多くの活動に関与していた。

職業訓練、スポーツ、法律上の助言、医学的スクリーニングもそのひとつである。ドイツ労働金庫(ナチ・ドイツ最大の銀行のひとつ)を運営し、一九三八年にはドイツの生命保険証券の約一〇パーセントを売り上げた。また、労働と賃金の研究を行い、工場の外観や労働環境の向上に取り組んだ。そしてもっとも有名なのは「喜びを通じて力を」与えたことだろう。[92] 労働戦線の下部組織、歓喜力行団は、ピクニックから国内旅行まで、休日や休暇向けのさまざまな活動を提供した。幸運にも、カナリア諸島やギリシアやノルウェーのフィヨルドにクルージングする助成金を支給された者もいる。開戦までに約七〇〇万のドイツ人が歓喜力行団を通じて休暇を楽しみ、さらに三五〇〇万人が日帰り旅行を楽しんだ。[93] 多くの人々にとって、このような休暇を過ごすのははじめての経験だった。

こういった組織の成長や、ドイツの一般庶民を組織に加入させ活動に参加させた圧力から窺《うかが》えるのは、第三帝国のでたらめな行政機構内での王国建設に指導者たちが関心を抱いていたということだけではない。ドイツ国民を教育し、ナチ・イデオロギーのなかで調教し、行く手に待つ大事業に向けて準備させようとした決意をも窺うことができる。ナチの政治は、政権の人種的・軍事的目的をドイツ国民に熱狂的に支援させるためにあると、ヒトラーは何度も繰り返し強調した。民族共同体《フォルクスゲマインシャフト》の敵、つまり政敵、イデオロギー上の敵、平和主義者、ユダヤ人、民主主義者は、そういった国家への献身やナチの世界観を攻撃してくるので（あるいはその「人種」が原因で攻撃しそうだとみなされるので）、容赦なく鎮圧しなければならないのだ、と。ドイツ国民は、その真の運命について「啓蒙」される必要があった。これは絶え間ない闘争である。しかしたとえ政権と、とくに総統が大きな人気を集めても、再軍備や「ヴェルサイユの鎖」を断ち切ることへの十分な世間の賛同があっても、何もかもが認められるというわけではない。そこにはドイツが再び戦争に突入する可能性への不安がかなり混じっていた。

### 徴兵制再開に対する懸念と熱狂

軍事増強に対する国民の曖昧な態度と、第一次世界大戦の経験がその態度にどれほど影響していたかは、一九三五年三月の徴兵制再開に対する国民の反応によく表れている。社会民主党の秘密通信員の地下ネットワークが集めた報告からは、懸念が広がっていたものの、同時に熱狂的な賛同もあったことが窺える。徴兵制の再導入後、社会民主党の秘密通信員は「とくに若者の間での熱狂ぶりがすさまじい」と記し、一九一四年八月一日の空気と比較している。その一方で、「当然、まだ比較的分別のある人々もいる。彼らは一九一四年八月一日に始まった戦いが結局どうなったかを覚えていて、戦争がもたらす恐ろしい結果について警告している」とも記している。[94]他の国々にも徴兵制度があるのだからドイツが若者を徴兵するのは正しいとしか言いようがないし、バイエルンで主張されたように「若者たちがまた一人前に鍛えられるの

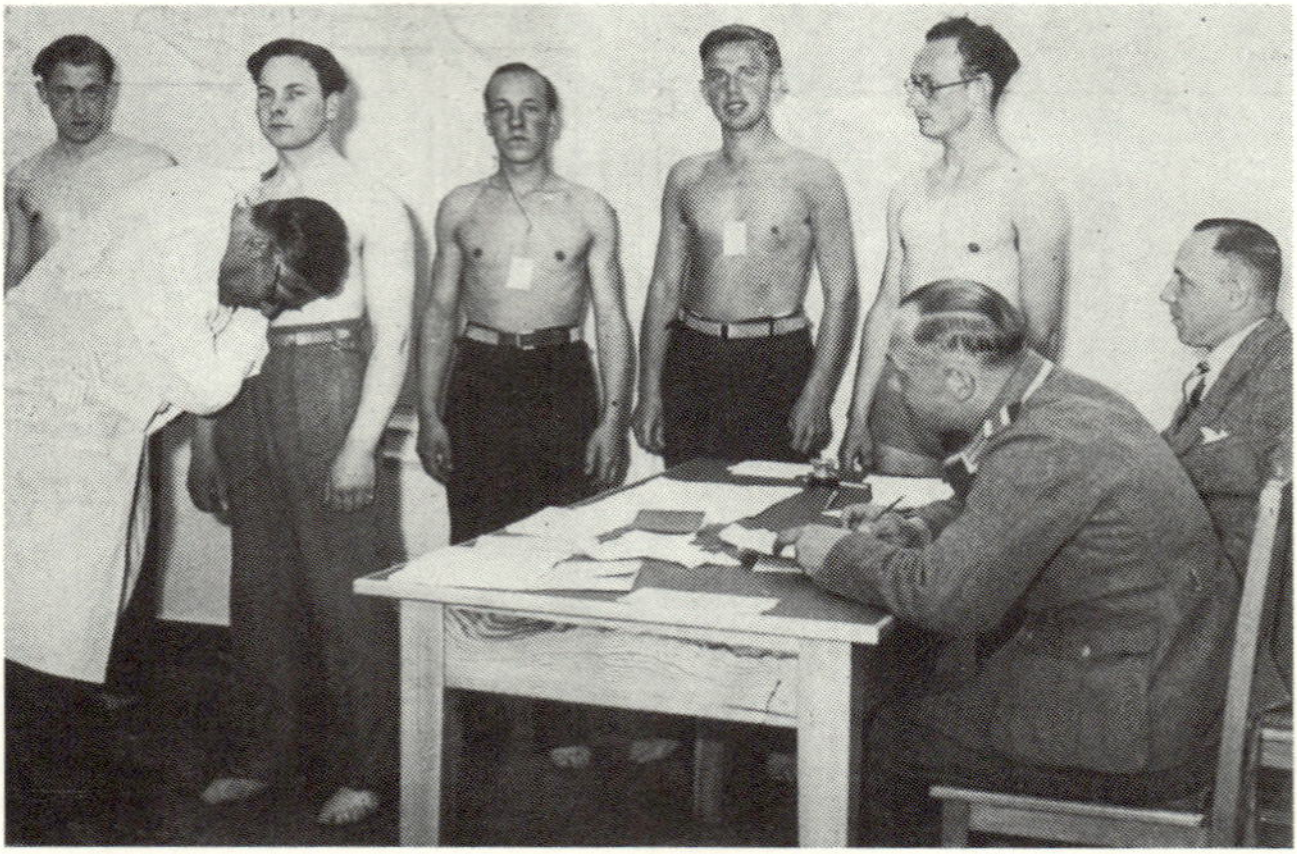

1935年６月、ベルリン。1914～15年生まれの者たちが軍医による徴兵検査を受けている。

であれば悪いことではない」と信じる者たちもいたが、不安があることも明らかだった(95)。ある秘密通信員はザクセンから次のように報告している。

全般的な徴兵制の導入について退役兵から意見を聞くことができたが、彼らは一九一四年から一八年の体験を繰り返したくないと遠まわしに述べた。傷病兵や戦争未亡人は、軍備にお金を使って新たな犠牲者を出す前に、政府はまず前回の戦争の責任を果たし全犠牲者への償いをすべきだという旨の発言をしている(96)。

国防軍のラインラント進駐にＮＳＤＡＰの支持者たちは沸き立ったが、同時に戦争になるのではないかという懸念が、とくにドイツ西部の住民に広がった。社会民主党の地下組織は、ドイツ軍がライン川を越えるや、国民の士気は「戦争への不安に支配された」とプファルツから報告している。[97] ラインラントからは、ある社会民主党の秘密通信員が次のように報告している。「第一次世界大戦の経験者は大勢いる。戦争に一〇〇パーセント熱中している人々にとって、彼らは強い対抗勢力だ」[98]。ヒトラーにどれほど人気があっても、そして祖国が再び軍事大国となることをドイツ人がどれほど喜んでも、第一次世界大戦の記憶が投げかける影は、まだドイツ国民に重くのしかかっていた。

ヒトラー政府がいかなる苦しみを伴ってもドイツを再び世界大戦に追い込むという事柄だけが、人々の不安の理由ではなかった。追放中の社会民主党員が集めた資料からも、ゲシュタポの地方事務局が作成した「状況報告書」からも、政権に不満を抱く理由が多数あったことがわかる。物価上昇、低賃金、物不足、宗教活動に対する党の干渉、政府の役人や党幹部の不快な振る舞い、汚職（一九三五年三月にポツダムのゲシュタポから提出された「状況報告書」に書かれているような、「軍事工場の急激な成長に伴う『戦時利得』という歓迎できない現象」を含む）についての不満が聞かれた。[99]

しかしこういった日常的な愚痴は、警察の注意を喚起することはあっても、政権を深刻に揺るがすことにはつながらない。ヒトラーの人気は相変わらず高かったし、ナチの政策は広く推進されており、ドイツ人はそれが理解できるものであれば全般的に承認した。また、階級区分をなくし「民族共同体」を作り上げるというナチの目標もかなりの人気を博しており、露骨な反対意見を抑え反乱を防ぐのには警察組織が非常に有効であることが判明していた。一九三六年夏に、バイエルンのある社会民主党の秘密通信員はやむなくこう結論づけている。「全般的にNSDAP政権は弱体化の兆候をまったく示していない」[100]。

### ヒトラーの戦争計画（ホスバッハ覚書）

国内に対抗勢力がなく、国外での名声が高まり、再軍備も軌道に乗った一九三七年一一月五日、ヒトラーは自らの戦争計画を明確に示した。国防大臣フォン・ブロムベルク、陸軍最高司令官ヴェルナー・フライヘル・フォン・フリッチュ、海軍最高司令官エーリヒ・レーダー、空軍最高司令官ヘルマン・ゲーリング、そして外務大臣フォン・ノイラート、さらにナチ指導者の議事録（有名なホスバッハ覚書）を作成するフリードリヒ・ホスバッハ大佐による会議の席上でのことだ。

ヒトラーはここでも遠大なイデオロギー構想から話を始めている。「ドイツの政治目的は、人民の保護と維持、そして拡大である。ゆえに、これは土地の問題なのだ」[101]。既存の領土内での自給自足は不可能だ、と彼は主張している。ヒトラーによれば、「ドイツの未来は、新たな土地を得られるかどうかにかかっている」のだった。それから実際にどうすべきかという結論が述べられた。ゆえに遅くとも一九四三年から四五年にはチェコスロヴァキアとオーストリアを攻撃する必要がある、と。ホスバッハ覚書は二年後にポーランド侵攻で始まる世界大戦の青写真ではなかったが（たとえば、ロシアについては言及されていない）、人種主義イデオロギーに鼓舞された戦争をヨーロッパで仕掛けるというヒトラーの意図を明確に示すものだった。

一九三七年から三八年にかけて、ヒトラーは計画していた危険な進路から多くの障害を取り除くことができたし、自分と信頼できるナチの手に権力をさらにいっそう集中させることができた。その一方で、政権掌握時にナチの独裁者が頼りにした保守的エリートの権力や影響力は、はた目にもわかるほど弱まっていた。一九三八年初頭には、保守派は事実上第一線から退いている。一九三七年一一月には、シャハトが経済大臣と戦時経済全権（一九三五年五月に指名された）を退き、代わってゲーリングが経済政策における最有力人物となった。一九三八年二月、陸軍上層部の大改造により、ヒトラーは軍の統帥権を手中に収める。国防大臣ヴェルナー・フォン・ブロムベルクが再婚相手のいかがわしい過去を暴露されて辞任し、陸軍総司令官ヴェルナー・フォン・フリッチュがホモセクシュアルだとでっちあげられて解任されたためだ。ブロムベルク＝フリッチュ危機のあとには、ヨアヒム・フォン・リッベントロップ（ヒトラーの外交の助言者で一九三六年から三八年まで駐英大使）がコンスタンティン・フォン・ノイラートに代わって外務大臣に就任している。[102]

この一連のできごとで、ヒトラーと戦争への無謀な突入を抑制する大きな力が取り除かれた。リッベントロップが外務大臣に就任したことでヒトラーは完全に外交の主導権を握り、好戦的な新外務大臣の後押しもあってドイツの外交政策はしだいに急進化し、外交的駆け引きも何もない方向へと転換していく。政府の軍事費に関する主導権を握りドイツを多国間貿易システムに融合させようとしたシャハトの努力は、経済相を辞任したことで終わる。ヒトラーがゲーリングに望んでいたのは、自給自足に賛成し、ゲーリング自身も一九三六年七月に述べているように「軍備計画を予定表や計画された規模に従って［……］実行することがドイツの政治的任務だ」と信じ、合理的な経済を考慮しないことだった。[103] ブロムベルク＝フリッチュ危機ののち、ヒトラーは陸軍の統帥権を手中に収め、国防大臣を廃止して代わりに「国防軍最高司令部」を創設し、イエスマンのヴィルヘルム・カイテルを総長に据え、軍指導部全体の完全な支配を確立した。外交政策、経済政策、軍事政策において、ヒトラーの立場はいまや確固たるものとなったのである。

### 陸軍参謀長ベックの不安

それにもかかわらず、軍部、とくに陸軍参謀長ルートヴィヒ・ベックは、ヒトラーが無謀な戦争へと突入するのではないかと懸念し続けた。一九三八年にヒトラーがチェコスロヴァキアと戦う決意を表明すると、ナチ政権の最初の四年間、大規模な再軍備の流れのなかで主要な計画立案者のひとりだったベックは怖気《おじけ》づいた。チェコスロヴァキア侵攻を目前にした一九三八年五月、ベックはドイツ軍の状況を調査し、敵国の軍備やドイツに強力な同盟国がないこと、そしてとくに経済状況の貧弱さ（一九一七年あるいは一八年よりも悪かった）を考えれば、「ドイツは、長期戦のリスクを冒すことはできない」と悲観的に結論づけている。[104] ベックはチェコスロヴァキアを攻撃すれば英仏との戦いにつながり、そうなればドイツは負けるだろうと考えていた。チェコスロヴァキアへの侵攻計画が五月末に準備されたのち、ベックはさらに二通の覚書で再度その点を強調している。チェコスロヴァキア侵攻に対するベックの不安に共感する者は多かったが、軍の同僚たちは最高司令官に楯突く気はなかった。ベックは孤立し、彼の警告は伝統的な軍のエリートに対するヒトラーの軽蔑を強めただけで終わる。ナチの独裁者にしてみれば、自分がせっかく提供した軍事力の利用をベックが決断できずにいるように思えたのだ。

### 第三帝国の警察

一九三〇年代のナチの政策をもっとも推進したのが戦争への意欲だったなら、政権の国内政策はこの目的を達成するためにあったとみなすべきだろう。ヒトラーにとって国内政策、プロパガンダ、NSDAPの役割は、ヒトラーが提示した歴史的事業にドイツ国民が間違いなく参加するよう仕向けることにあった。ドイツ人に再び仕事を与えたり、印象的なプロパガンダを展開したり、あるいは極度に国家主義的で文化的な活動事項を推進したりといった大衆向けの方法が、政権とその軍事目的への支持を集めるのに利用された。ナチのメッセージに抵抗する者には、不服従への容赦ない圧力が加えられた。研究論文のタイトルにあるように、ナチ・ドイツの内政は「恐怖、褒美、規律、秩序」の政治だったのである。[105]

しかし、最近の研究で明らかになったように、ナチの警察は非常に効果を上げていたかもしれないが、大組織だったわけではない[106]。ゲシュタポは「全知全能の遍在する」巨大組織であるどころか比較的小規模で、一般市民の協力に依存して任務を遂行していた。ドイツ人が警察に熱心に協力し、隣人やましてや配偶者や親について通報したり告発したりしなければ、第三帝国の警察はさほど有効に機能することはなかっただろう。ナチ政権のもとで任務を遂行するにあたり、警察がドイツ人からかなりの支援を得たのは悲しい現実だ[107]。

一九三三年にヒトラーが首相に就任した当初、NSDAPの閣僚はふたりだけで、両者とも警察に関与していた。内務大臣ヴィルヘルム・フリック、そして警察部隊を直接指揮するという点でさらに重要だったのが、プロイセン内務大臣ヘルマン・ゲーリングである。しかし、ナチの警察と強制収容所の頂点に立った人物はフリックでもゲーリングでもなく、SS長官ハインリヒ・ヒムラーだった。

一九三三年一月の時点ではヒムラーの地位はさほど有望ではない。総勢五万六〇〇〇人からなるSSの（一九二九年からの）隊長で、これは正式にはエルンスト・レーム率いるSAの下部組織にすぎなかった。しかしSS全国指導者はまたたくまに地歩を固める。まずは故郷ミュンヘンの警察長官、さらにはバイエルン全体の政治警察長官としてだ。三月二〇日、ヒムラーはバイエルンの州都に近いダッハウに強制収容所を開設し、SSの管理下に置くと発表した。この収容所はその後開設される収容所の手本となる。その翌年、ヒムラーはドイツのほぼ全域の政治警察の指揮権を手にし、一九三四年四月二〇日にはゲーリングからプロイセン秘密国家警察（ゲシュタポ）長官に任命された。SSがSA幹部を殺害し、元上部組織からの独立を果たす直前のことである。

二年後、ヒムラーはドイツ警察の誰もが認める支配者となる。一九三六年六月、警察の組織改正に伴い、SS全国指導者は「全国の警察機能の統合」を任され、「ドイツ警察長官」となったのだ。警察はふたつの「大きな部局」に分けられた。長官クルト・ダリューゲ率いる、防護警察、市町村警察、国家地方警察といった巡回を行う「秩序警察」と、SS中将で親衛隊保安部（SD）部長でもあるラインハルト・ハイドリヒが率いる、「政治警察」（基本的にゲシュタポ）と「刑事警察」（クリポ）を含む「保安警察」である。ヒムラーとハイドリヒが率いた警察機構は、独自の情報機関（SD）と準軍事組織（SS）を持ち、ドイツの強制収容所を支配し、全ドイツ警察を指揮下に置き、内務省の管轄外にあり、法的規範を自ら操作することができ、司法省や裁判所の力も及ばなかった（ゲシュタポは犯罪との戦いを司法省や裁判所がいたずらに妨げるだけだと考えていた）[108]。ゲシュタポとクリポは比較的小規模だったとも考えられ、何もかもできるとは限らなかったが、なんでもできるとドイツ国民は考えていた。

ヒムラーとハイドリヒはナチの警察幹部に無法者や頭の弱い悪党は採用していない。教養があり熟練した専門家、野心家を採用した。彼らのイデオロギーへの心酔と冷酷さは技術的能力とうまく結びついた[109]。たとえば「ゲシュタポ・ミュラー」と呼ばれるハインリヒ・ミュラーは、戦時下にゲシュタポ長官を務め、ヨーロッパ・ユダヤ人の殺害計画に深くかかわった人物である。彼は一九歳で警察官となり、NSDAPの党員ですらなかったが、一九三六年七月にハイドリヒからゲシュタポでもっとも重要なセクションであるII部、国内政治警察の長に任命された。[110]ハイドリヒが部下に求めたのは「意見を述べる能力」ではなく、何よりもまず「自分に課せられた役割を完遂すること」である。[111]そのような人間は法の制限など気にすることなく任務を遂行できたし、ナチの「民族共同体」を敵と思われる者たちから守るためなら、どのような行動をとっても正当化された。ハイドリヒは一九三六年に法関係の定期刊行誌『ドイチェス・レヒト』で次のように述べている。国民社会主義は（国の自由主義的な概念と異なり）「国家からではなく国民から生まれる。〔……〕ゆえに、われわれ国民社会主義者には国民の敵だけはわかる。つねに同じで、永遠に変わることはない。われわれ国民の人種的、民族的、精神的本質の敵なのである[112]」。

## ニュルンベルク諸法の制定

「国民の人種的、民族的、精神的本質の敵」に誰が含まれるかは明らかだ。ナチ政権は当初から人種主義のイデオロギーを現実化することに着手し、何よりもまずドイツに住むユダヤ人を標的にしている。ヒトラーは政府における地位を確立するや、差別的な方法でユダヤ人を狙い撃ちにした。一九三三年四月初めにユダヤ人の事業に対するボイコットを行ったのち、反ユダヤの法律によりユダヤ人の雇用を制限した。一九三三年四月七日には職業官吏再建法を成立させ、「非アーリア人の公務員を退職させる」ことを取り決めた（大統領ヒンデンブルクの強い要望で、第一次世界大戦で軍務に服した者は除外された）[113]。一九三三年秋には、ユダヤ人が舞台芸術の分野やマスメディアで働くことを禁じた。一九三四年の夏以降、ユダヤ人はもはや法的資格の取得も許されなくなった。一九三五年五月に徴兵制が導入されても、ユダヤ人はドイツ軍に所属することを禁じられた。

さらに一九三五年の党大会のさなか、九月一五日にニュルンベルクで国会が招集され、いわゆるニュルンベルク諸法が可決された。この法、すなわちユダヤ人と非ユダヤ人の結婚および婚外性交渉を禁じた「ドイツ人の血と名誉を保護するための法」と、ユダヤ人からドイツの公民権を奪う「ドイツ国公民法」は、ドイツにわずかに残されていた自由主義的で啓蒙主義的な基盤を事実上破壊した[114]。ドイツ領域内の人々はすべて平等だとするそれまでの基本原理は、これによって廃棄された。紛れもない人種主義国家となったナチ・ドイツの法と公民権の基盤にあるのは、「ドイツ人の血の純粋性」についての似非《えせ》生物学的原理と永遠の人種闘争だった。

ユダヤ人とアーリア人との結婚や性交渉を禁じ、さらにドイツ国公民法（「ドイツ公民とはドイツ人血統もしくは類縁の血を持つ国民のみで、その行動によって、ドイツ国民およびドイツに喜んで奉仕すること、適切な忠誠心を持つことを証明する」と宣言している）で「ドイツ公民」という新たな人種定義を導入することによって、ドイツ政府には難しい問題が残された。「ドイツ人血統もしくは類縁の血」を持つ人間をどう定義するのか、そしてユダヤ人とは誰なのか、という問題である。「人種的に完全にユダヤ人と認められる祖父母を少なくとも三人持つ者」がユダヤ人であると定義され、さらにさまざまな人種的混血種についての定義が行われた(115)。この答えは、一九三五年五月にユダヤ人を軍から排除した際の定義ほどではないにしても、まるで科学的ではなく、不備も多かった(116)。というのも、祖父母がユダヤ人かどうか、さらには彼ら自身の祖父母がユダヤ人とみなされていたかどうかをどのように決定すべきかについて、明確な定義がなかったからだ。それを率直に議論すれば、建前上は科学的な人種主義がまやかしであることが露呈しかねない。しかし重要なのはそこではない。

ニュルンベルク諸法が重要なのは、コルネリエ・エスナーが指摘しているように、「国民社会主義の国にユダヤ人の体系化した定義を与え、それにより、ユートピア構想を現実的なものにした点にある。異質と定義される存在(「ユダヤ人の血」)と、いわば同質である別の存在(「ドイツ人の血」)との「完全な差別化」をはかるユートピア構想だ(117)」。こうして、ニュルンベルク諸法は差別、迫害、没収、そして最終的には殺害への法的枠組みを提供したのである。

### 反ユダヤ的な行為とユダヤ人の移住

ユダヤ人に敵意を示していたのはドイツだけではない。ニュルンベルク諸法に対するドイツ人の反応は曖昧だったものの、国が後押しする反ユダヤ主義が世論に影響を与えるのはまず間違いなかった。[118] ユリウス・シュトライヒャーの恥知らずな反ユダヤ主義の新聞『シュテュルマー』はあまりにも過激でさほど受け入れられなかったが、ある亡命した社会民主党員は、一九三六年一月に第三帝国内の状況や世論を次のように伝えている——「だいたいにおいて、国民社会主義者は国民とユダヤ人との溝を事実上深めることに成功したと言えよう。ユダヤ人が別の人種だという見解が今日では一般的になっている」。[119]

反ユダヤの偏見は反ユダヤ的な行為を煽《あお》った。ドイツ人は無力なユダヤ人の隣人につけこんだり、ユダヤ人への憎しみを発散させたり、公式に認可された反ユダヤの風潮を利用して私腹を肥やしたりした。町や村は競い合うようにしてユダヤ人を脅し、ユダヤ人が歓迎されていないことを告示した。[120] 実業家はユダヤ人同業者が事業を売却しようと必死なのにつけこみ、二束三文で買い取った。[121] ユダヤ人の会社はボイコットされた。ユダヤ人企業家は「偉そうで厚かましい」として、NSDAPによる「抗議集会」が組織された。ユダヤ人商店の顧客がいつの間にかNSDAPの党員に写真を撮られたり、ユダヤ人と取引をする者（たとえばユダヤ人家畜業者との取引など）が『シュテュルマー』に名前を掲載されたりした。[122] ユダヤ人の子供たちは学校でいじめられた。ユダヤ人はゆすりの手ごろな標的になった。ユダヤ人が法の保護を期待できない国では、もはやそのような事件を警察に通報するなど思いもよらぬことだった。[123]

多くのユダヤ人は、さまざまな障害はあったものの、痛ましいほどさびれたユダヤ人共同体を捨て、一九三〇年代にナチ・ドイツからなんとか移住した。たとえばオスナブリュックでは、ヒトラーの政権掌握時には三八〇を数えたユダヤ人共同体が、一九三五年春には全部で二六五に減少している。[124] 一九三三年に登録されていたドイツ・ユダヤ人約五二万五〇〇〇人のうち、一九三八年初め（オーストリア併合で数が増える前）に残っていたのは、三五万人ほどである。[125]
ユダヤ人の移住が戦争中に完全に停止されるまでの間に、全部で二七万人から三〇万人がドイツから逃げることに成功した。[126] とくに初期の段階では、国境を越えてフランスやスイスに逃げた者もいれば、イギリスに逃げた者もいる（約四万人が避難場所を見つけた）。パレスチナでの未来に期待する者も多かったが（五万五〇〇〇人が移住した）、アメリカでの新たな生活を望む者がもっとも多かった（一三万二〇〇〇人）。アルゼンチン、南アフリカ、オーストラリア、上海（ビザが不要だった）に逃れた者もいる。[127] ナチ・ドイツにとどまった者たちのうち、高齢者の占める割合はますます高くなっていった。

## オーストリア併合

ニュルンベルク諸法の通過後、ユダヤ人に対するナチの攻撃が一時休止した時期はあった。一九三六年のオリンピック期間中である（冬季はガルミッシュ＝パルテンキルヘン、夏季はベルリンで開催）。反ユダヤ主義というナチの不快な顔を表に出さない試みがなされたわけだが、その姿勢は一九三八年に劇的に変わった。この時点でユダヤ人に対するナチの猛攻は、ナチがヨーロッパで領土を拡大したことにより加速し、急進化する。戦争への道と集団殺戮への道は緊密につながっていた。

一九三八年三月一二日、オーストリア政府はドイツからの圧力に屈し、ナチのアルトゥール・ザイス゠インクヴァルトを首相に任命することに同意したが、その後ドイツ軍はオーストリア国境を越え、一九一八年のハプスブルク帝国崩壊で誕生したオーストリア共和国はここに終焉を迎える。一九三四年七月にオーストリア首相エンゲルベルト・ドルフスがナチによって暗殺された際には、オーストリアをドイツに横取りされないよう介入したファシスト・イタリアも、今回は枢軸のパートナーに従った[128]。誰もが認める元首としてヒトラーが故国に戻ると、人々は熱狂的に歓迎した。彼の演説を聞くために二五万の聴衆がウィーンのヘルデンプラッツに集まった。第一次世界大戦前にヒトラーが、住む場所もない放浪者として陰鬱な生活を送っていた街である[129]。

ヒトラーがこれほどまでに熱狂的に迎えられたこと、彼の急進的なやり方が予想に反し驚くほど成功したこと、西側列強がヒトラーを阻止する手段を講じなかったこと、言うまでもなくチェコスロヴァキアに対する戦略的優位を手に入れたことで、ヒトラーは以前にもまして、自分は神意によって導かれているのだと確信した。当時、ウィーンでドイツ大使を務めていたフランツ・フォン・パーペンがのちに述べたように、「結果的にヒトラーは、節度ある外交政策を望んでいた人々の助言にまったく耳を貸さなかった[130]」。

オーストリア併合《アンシュルス》は、たんに大衆を喜ばせるだけでなく、ドイツですでに発効していた反ユ

1938年のオーストリア併合後、ウィーンのユダヤ人が街路を磨かされている。

ダヤの法律をオーストリアに即座に導入することにもつながった。ドイツ人のオーストリア到着後、とくにヒムラーとハイドリヒが、引き続き政治的抑圧と反ユダヤの恐ろしい暴力のうねりをもたらした。数千人の社会主義者と共産党員が「保護拘置」され、約二〇万人に及ぶオーストリアのユダヤ人住民が迫害と暴力の嵐に巻き込まれた。

ユダヤ人の圧倒的多数はウィーンに住んでいた（ウィーンの一七万のユダヤ人はこの町の人口の一割を占め、併合後の大ドイツで最大のユダヤ人共同体となっていた）。ユダヤ人は路上で攻撃され、侮辱され、あざけるアーリア人の前で卑しい仕事をさせられた。ユダヤ人の財産は略奪され、ユダヤ人の家は家探しされたあげく荒らされ、ユダヤ人は暴力の嵐のなかで拘留され、これにより多くのユダヤ人が自殺に追い込まれ、さらに多くが出国する方法を必死になって探した。

このことでナチが解き放った反ユダヤ主義に質的な変化が起こった。たとえば一九三八年八月にウィーンに設置されたユダヤ人移住局(責任者はアドルフ・アイヒマン)は出国させるユダヤ人の数を増やし、彼らから財産を没収している。ユダヤ人に対する暴力の深刻化においても、ユダヤ人の資産を没収するための行政機構の新設においても、ウィーンは将来各地で起こることの手本となった。(131)

## 水晶の夜

ヒトラーが次にとった重要な外交政策の結果、「アウシュヴィッツへの歪《ゆが》んだ道」につながる大きな一歩が踏み出された。(132) ミュンヘン会談に続くズデーテンラント奪取から数週間後に行われたポグロム「ユダヤ人に対する集団的迫害行為」、いわゆる「水晶の夜《クリスタルナハト》」である。これはヨーゼフ・ゲッベルスの指示により、SAが実行した。一九三八年三月にウィーンのユダヤ人を打ちのめしたのと同様の暴力行為が、今度は併合後のドイツ全域で計画され、連繫《れんけい》し、拡散したのである。

この全国的なポグロムは、一九三八年一〇月末にドイツ政府がドイツ在住のポーランド・ユダヤ人約一万七〇〇〇人(ポーランドの市民権を持つ者もいたが、無国籍の者もいた)を追放したことが発端となった。ポーランド政府は全員の受け入れを拒否し、国境に近いズボンシンの町に約八〇〇〇人が留め置かれることになる。[133]

追放された人々のなかに、一七歳のヘルシェル・グリンシュパン（ハノーファーで生まれ、ポーランド市民権を持ち、当時おじとパリで暮らしていた）の両親がいた。グリンシュパンは両親の悲運を知ると、一一月七日に拳銃を携えてパリのドイツ大使館に向かい、最初に応対した三等書記官エルンスト・フォム・ラートを撃った。フォム・ラートはその傷がもとで一一月九日の午後に亡くなる（ナチの一九二三年の一揆の一五周年記念日だった）。その夜、ゲッベルスは極度に反ユダヤ的な演説を行い、シナゴーグに対する「自然発生的な」行動がすでに起こっていると述べた。SA参謀長ヴィクトル・ルッツェは、シナゴーグとユダヤ人商店が「自然発生的な」行動の標的になると部下に伝え、また、警察は介入しないよう指示された。[134] その結果、騒動はすさまじい暴力行為へと発展する。

続く二四時間で一〇〇〇以上のシナゴーグとユダヤ教礼拝所が放火され、約二〇〇のシナゴーグが破壊された。ドイツ全域でユダヤ人墓地が荒らされ、一〇〇軒以上のユダヤ人の家が焼き打ちに遭い、数千軒の商店が略奪され、窓が割られた。数百人のユダヤ人が負傷し、約一〇〇人が殺害された。[135] ユダヤ人男性三万人が強制収容所（ダッハウ、ブーヘンヴァルト、ザクセンハウゼン）に連行され、一九三九年の初めにおびえきった様子で、しばしば健康を損なって出所してきた。さらにドイツのユダヤ人団体は「ドイツ帝国に対し一〇億ライヒスマルクの負担金」を支払うよう求められた。ドイツが被った損害を補償するためというのがその理由である。

ドイツの保険会社が保険金請求によって損害を被らないように、という目的もあった[136]。

ナチ政権が故意に起こさせた暴力的なポグロムで、罪のない無防備なユダヤ人が逮捕され、攻撃され、殺され、財産を破壊され、教会を燃やされた。ポグロムに対するドイツの一般市民の反応、とくにめちゃめちゃになった往来の見苦しい状況への反応は、かならずしも好意的ではなかった。社会民主党の秘密通信員によると、ポグロムのあと、「ドイツ人の大多数」は暴動を非難し、「この蛮行」に嫌悪感を示したという[137]。しかし、ナチの反ユダヤ主義の恐ろしい理論がどこへ向かうのかを想像できる者はほとんどいなかった。

1938年11月、ベルリン。「水晶の夜」で破壊されたユダヤ人商店を眺める通行人。

一九三八年一一月のポグロムののち、ユダヤ人に対する締め付けはさらに厳しさを増す。一九三八年八月には、名前に男は「イスラエル」、女は「ザーラ」とつけ加えることを強制された。一〇月からは旅券に大きな赤い

「J」のスタンプが押された[138]。一一月一二日にユダヤ人小売業者はアーリア人に経営を譲渡するよう命じられた。そして三日後、ユダヤ人の子供はすべてドイツの学校から退学させられた。一九三八年の末には、ユダヤ人は事業を経営することも、公共の施設で催される音楽会や芝居に行くことも、子供をドイツの学校に入れることも、自動車を運転することもできなくなった。生活費を稼げる仕事もしだいに限られていった。

ポグロムの余波でユダヤ人問題の中心にいざなわれたのがヘルマン・ゲーリングである。空軍および戦時経済体制の責任者だったゲーリングは、一九三八年一一月、さらに「ユダヤ人問題」の全般的な責任者となり、この仕事をラインハルト・ハイドリヒに任せた（ユダヤ人移住を加速させた責任はハイドリヒにある[139]）。

## ミュンヘン会談

反ユダヤ主義の暴力により、一九三八年末の時点で国民の意識はナチの反ユダヤ政策に向けられたものの、ヒトラーと補佐官たちにとって戦争準備が最大の関心事であることに変わりはなかった。一九三八年の無血勝利によりオーストリアとズデーテンラントが「帝国に復帰」すると、喉から手が出るほど欲しかった労働力と外貨、とくにオーストリアの失業者六〇万人とオーストリアの金《きん》と外貨がナチの戦争経済に転がり込んだ[140]。また、一九三八年一〇月のズデーテンラント奪取も、帝国に喜ばしい労働力をもたらしている。これらの勝利によりヒトラーの評判はさらに高まり、ミュンヘン会談でズデーテンラントがドイツに割譲されると、将軍たちがヒトラーの武力侵略計画に反対することはさらにいっそう難しくなった。

それにもかかわらず、ヒトラー自身はミュンヘン会談に十分満足したわけではない。ドイツはズデーテンラントとチェコスロヴァキアの国境の要塞を一発の銃弾も撃つことなく手に入れたものの、ナチの独裁者が熱望していた軍事的勝利とチェコスロヴァキアの破壊がかなわなかったからである。(141) 旧チェコスロヴァキア領内への進軍から数週間と経たないうちに、ヒトラーは「チェコの残りの領域を整理する」準備を命じている。(142) 望んでいたのは会議用テーブルで勝ち取る部分的な成功ではない。ヒトラーはドイツの敵を戦争によって破壊したかったのだ。そのためには、ドイツ国民も平和的な方法によって得られた部分的成功で満足すべきではない。ナチの人種闘争に平和的な歩み寄りの余地はなく、ドイツ国民はそのことを理解しておかなければならなかった。

国防軍がズデーテンラントに侵攻してまもなく、そして水晶の夜《クリスタルナハト》の直後でもある一一月一〇日に、ヒトラーはミュンヘンで四〇〇人のドイツ人ジャーナリストと出版者を前に演説した。(143) 演説のテーマはポグロムやそれに対する反応ではなく、戦争の見通しに対するドイツ国民の姿勢と、世論形成におけるプロパガンダの役割についてである。ヒトラーは何年も前に『わが闘争』のなかで主張していた信念を繰り返して、国民社会主義が「非常に大きな教育的事業」に着手した、つまり目前に迫った偉大なる事業に向けて「ドイツ国民に時間をかけて準備」をさせることに着手したと断言している。[144] しかし、戦争について広まった懸念と、ズデーテンラント危機が平和的に解決した際の民衆の大きな安堵《あんど》（ある社会民主党の秘密通信員によると、ドイツ国民にはミュンヘン会談が「美しいおとぎ話」のように思われたという）は、彼にとって心配の種だった。[145] ヒトラーは集まったジャーナリストたちにこう述べている。

何年もの間、さまざまな状況から私はほとんど平和についてのみ話すようにしてきた。ドイツ国民の自由を少しずつ達成し、次の段階に進むためにどうしても必要な武器を提供するには、ドイツ人の平和への渇望とドイツ人の平和への決意を繰り返し強調するしかなかったからだ。そのような平和のプロパガンダには、当然不確かな側面もある。というのも、こういったプロパガンダは、現政権が実際いかなる犠牲を払っても平和を保つ決意でいるのだと、あまりにも簡単に人々に信じさせてしまいかねないからだ。そういったことは現体制の目的についての判断を誤らせるばかりか、何よりも、あらゆる不測の事態への準備もせず、ドイツが敗北主義の精神で満たされることにつながる恐れがある。長い目で見れば、それによって現政権の成功は間違いなく台無しになるだろう。何年にもわたり私が平和について話してきたのは、必要に迫られてのことにすぎない。しかし今しだいに、ドイツ国民を精神的に再教育し、平和的な方法でだめなら力で達成しなければならない場合もあることを明確にする必要が高まってきた。そのためには、力を主張するのではなく、国の内なる声がしだいに力の使用を求め始めているという観点から、明白な外交的事件をドイツ国民に示す必要がある。要するに、一般大衆の心に自然に信念が生まれるようなやり方で、事件を示すことが必要なのだ。もし物事を平和的に決着できないなら、武力を使う必要があるだろうが、いずれにせよ、このままの状況を続けるわけにはいかない。[146]

何をやらねばならないかは明らかだ。ドイツ国民に戦争するという意志を吹き込まねばならない。ヒトラーはこう続けている――「私にはどういうわけか、このレコード、この平和主義者のレコードが、われわれに関して言えばすり切れてしまっている気がする」。この先残された唯一の道は「容赦なく、断固真実を述べることにほかならない[147]」。

## 来るべき戦争の大義

さらにいっそうあからさまに、来るべき戦争の大義についてヒトラーが語った演説がある。一九三九年二月一〇日にクロル・オペラハウスで（一九三三年に国会議事堂が焼失してからは、ナチの国会はここで開かれた）陸軍司令官を前に述べた、「国民社会主義国の将校たちの任務と義務」についての演説だ。いまや政策決定へのいかなる「干渉」も禁じられ、事実上機能的エリートの地位にまで成り下がり、ヒトラーに割り当てられた軍事的な任務をこなすのが仕事となっていた軍幹部たちは、勝負がどういったものなのかについて明確に聞かされた。[148]

次の大戦争では、今度こそ国民が本当に巻き込まれることになるだろう。世界観、つまりイデオロギーにかかわる戦いだと言う者もいる。問題になるのは民族だ、紳士諸君！［……］今日衝突しているのは、人種に対する認識、そして民族なのだ。それゆえに［……］この闘争が象徴するものがまったく異なるのは明らかだ。次の闘争は純粋なイデオロギーの戦いとなるだろう。つまり、民族と人種の戦いなのだ(149)。

ヒトラーは自分の立場について、誤解の余地のない言葉で陸軍幹部に詳しく説明している。

私はドイツの問題を解決するために、つまりドイツの土地の問題を解決するために責任を進んで引き受けた。生きている限り、私は全身全霊でそう考えているのだと承知しておいてほしい。さらに、もし私が今こそ前進できるときだと考えたらすぐに行動を起こすということ、そのためにはもっとも思い切った方法をも臆さずとるということを納得しておいてほしい。なぜなら、私はこの問題をなんとしても解決しなければならないと確信しているからだ(150)。

言わんとするところは明らかだ。ドイツ国民の意志を体現したヒトラーは、何が起ころうとドイツを戦争に導く責任を負っていたし、そうするつもりでいた。軍の仕事は、「民族と人種の戦い」に向けて進むかどうかを議論することではなく、作戦計画と戦術に没頭し、命令におとなしく従うことなのだ。それに伴うリスクについては依然として懸念されており、たとえば軍事情報機関（アプヴェーア）部長である海軍提督ヴィルヘルム・カナリスや国防経済軍備局長ゲオルク・トーマスは、ただちに戦争となれば物的資源のうえでドイツは西側列強に太刀打《たちう》ちできないという情報を提示し、慎重な姿勢を促している。イエスマンの国防軍最高司令部長官ヴィルヘルム・カイテルですら、起こりうる二正面戦争についての懸念を口にした。[151]

しかし一九三九年時点で、辛辣《しんらつ》な批判を口にする者たちは解任されたり無力化されたりしていたし、またヒトラーの人気の高さは明らかだったので、大きなリスクをはらんでいるにもかかわらず、軍幹部は結局ナチ指導者の命令に従う準備をした。ドイツは軍営へと変貌したが、その軍備計画と軍事組織は平時なら長く維持できないようなものだった。軍幹部は軍備縮小は望まなかったため、最終的にヒトラーに従い、彼が提供した武器を使用するほかに選択の余地はほとんど残されていなかった。[152]これがヨーロッパの中程度の国には分不相応な達成目標につながりかねず、経済および軍事力の回復でドイツが取り戻した安全をふいにする恐れがあること、あるいはこれが人種主義的かつ犯罪的な企てだということは、実際には取り沙汰されなかったのである。

## イデオロギーの戦い、民族と人種の戦いへ

一九三九年にナチの武力侵略のペースはさらに加速する。三月半ばにヒトラーは「残りのチェコ」を片づけるという目的を達成した。プラハの政府とスロヴァキアとの対立を口実に、ドイツはスロヴァキアに独立宣言を命じ、国防軍は三月一四日から一五日にかけてチェコスロヴァキアに侵攻した。調印から半年にも満たないミュンヘン合意を事実上破棄したわけだ。ドイツ軍は武力による抵抗は受けず、勝利したヒトラーは三月一六日にプラハ城で、ボヘミアとモラヴィアを保護領としてドイツに併合することを宣言した（元外務大臣コンスタンティン・フォン・ノイラートを総督とした）。

結果的に、ドイツの軍事機構は大量の高品質な武器と弾薬を手に入れたばかりか、チェコの重要な軍需産業までも支配下に収めた[153]。その一週間後にはリトアニア政府がドイツに屈し、ヴェルサイユ条約でドイツから奪ったメーメルラント（ドイツ人が大勢住んでいた）を割譲している。当時はわからなかったものの、リトアニアに対するこのささやかな勝利はちょっとした転機となった。というのも、ヒトラーは三月二三日の夜明けにドイツの海軍戦隊を率いてメーメル港に到着した際、この最後となる無血占領を称賛しているからだ。

一九三九年の春には、ドイツの軍事計画の焦点はポーランドに移っていたが、さすがに今回は、ターゲットであるポーランドも英仏政府も、ドイツが戦闘もせずに占領地域を拡大することを許す道理はない。一九三四年にドイツ政府がポーランドと不可侵条約を締結していたにも

かかわらず、反ボルシェヴィキ運動ではポーランドがドイツ側につくと当初見込まれていたにもかかわらず、そしてミュンヘン会談後のチェコスロヴァキアの割譲にはポーランドも参加していたにもかかわらず、ポーランド侵攻計画は、ドイツのズデーテンラント獲得直後に開始された。チェコ解体からわずか数週間と経たない四月三日に、事態は決定的になる。カイテルが「白《しろ》作戦」[154]、つまりポーランド侵攻計画を一九三九年九月一日までに実行できるよう、準備を命じたのだ。

ヴェルサイユ条約の和解条件のなかでも、ポズナン、西プロイセンの大部分、上シュレジェンの多くの地域を失い、ダンツィヒを「自由都市」にされ、ポーランド回廊によって東プロイセンを飛び地にされてできあがった、ポーランドとのいわゆる「流血の国境」は、ドイツにとってほとんど受け入れがたいものだった。

だがヒトラーはヴェルサイユ条約の単なる見直しを望んでいたわけではない。次の戦争はたんに一九一八年に失った領土を奪還するための戦いではなく、「イデオロギーの戦い、つまり、民族と人種の戦い」になるはずだった。ポーランドを攻撃する目的は、ダンツィヒを奪還し、ポーランド回廊を廃し、上シュレジェン東部を取り戻すことではなく、ポーランドという国そのものを消滅させることにあった。三月二五日に陸軍司令官ヴァルター・フォン・ブラウヒッチュに宛てた命令のなかで、ヒトラーは「ポーランドは粉砕され、数十年間は政治的要素とみなす必要がなくなるだろう」と述べている。[155] 五月二三日にヒトラーは、「ポーランド人」を標的に選んだのにはしかるべき理由があるのだと将軍たちに述べている。

ポーランドはかならずわれわれの敵側につくだろう。友好条約があっても、ポーランドはつねに隙あらばわれわれに対抗しようと機会を窺ってきた。ダンツィヒなど問題ではない。われわれにとっての問題とは、生存圏を東方に拡張し、食糧が確実に供給できるようにすることなのだ(156)。

ヒトラーはこの政策が非常に危険視されることは十分承知していた。しかし、ポーランド猛攻で第二次世界大戦に突入するわずか二週間前の八月一七日に、彼は軍幹部に次のように注意を喚起している。「政治でも軍事でも危険なくして成功はない(157)」。この頃には、ヒトラーは完全に自分が天才だと信じきっており、将軍たちは反論できる立場にはなかった。さらに、彼はポーランドとの戦争がそのまま終息し、西欧列強が介入することはないと確信していた（「私がミュンヘンで会ったお歴々には、また世界戦をやろうなどという気はないだろう(158)」）。

数ヵ月の交渉の末、八月二三日に締結された独ソ不可侵条約は世界に衝撃を与えた。この条約は、反ボルシェヴィキがナチズムの使命だと信じる人々にとっては承服しかねるものだっただろうが、ポーランドに限定した戦争の勝率がこれで高まるような気もした。ヒトラーはポーランドを意のままにすると思われ、将軍たちは総統の拡張政策に国防軍が使われるに任せ、ヒトラーの戦争はもういつでも始められる状態になった。

　周知のとおり、事態はヒトラーが信じたようには進まなかった。一九三九年九月三日、英仏がドイツに宣戦布告。ナチ・ドイツはポーランドとの限定的な戦争どころか、ヨーロッパを巻き込む大きな戦いを引き起こした。この点でナチの独裁者は計算を誤った。しかし別の意味では彼が絶対的に正しいことが証明されたと言える。一九三九年九月一日午前四時四五分にナチ・ドイツが開始した戦争は、ヒトラーが予測したとおり、またたく間に「イデオロギーの戦い［……］」、つまり民族と人種の戦い」になったからだ。

# 第3章　ナチズムと第二次世界大戦

## ヨーロッパの人種構成を塗り替える戦い

政権掌握六周年となる一九三九年一月三〇日にヒトラーは国会で演説し、恐ろしい予言を披露している。

もしヨーロッパ内外で国際的に活動するユダヤ人資本家が諸国を再び戦争に突入させることに成功しても、その結果起こるのは世界のボルシェヴィキ化でもユダヤ人の勝利でもない。ヨーロッパ・ユダヤ人の絶滅だ。(1)

よく引用されるこの身の毛もよだつ発言は、ヨーロッパの全ユダヤ人を殺害する特定の計画があった確かな証拠とは言えないかもしれない。しかしナチによる事実上の宣戦布告である。ナチズムの歴史の中心をなす恐ろしいテーマ、すなわち戦争、反ボルシェヴィキ運動、人種主義による大量殺人は密接に結びついていた。ナチズムの観点からすれば、戦争も人種闘争も結局のところ同じなのだ。

第二次世界大戦はナチ政権にヨーロッパ大陸の人種構成を塗り替える機会を提供した。このプロジェクトは人種主義者のユートピアを作るという犯罪的な野望を胸に、政治や軍事における理性的な判断を放棄することを意味した。ナチ政権は戦争のなかで「想像もできなかったことの現実化」、つまり民族全体の殲滅《せんめつ》を試みることになる。(2) 戦争により、それまで人種主義イデオロギーという恐ろしい理論の成就を妨げていた制限は取り払われた。ナチ・イデオロギーは戦争のおかげで現実化したのだと言えよう。

対ソ攻撃で、ナチズムの恐ろしさはもっとも強く認識された。ソ連の「ユダヤ＝ボルシェヴィキ」体制をその生物学的基盤（ユダヤ人という「人種」）ごと粉砕するという目標は、ドイツ人が定住するのに適した広大な植民地の獲得、スラヴ人の殺戮《さつりく》とドイツ人への隷属、経済封鎖に耐えうる自給自足の可能な巨大経済地域の確立という目的と結びついた。(3) ナチの戦争は単なる集団殺戮の場ではない。戦争そのものが人種主義の表現であり、政権はそれを実行に移した。ナチの人種闘争イコール戦争だったのである。

もちろん近代史において、人種主義的な集団殺戮や極端な残虐行為に走ったのは第二次世界大戦のドイツが最初ではないし、ドイツが唯一の例というわけでもない。ファシスト・イタリア軍は一九三六年にエチオピアで毒ガスを大量に使用している。(4) 一九三〇年代から四〇年代の中国に対する日本の戦争行為や、日本軍が南京《ナンキン》やマニラの住民に味わわせた恐怖は、人道に対する極悪犯罪だ。(5) 連合国の戦争努力にしたところで、人種的偏見がまったくなかったわけではない。アメリカ軍内部での人種差別や、合衆国西部における日系アメリカ人の強制収容は、アメリカ史においてかならずしも正当化できることではないだろう。しかし、ナチの戦争は異質だ。ここでの人種主義は、政治家、将軍、兵士の振る舞いを方向づけるイデオロギーの枠組みの一部ではない。ナチの戦争は要するに征服と略奪のために行われた人種戦争だった。理性に基づいて国益を守ったり、国家の安全を確保したりするための戦いではない。ヨーロッパの人種地図を暴力と大量殺戮によって塗り替えるための戦いだった。

## ポーランド侵攻で見えたもの

それにもかかわらず、ドイツが一九三九年九月に開始した戦争は、少なくとも最初の段階では従来の戦争と同じに見えた。前回の大戦とほぼ同じ列強がかかわるヨーロッパ大陸の戦争で、ドイツは再び「最大の敵」フランスと対決することになる。やがて現実のものとなる大規模な人種戦争を想像するよりも、大衆の意識を支配しているのは第一次世界大戦の記憶だった。

一九三九年九月一日にポーランドとの開戦を国会に告知するにあたり、ヒトラーは軍服を着て現れ、「ドイツの最初の兵士になることが私の唯一の望みだ」と宣言し、次のように続けている——「だからこそ私は、かつて自分にとってもっとも神聖で大切だった服を再びまとったのだ。勝利するまで、私がこれを脱ぐことはない。勝利がかなわないとなれば、生きて敗北を迎えることはないだろう」[6]。一九一四年から一八年に前線の兵士だったナチの独裁者は、「ドイツの歴史に一九一八年一一月が再び訪れることはけっしてない」と断言した。一九一四年から一八年の戦いと一一月革命の経験がいまだに深い傷跡を残している国で、この言葉は力強く響いた。そしてヒトラーがドイツを第二次世界大戦へと導くにあたり、第一次世界大戦でのヒトラー自身の経験が彼にとって根本的に重要なものであるということをこの言葉は如実に示していた。

ドイツの領土要求を通すべく数ヵ月にわたり外交圧力を高めたのち、一九三九年九月一日にナチ・ドイツは軍事行動を開始して驚くほどの成功を収め、数週間でポーランドを征服することになる。国防軍は三方向から攻撃を仕掛け、またたく間にポーランド軍を圧倒した。ドイツ軍は越境後一週間あまりでウーチを陥落させ、ワルシャワに迫った。その後、ドイツの勝利が明確になった九月一七日にソ連軍が参戦し、ポーランドの東半分を制圧した。ワルシャワは九月二七日にドイツに降伏し、開戦からわずか五週間後の一〇月五日に、ヒトラーは勝利の末ワルシャワ入りを果たした。軍事行動が短いわりに多くの血が流されたが、のちに起こることに比べれば、一九三九年九月のドイツ軍の死者約一万五〇〇〇人という数字は[7]（当然のことながらポーランド軍の犠牲者は一〇〇万人を超え、一〇〇万人が捕虜になった）微々たるものに思われる。[8]

当初は想像が及ばず従来と同じ戦争に思えたとしても、ポーランド遠征が非常に邪悪なものであることはドイツの占領の状況からすぐに露呈した。戦争を起こし、ドイツ人から見た劣等民族を支配するための占領体制を確立し、約二〇〇万人の東欧ユダヤ人をドイツの支配下に置くことにより、ナチズムはその内に秘めた残忍な力を迅速に発揮できた。[9]ドイツの征服者たちが人種的偏見を裏づけると思われる人々に対面した際、戦況は彼らが規範的制限に縛られることなく行動するのに役立った。一九三九年一一月初旬にウーチを訪問したゲッベルスは、ユダヤ人が多く住む「ポーランドのマンチェスター」〔ウーチのこと〕の印象を日記に書いている。

　ウーチは恐ろしい街だ。［……］ゲットーを車で通り抜ける。われわれは車から降りて、あらゆるものをしげしげと眺めた。筆舌に尽くしがたい。彼らは人間ではない。動物だ。ゆえにこれは人道的処置ではなく、外科手術なのだ。ここを切断しなければならない。それも思い切って。さもなければ、いつかヨーロッパはユダヤの病で滅びるだろう。ポーランドの道路を車で走る。ここはもうアジアだ。われわれはこの地域をゲルマン化するために多くのことをしなければならないだろう(10)。

そのように考えたのは彼だけではない。占領下のポーランドで数千人のドイツの兵、警官、職員、役人が、戦争で貧困化し経済的に発展の遅れた東欧をはじめて目《ま》の当たりにしたのだった。そして彼らが繰り返し目にしたものは、ナチの人種主義的世界観を裏づけるように思われた。

「アジア」との出会いは人種主義者のイデオロギーと偏見に裏づけを与えるだけでなく、それまでは想像すらしなかった非人間的な幻想まで抱かせた。たとえば一九四〇年二月二日に、ヒムラーは陸軍参謀長フランツ・ハルダーとの会談のなかで、二五〇万のユダヤ人を、独ソの境界線全域に及ぶ巨大な対戦車壕《ごう》建設に投入する件に触れている。(11) 数百万のいわゆる劣等人間を突然征服したことで、道徳や倫理における制約はもちろん、政治や経済における制約も消滅した気分になったのであろう。戦争が勃発し、ポーランドにおける「一八日間の戦闘」でドイツ軍がみごとに勝利し、「世界の歴史でもまれにみる」戦いに「世界一の軍の兵士」が勝利したことを広く喧伝《けんでん》して、何もかもが可能な気分になったのだ。(12)

## ポーランド人とユダヤ人の追放

ヨーロッパに人種主義の「新たな秩序」を作り上げると宣言した者たちは、ほどなくそのイデオロギーの実現に目を向けた。ドイツに併合された地域、たとえば西プロイセンやポーランド西部のヴァルテガウから、数十万のポーランド人とユダヤ人を排除する計画が秘《ひそ》かに立てられた。一九三九年秋にソ連に制圧された地域から来た民族ドイツ人〔ドイツ国籍はないが血統的にはドイツ人である人々〕を新たに併合した地区に住まわせ、純粋に「ドイツ人」のものにしようとしたのである。ポーランド占領に成功して間もない一九三九年一〇月七日、ヒトラーはヒムラーをドイツ民族性強化国家委員に任命した。親衛隊（SS）長官でドイツ警察と保安機構の長でもあるヒムラーは、ヨーロッパの新たな人種的秩序の設計者に正式に任命され、ドイツに新たに併合された地域から一九四〇年二月までに一〇〇万のポーランド人とユダヤ人を退去させる計画を承認した。(13)

そのような壮大な計画を迅速に進めることは運搬上の問題から不可能だったものの、その後の数ヵ月間に被占領民が迎えた結末は、十分に恐ろしいものだった。一九四〇年の春までに、約一三万のポーランド人とユダヤ人がこのうえなく残虐な方法で追放されている。ドイツに併合された地域に住む数十万のポーランド人が自宅を追われ、数十万のドイツ人がバルト海沿岸、ユーゴスラヴィア、ブルガリア、ベッサラビア、ポーランド東部から再定住した。[14] 追放した住民から取り上げた家具や家財道具、住居が再定住者に与えられることも珍しくなかった。[15]

追放されたポーランド人が数十万人だったのに対し、新たに併合された帝国大管区《ライヒスガウ》のユダヤ人は全員追放された。しかし、全ユダヤ人を追放するのは言うほどたやすくはない。新たに併合された地域の大管区指導者からポーランド総督府（総督はハンス・フランク）の管理責任者にいたるまで、ナチ幹部のほぼ誰もがユダヤ人の排除を望んでいたが、喜んで引き取ってくれる先はなかった。[16] ユダヤ人追放計画は、数十万、あるいは数百万人にも達する極貧の被追放者に住処《すみか》と食べ物を与えることはもちろん、輸送など頭の痛い問題があり、何度も挫折した。

一九三九年末から四一年半ばには、「ユダヤ人問題」の「解決」に関するさまざまな計画と議論が繰り返されている。ヨーロッパでユダヤ人が定住していた主要な地域の占領が進むにつれ、その規模はどんどん拡大していった。内容はといえば、「ポーランド総督府」や、ルブリン近くのドイツ―ソ連国境線に沿った何かしらの「ユダヤ人保留地」[17] や、マダガスカル（ドイツの外交機関の主導で持ち上がった案。一九四〇年夏の段階でヒトラーはかなり乗り気になっていた）[18]、あるいは東部のどこかに大量輸送するというものである。「ユダヤ人問題」を「一定の領域に押し込めることで解決」しようとするこういった計画は、一九四一年後半から組織的に実行された大量殺人ほど残虐ではないように思われるかもしれないが、これらの計画も集団虐殺というユダヤ人問題への「最終的解決」だったことに変わりはない。計画が実行に移されていたら、食物を得る手段すらなく荒地に放り出されて、ほぼ間違いなく数百万人が死んだだろう。戦争という状況下で規範的な行動制約が急速に崩壊し、なんでもできるという思い込みがナチ・エリートの間に高まっているときにこれらの計画が失敗したことで、最終的にアウシュヴィッツへの扉が開かれた。

### 国家保安本部の創設

しかし、それはもっとあとの話になる。ドイツのポーランド侵攻から数週間のうちに、集団殺戮のための組織的な枠組みは具体化した。ワルシャワが陥落した一九三九年九月二七日、ヒムラーは新設の国家保安本部をハイドリヒに任せた。これは親衛隊保安部（ＳＤ）、ゲシュタポ、刑事警察（クリポ）、諜報《ちょうほう》部局をひとつの組織傘下にまとめたものである。しかし国家保安本部が創設されるまでの間に、警察による弾圧と人種的迫害はすでにかなり激化していた。ドイツとポーランドの関係が悪化した戦争勃発前の数ヵ月間に、ＳＤはすでに将来への準備を開始している。侵略部隊の後方でナチの現実の敵や想定される敵を始末する特別行動隊《アインザッツグルッペン》の組織を計画し、ドイツ軍の想定される敵についての情報報告（「ポーランド・ユダヤ人」についての情報も含まれる）を準備していたのである。[19] ドイツが侵攻する直前の一九三九年八月末には、「ドイツおよびドイツ人に対抗するあらゆる要素と戦うため」の「保安警察とSDの国外での作戦行動」に関するガイドラインが発表されている。[20]

侵攻が開始されると、保安警察の特別行動隊《アインザッツグルッペン》は国防軍の承認を得て侵略軍の直後に続き、ドイツに併合される領域からユダヤ人を追放する準備を進めた（リストの作成から逮捕や実際の追放にいたるまで、内容はさまざまである）。[21] 軍事行動の最初の数日間および数週間、ドイツの保安部隊はユダヤ人を家から追い出し、ドイツの支配に対するポーランド人の抵抗を抑えるため、人質を銃殺した。[22] 開戦当初ポーランド人が民族ドイツ人を殺したことへの憤りとゲリラ活動への恐怖が人種的偏見と結びついて、戦争勃発直後のドイツ警察部隊による突然の暴力の高まりは正当化された。戦争はナチの人種主義的な暴力が量的にも質的にも激化するきっかけとなったのである。

ポーランドへの軍事行動が開始されると、いよいよラインハルト・ハイドリヒの出番である。九月七日、彼は「ポーランド住民の指導的な階層をできるだけ排除して」強制収容所に送り、残りのポーランド人にはごく基本的な教育しか受けさせないと明言した。[23] 開戦後二週間と経《た》たない九月九日から一三日にかけて、ハイドリヒはポーランドに赴き、警察特殊部隊の活動を視察している。九月二〇日、ヒトラーはポーランド西部からポーランド人を計画的に排除し、ユダヤ人をゲットーに送るよう軍幹部に指示した。(24) 翌日ハイドリヒは特別行動隊《アインザッツグルッペン》のリーダーたちに、「ユダヤ人問題」を処理するために必要な臨時的措置について説明している。比較的大きな街にユダヤ人を集め、ドイツに完全に併合された領域（ダンツィヒから西プロイセンとヴァルテガウまでの地域）から「ユダヤ人を一掃する」と述べたのだ。(25) ハイドリヒはクラクフの東に「ユダヤ人居留地」を作るとも述べている。プラハ、ウィーン、カトヴィツェ（上シュレジエン）の警察と党指導部は、管轄地域からユダヤ人を追放する計画を立て始めた。

アドルフ・アイヒマンは一〇月一八日から二六日にかけて、モラヴィア、カトヴィツェ、ウィーンからルブリンにあるニスコの鉄道駅へ四七〇〇人のユダヤ人を移送する計画を立てた。(26) 一時収容キャンプを開設し、そこからユダヤ人をもっと東の「ユダヤ人居留地」に移すことを目論《もくろ》んでいたのだ。結果的に、ニスコ計画は失敗であることが判明した。到着する者たちに与える食料が乏しく、数日のうちに上からの命令で計画が中止されたのである。それにもかかわらず、ユダヤ人をルブリンに送るというアイデアそのものは放棄されず、ニスコ計画は来るべき移送の前触れとなった。

ニスコ計画が失敗したからといって、ドイツの最初の軍事占領地で人種主義的な暴力が停止する兆しはなかった。一九三九年の秋に、ポーランドのソ連占領区域との境界を越えようとしたユダヤ人は撃たれ、「ポーランド人エリートの粛清」というハイドリヒの要求も実行に移された。民族ドイツ人からなる「自衛団」が特別行動隊《アインザッツグルッペン》の指揮下で二万から三万のポーランド人を殺害したのである。[27]

ポーランド人の生活水準を低いまま維持させる（「安い奴隷」になるだろう）意向や、ドイツ占領地域から「すべての暴徒」を追放する必要性や、[28]ポーランド人がどれほど「人間よりも動物に近いか」についてヒトラーが語る一方で、[29]ドイツ警察とSSはナチ・イデオロギーを実行した。ユダヤ人の上着にダビデの星をつけさせたのも占領下のポーランドが最初である。一九三九年一一月二三日、総督のハンス・フランクがハイドリヒの提案を受け入れ、一〇歳以上のユダヤ人全員にこの目印をつけさせた。[30]軍事行動が終わった一〇月以後、市民の大量銃殺は日常茶飯事になり、数万のポーランド人とユダヤ人が殺された。[31]ポズナンのある陸軍司令官は、SSの行状と「国家の内部に国家がある」状況に驚愕《きょうがく》し、「比較的大きな街ではほとんどどこでも（SS部隊による）市民の銃殺が行われている」と一一月に書いている。彼はこう続けている。

いくつかの地域ではポーランド人地主がすべて逮捕され、家族とともに強制収容された。逮捕にはかならずといっていいほど略奪が伴う。

都市では移送が実施され、それによって何棟ものアパートがあちこちで空っぽになった。住民は夜のうちに大型トラックに乗せられ、強制収容所に運ばれる。ここでも略奪がしじゅう行われている。［……］

多くの都市で行われているユダヤ人への攻撃は最悪の極みだ。トゥーレクでは一九三九年一〇月三〇日にSSの大型トラックがSS高官の命令で通りを走り抜け、通りにいた人々が馬用の鞭《むち》で無差別に打ち据えられた。そのなかには民族ドイツ人もいた。しまいには多くのユダヤ人がシナゴーグに追い立てられ、信者席のなかをはいずらされ、SSに鞭打たれながら歌を歌わされた。それからズボンを脱がされ裸の尻を打たれた。恐怖のために失禁したあるユダヤ人は、他のユダヤ人の顔に排泄物《はいせつぶつ》を塗りたくらされた(32)。

この暴力の波は、のちにユダヤ人住民を圧倒するような組織的大量殺人には発展していない。しかしイデオロギーに感化されていることは明らかで、重要な一線を越えてしまったことに変わりはない。ミヒャエル・ヴィルトが述べているように、戦争が勃発した際にポーランドで起こったことと、ドイツ人がオーストリア、ボヘミア、モラヴィアに進軍した際に起こったことでは質が異なる。根拠のない逮捕、暴行、さらにナチ警察による政敵および「人種の」敵の殺害は、とりたてて目新しいことではない。

新たに行われるようになったのは、劣等人種とされる集団全体を、警察とSDが移送したり殺したりしたことだ。ヴィルトによれば、「ポーランドにおけるSSの指導者は国家保安本部でのちに『最終的解決』の責任者となる人々だが、彼らは『大きな規模で』考え、大量殺人も含め過激に実践する術《すべ》を身につけた(33)」。

## 「安楽死」計画

ナチズムが戦争中にその潜在的な残忍性を発揮したのは、ユダヤ人に対してだけではない。戦争の勃発にともない、ナチはいわゆる「安楽死」計画、つまり「生きる価値のない命」の抹殺に着手している。ドイツ軍のポーランド侵攻から数週間後、新たに併合された領土に赴任した大管区指導者主導のもと、新たなヴァルテラント帝国大管区とダンツィヒ＝西プロイセン帝国大管区の精神科の施設で患者の殺害が始まった。

一九三九年九月から四〇年春までに、一万人以上の精神障害者が、ポンメルンの施設から船で運ばれた多くの人々も含め、銃殺されたりガス殺されたりしている[34]。旧ドイツでも障害者を殺害せよという要求が強まり、デートレフ・ポイカートが述べているように、ヒトラーはポーランド侵攻とともに、ヨーロッパ支配のための戦いだけでなく、人種戦争における「国内での活動」も同時に開始した[35]。

戦争勃発から数週間後、九月一日の宣戦布告当日にまで日付を遡《さかのぼ》った権限を付与する手紙のなかで、ヒトラーは「T４計画」（本部の所在地である、ベルリンのティーアガルテン四番地から名づけられた）の開始を告げている。その結果、二年あまりで約七万人の精神病施設の患者がガス殺された。一九四一年八月二四日にヒトラーが、とくにカトリック教会からの抗議を受けて、計画の正式な終了を告げたあとも殺害は続いている。この計画は総計で一〇万人をはるかに上回る精神病患者、知的・身体的障害者の命を奪った。先天的な障害者を殺害することによって「アーリア人」の未来を保証しようとしたのである。

一九三九年秋に開始されたこの犯罪も、さらに残虐な犯罪へと発展していく。一九四一年と四二年にナチ政権が「ユダヤ人問題」の「最終的解決」を開始し、T4計画で培った技術と、「技術」者がガス殺で積んだ経験とをさらに役立てる場を提供したからだ。[36]

## 国内での「反社会分子」の排除

戦争はもうひとつ、国内でナチが暴力を振るう舞台を提供した。犯罪との戦いである。ドイツの裁判所はその責任を果たし、処刑数が増加した（一九三九年に死刑が宣告されたのは一三九件だったが、一九四一年には一二九二件、一九四二年には四四五七件に増加している）。[37]しかし主導権を握っていたのは裁判所ではなくむしろ警察である。社会的行動は生来の人種的特性によるものだというイデオロギーに導かれて、ドイツの刑事警察（クリポ）は「常習犯」やいわゆる「反社会分子」を排除することによって、「犯罪者のいない民族共同体」を作る計画を促進していた。[38]これは開戦よりもかなり前に始まっていた計画だが、戦時下の状況（と記録上の犯罪の増加）により、一九三九年以後、かなり加速した。

一九三三年から四五年にかけて、ドイツの刑事警察は計七万人以上の人間を「常習犯」「反社会分子」だとして強制収容所に送っている。生き残った者は半分にも満たない。[39]これは始まりにすぎなかった。一九四〇年にナチの「専門家」が生来の犯罪者や変質者だと算定したドイツ人の数は、一〇〇万から一六〇万にのぼる。(40) もしドイツが戦争に敗れていなければ、常習犯、娼婦《しょうふ》、放縦で不道徳な生活を送る人々を待ち構えていた運命は容易に想像できる。

民族共同体を作り上げるというナチの決意は、いわゆる劣等人種の排除計画だけでなく、アーリア人の繁殖促進にも表れている。前述したように、プロパガンダで激励し報奨金を出すことで、ナチは一九三〇年代に「子だくさん」の家族を奨励した。ゆえに戦争の必然的な結果である出産率の低下について政権が懸念したのも無理はない。数百万という若者が出征し、その多くは二度と戻ってこないのだから。戦争の勃発で、人種的に適合した結婚を促進する方策が導入された。「戦時結婚」のための規定が設けられ、結婚を希望する兵士に課される年齢や服務期間についての条件が緩和された。

また、「遠距離結婚」の制度により、新郎新婦が離れた時間と場所で結婚を宣言することも許されている。その結果、結婚してもほとんど一緒にいられない、戦争中ほとんど離れればなれのカップルが何十万組も誕生した。これらの結婚は、最終的に夫が帰還した際（戦争捕虜として収容され、何年も先になることもあった）にかなりのストレスを生む場合も多かった。

しかしそういった点では、戦時のナチ・ドイツの女性の運命も、基本的には他の参戦国の女性や第一次世界大戦時のドイツの状況と変わりない。戦時のナチ・ドイツに独特だったのは、一九四一年一一月にヒトラーの命令で認可された死後結婚の制度である。これは父親となる男性の戦死後に認められる独身の妊婦の結婚で、男の死より遡った日付に婚姻が成立したものと宣言された。この選択肢はけっして宣伝されなかったものの、全部で約一万八〇〇〇人の女性が夫の死後に花嫁となった。彼女たちには寡婦年金の請求が認められ、子供たちは嫡出子となり、相続権を主張できた。こういった女性たちは一〇〇万人を超えるドイツの戦争未亡人のほんの一握りにすぎなかったが、「死者との結婚」はおそらくナチズムの本質を表している。人種の観点から触発された政権の出産促進主義と、ナチの戦争が招いた恐ろしい結果とが結びついたものだ(41)。

### 西方攻撃

しかし、ナチ指導部の主な関心は戦況と戦争の遂行にあった。一九三九年九月に「もっとも神聖でもっとも大切だった軍服を再び身に着けた」ヒトラーは、ベルリンの政治の中心から離れ、しだいに軍司令部で時間を過ごすことが多くなっていく。特別列車に加え、総統は戦争中に一ダース以上の司令部を（彼がそのすべてを使用したわけではないが）建設させている。

もっとも有名なのは、東プロイセン、ラステンブルクの奥深い森に建設された、広大な「狼《おおかみ》の巣」（ヴォルフスシャンツェ）だろう。これは一九四一年六月から四四年一一月まで総統司令部としての役割を果たした(42)。戦争の遂行に没頭することで、独裁者およびナチ政権の中枢部は事実上民政から離れた。これはヒトラーがドイツの一般市民とあまり接触しなかったこと、あるいは戦時における民衆の苦難についての知識を直接得る機会が乏しかったことを意味する。そしてチャーチルとは異なり、ヒトラーが爆撃の被害地を慰問することはけっしてなかった。

ポーランドを速やかに征服したものの、西方にはまだ一番の強敵である英仏がいた。ヒトラーはポーランド戦の成功を国会で宣言した三日後の一九三九年一〇月九日、今度はフランス、ベルギー、オランダへの侵攻計画の準備を命じている。しかし一九四〇年四月九日にドイツが攻撃した最初の国々はデンマークとノルウェーだった。デンマーク人は翌日降伏したが、ノルウェー人は連合国の支援も一部受けてもっと強気な抵抗を見せ、ドイツに降伏したのは六月一〇日になってからのことである。

その一方で、もっとも重要な戦いはフランスとベルギーで繰り広げられた。一九一四年から一八年の四年間、ドイツ軍が塹壕《ざんごう》で立ち往生した場所である。今回は状況がまったく違った。計画を何度も延期し変更を加えたのち、西方への侵攻は一九四〇年五月一〇日に開始された。前年秋のポーランド遠征と同様に、国防軍は驚くほどの成功を収めた。オランダはほんの数日のうちに制圧され、五月一五日にドイツに降伏した。ベルギーもそれよりわずかに長く持ちこたえただけで、ベルギー政府はブリュッセルを一六日に放棄し、アントワープは一八日に陥落、ベルギーは結局二八日に降伏した。フランス軍は六月にドイツの猛攻により崩壊し、ドイツ軍は一四日にパリに到着、フランスは二二日にコンピエーニュで停戦条約への調印を余儀なくされた。

六週間と経たないうちにナチ・ドイツは低地帯諸国を占領し、イギリス軍を大陸から駆逐し、世界最強と信じられていたフランス軍を最終的に破った（その過程で一九〇万人のフランス兵を捕虜にしている）。フランスは四つの区域に分割された。国の北半分と大西洋岸全域を含む最大の区域はドイツの直接の占領地となり、フランス中部および南部には第一次世界大戦の英雄で高齢の元帥フィリップ・ペタンと首相ピエール・ラヴァルが率いるフランス政府が置かれ、アルザス＝ロレーヌはドイツに併合された。南東部端の小さな区域はイタリアの占領地域となった。

第一次世界大戦の前線兵士が1940年に征服者となって戻ってきた。フランス攻略後、1917年に自分が戦ったフランドルのヴィミー近くの古戦場を訪ねたヒトラー。

ナチ政権が着手した軍事行動のうち、驚くほどの成功を収めた西方での攻撃は従来型の戦争（人種戦争に対する言葉としての）とよく似ている。しかし一九四〇年の軍事行動は、多くの重要な点

1914年11月にランゲマルクで戦死したドイツの若き志願兵の墓地で黙禱するヒトラー。

でナチの戦争の進展に影響を与えた。第一に、一九一四年から一八年までの四年間ドイツ軍を追いつめた「大敵」を破ることによって、第一次世界大戦の記憶、すなわち西部戦線の膠着《こうちゃく》状態に起因する苦痛と流血の記憶が消え去った。かつて前線の兵士だったヒトラーが、事実上第一次世界大戦に最終的に勝利したも同然だったのである。第二に、四半世紀前の戦争に比べればわずかな人的・物的被害で達成した北フランスでの驚くような成功を振り返れば、電撃戦という戦法の発見がドイツ軍に大きな影響を与えたことがわかる。[43] これにより、国防軍はあらゆるハンデを克服できるように思われたのだ。そして将軍たちも再びそうなることを確信していた。[44] 第三に、ナチ政権と総統はこの勝利によって、大衆から驚異的な支持を得ることに成功した。ナチズムにさほど熱心でなかった人々ですら、今ではドイツ軍の勝利を喜んでいた。ドイツ歴史学会の第一人者で、のちにベルリン自由大学の初代総長となるフリードリヒ・マイネッケは、「この軍隊に感じる喜び、驚嘆、誇らしさ」について、七月四日付で同僚にこう書き送っている——「シュトラースブルク〔ストラスブールのドイツ語名〕を奪還するとは！〔……〕これは驚くべきことだし、四年で数百万の兵力を持つ陸軍を作り上げ、このような成功を可能にしたのは、第三帝国の最大の業績だと言って間違いないだろう(45)」。戦争と軍事征服が、ナチ政権とドイツ国民をかつてないほど団結させたのである。

### ヒトラーのベルリン凱旋

ドイツ軍の西方攻撃を八週間視察したのちの一九四〇年七月六日、ヒトラーは熱狂的な歓呼の声に包まれてベルリンに凱旋《がいせん》する。前年九月に宣戦布告した際のドイツ人は、一九一四年から一八年の戦いに起因する大きな苦しみや喪失を思い出さざるをえず、陰鬱で不安に満ちた雰囲気だったが、そのときとの差は歴然としていた。第三帝国の歴史において、総統がこれほど大衆の称賛を受けたことはない。塹壕戦での殺戮が再び繰り返されるのではないかという大きな恐怖は取り除かれた。

ドイツ軍が一九一八年に降伏した際と同じコンピエーニュに停車した鉄道車両のなかでフランスに休戦条約の調印をさせ、ヒトラーは敗北した第一次世界大戦の記憶を葬り去った。ナ

1940年７月６日。フランス撃破後、人気絶頂となったヒトラーが総統官邸のバルコニーからゲーリングとともに熱狂する群衆に応えている。

チ・ドイツは不可能を可能にしたように思われた。ドイツにとって一番の軍事的強敵が数週間で、それも比較的小さな犠牲で崩壊したことで戦争は勝利に終わると予想されたうえ、ソ連は不可侵条約で中立になっていたからだ。大西洋岸のブレストからブク河岸のブレスト＝リトフスクまで、ドイツ軍の敵はいない。敗北させていないのはイギリスだけ、という状況である。ドイツが望み信じていた平和、それも勝利しての平和は、すぐそこまで来ているように思われた。西方戦の結果がすでに明らかになっていた一九四〇年六月六日付の報告書に、SDが次のように記している――「フランドルでの激戦の結果勝利して、国民の多くは最悪の事態がもはや過ぎ去ったと信じている。戦争の早期終結への希望が大きく広がっている」[46]。しかし最悪の事態が過ぎ去り平和が目前にあるというドイツ人の考えは、大いなる間違いだった。

彼らがどう間違っていたかを考えると、ナチズムの性質およびナチズムと戦争との関係について多くのことがわかる。この時点で、ドイツ政府がその事実上揺るぎない立場を利用して占領を強固にし、和平を求めるというなら、それは筋が通ったことだっただろう。しかしヒトラーは逆の道を選んだ。フランスに勝利した強い高揚感のなか、ワルシャワからピレネーまでの全ヨーロッパを服従させた総統は、再び東方に目を向けたのである。フランスがコンピエーニュで休戦条約に調印してわずか一ヵ月後の七月二一日、ヒトラーは陸軍最高司令部にソ連侵攻計画の作成を命じ、三一日にはオーベルザルツブルクで、一九四一年五月にソ連に侵攻し「決着をつける」旨を軍司令官たちに正式に告げた。イギリスには位置的な難しさがあり、侵攻は延期せざるをえない（とくにドイツには上陸を成功させ、イギリス空軍を無力化するのに必要な軍備が欠けていた）。「ロシアが崩壊すれば」イギリスも我に返り、戦いをあきらめるだろう。国防軍幹部はヒトラーとは別にソ連との限定戦争の可能性を調査し始めており、総統の願いを聞き入れる準備をした。[47]

### バルカン諸国での戦闘

一方、ナチの軍勢はバルカン諸国への寄り道を余儀なくされた。その原因は、ヒトラーのファシストの同盟者ムッソリーニにある。西方でフランスの敗北が明らかになってはじめて参戦したイタリアは、一九四〇年末にヨーロッパ南東部で攻撃的かつ冒険的な軍事行動に着手した。イタリアに対するギリシアのいわゆる「非中立的な」態度に抗議したのち、最後通告をギリシアから拒絶されると、直後の一〇月二八日、アドリア海を隔てた隣国へと攻撃を開始したのである。しかしまもなくイタリア軍は退却を余儀なくされ、アルバニアでの陣地も脅かされ、ギリシアに次から次へと街を占拠されて、一二月の終わりにはムッソリーニはヒトラーに援軍を要請せざるをえなくなった。

ドイツはブルガリアとユーゴスラヴィアに対し、ともに三国同盟に加入するよう、そして盟友イタリアを助けるためにドイツ軍の領内通行を許可するよう強い外交圧力をかけた。その後一連の出来事により、ドイツはバルカン半島に深入りする破目になる。まず、ユーゴスラヴィアがドイツの圧力に屈して三国同盟に加入したものの、二日後の一九四一年三月二七日、反ドイツのデモ隊がベオグラードや他のセルビアの都市の街路に繰り出し、クーデターにより政府が倒された。ドイツ軍は四月六日にイタリアおよびハンガリー軍とともにユーゴスラヴィアとギリシアに侵攻し、今回は枢軸国が勝利した。軍事行動開始から二週間と経たない四月一七日にユーゴスラヴィアは降伏した。ギリシアの征服にはさらに時間を要したが、四月の終わりにはギリシア全域が枢軸国の手に落ちた。

　イタリアの失敗とベオグラードの予期せぬクーデターが引き金となったバルカン諸国での軍事行動により、ドイツは一番の目標だったソ連征服から、ある意味それることになった。しかし、もっとも重要な戦いを開始するにあたり、ドイツの南側面を安全にしておくためには、ギリシアとユーゴスラヴィアを攻撃して、イタリアの軍事的失敗によるごたごたを片づけておく必要がある。ソ連への侵攻は一九四一年六月後半に延期された。

　とはいえ、バルバロッサ作戦の開始が遅れたのは、ヒトラーが一九四五年に述べているように、バルカンでの予定外の戦闘のせいというよりは、天候と兵站《へいたん》への懸念があったからだろう(48)。それでもバルカン諸国の占領を、ナチの一大構想のなかの些末《さまつ》な事柄として片づけるべきではない。一九三九年のポーランド侵攻と同様に、バルカンでもナチの戦争、残酷な占領政策、そして人種主義の大量殺戮が同時に進行したからだ。セルビアはエストニアに続き、ドイツが占領し「ユダヤ人のいない国《ユーデンフライ》」と宣言する第二の国となった(49)。一九四一年四月一七日のユーゴスラヴィア軍降伏直後から、ドイツによる人質行為と報復的な財産の押収（前述したように、これは一九三九年のポーランドでの軍事行動から始まった）は当たり前になり、ドイツの保安警察だけでなく国防軍によっても実行された。ドイツ軍部隊は屈服を拒むセルビア人にどう対処すべきかを確信していたようだ。ある部隊には次のような命令が与えられている。

いかなるレジスタンスも容赦なく壊滅させること。武器を携行して抵抗および逃走する者を見つけたら、誰であれその場で射殺すること。［……］さらに、秩序が安定していない地域では人質をとり、敵の抵抗が続くようであれば、射殺すること。少しでも親切なそぶりを見せればドイツ軍部隊の弱さと受け止められるので、そのような行動は不適切と心得ること。(50)

ドニ・ドブリチュという村では、四月二一日にひとりの将校が射殺されたことをきっかけに、村全体がドイツ人によって破壊され、理論は実践に移された。(51)ドニ・ドブリチュでの事件後にマクシミリアン・フォン・ヴァイクス将軍が述べたところによれば、セルビア人男性は無罪を証明できない限り有罪というのが原則だった。「武装集団が出没した近辺で武器を扱える男が逮捕された場合は、武装集団とかかわりがないという紛れもない証拠を即座に示すことができなければ、射殺すること」。次のような処分も奨励された。「銃撃した者はすべて縛り首にし、死体はさらしものにすること」(52)。

ユーゴスラヴィアとギリシアを征服したことにより、ナチ帝国には複雑に入り混じった民族間の緊張と、さらにかなりの数のユダヤ人がもたらされた。ヨーロッパ最古のユダヤ人共同体もいくつか含まれ、その中心とも言うべきサロニカ〔ギリシア・テッサロニキ〕の五万人強のユダヤ人住民は大部分が移送され、一九四三年三月から八月にかけてアウシュヴィッツで殺されることになる。かつて占領下のポーランドや他の場所で行われたように、一九四一年四月九日にドイツ軍が到着すると、サロニカでもさまざまな反ユダヤの措置がとられた。ユダヤ系新聞社の閉鎖、ユダヤ人指導者の逮捕、ユダヤ人の家屋・財産の没収、公共の場でのラビへの辱め、国防軍によるユダヤ人病院の接収などである。[53]その頃にはパターンはすっかり定着し、ドイツ軍は足を踏み入れたあらゆる占領地で、ナチの人種主義イデオロギーを実践した。ドイツの占領軍は何をすべきかを承知しており、実行に移した。

**ソ連侵攻（バルバロッサ作戦）**

もちろん、ナチの計画のメインステージはバルカン諸国ではなく東方、つまりソ連への攻撃にあった。これは電撃作戦となる予定で、「対英戦争が終わらないうちに、迅速な軍事行動でソ連を打倒すること」を目標としていた。[54]ドイツ軍幹部全体の共通認識、すなわち国防軍がロシアの「粘土の巨像」に迅速な勝利を収めるという予測の根拠になったのは、「ロシア人の性質」に対する昔からの評価（ロシア人は物わかりが悪く、決断したり責任を取ったりするのを嫌うと考えられていた)、第一次世界大戦中にドイツ軍がウクライナ、ベラルーシ、ロシア、バルト諸国といった広範囲を占領した記憶[55]、そして赤軍幹部は無能でドイツが技術的に勝るという(ソ連・フィンランド戦争での冴《さ》えない戦いぶりで強まった)思い込みである[56]。

計画の規模は桁はずれだった。一九四一年六月二二日に、ドイツ軍は三〇五万の兵士と三三五〇両の装甲車を率い、二一三〇キロにわたる前線でソ連を攻撃することになる[57]。ポーランドやデンマーク、ノルウェー、フランス、低地帯諸国やさらにはバルカン諸国への攻撃と異なり、ソ連への侵攻は最初から絶滅戦争として考えられた。ソ連の戦力をヒトラーは過小評価していたが、国防軍幹部もこれに異議を申し立てていない。この戦争は、戦時国際法を完全に無視して実施されることになる。ソ連が一九〇七年のハーグ陸戦条約も、戦争捕虜の処遇について定めた一九二九年のジュネーヴ協定も批准していなかったことを、ナチ政権はソ連兵への残忍な扱いを正当化する材料だと喜んで利用し、これが数百万人のソ連兵の死につながった。

のちの一九四一年六月六日に発せられることになる悪名高いコミッサール指令〔政治委員殺害命令〕を、ヒトラーは三月一七日の時点ではじめて言外にほのめかしている。軍の報告会で、スターリンのインテリゲンツィアを「絶滅させなければならない」と明言したのだ[58]。それから二週間と経たない三月三〇日に、居並ぶ将官たちへの演説のなかで、ヒトラーはソ連に対しイデオロギー的な絶滅戦争を遂行する考えをさらに詳しく説明している。ヒトラーにしてみれば、ボルシェヴィズムは「反社会的な犯罪も同然」で、共産主義は「未来にとっての非常に大きな危険」だった。それゆえに、総統は次のように述べている。

われわれは軍人にありがちな仲間意識を捨てる必要がある。共産主義者は初めから終わりまで仲間ではない。これは絶滅戦争である。そう心しておかなければ、敵を負かしたとしても、三〇年もすれば再び共産主義の敵と対戦することになるだろう。われわれは敵を保護するための戦争をしているわけではない。

ソ連との戦争には「ボルシェヴィキのコミッサールと共産主義のインテリゲンツィアの絶滅」も含まれ、法に妨げられる可能性はなかった。

破壊の毒には闘争をもって対抗しなければならない。これは軍事法廷にかけるような問題ではない。部隊の指揮官はこれがどういうことなのかを知っておかねばならない。［……］部隊は攻撃されたらあらゆる手立てをもって身を守らなければならない。コミッサールとＧＰＵ（秘密警察）は犯罪者なのだから、それにふさわしい扱いをしなければならない。(59)

第二次世界大戦の初めから、ポーランドを占領したドイツ軍は大虐殺を実行し、ポーランドのインテリゲンツィアとエリートを一掃する活動に従事していた。しかし、コミッサール指令で、ナチの戦争は新たな段階に突入する。計画的かつ系統だった大量殺戮を国と軍の首脳が命じたのは明らかで、陸軍は直接これに関与した。ヴィルヘルム・ダイストが指摘しているように、「戦争は新たな特性を帯び、国防軍は人種戦争と絶滅戦争の道具となった」のである。(60)

## 「ユダヤ＝ボルシェヴィキ」の粉砕へ

フランツ・ハルダーが日記の余白に記したように、ヒトラーはソ連攻撃が、「西方での戦闘とはまったく違った戦闘になる」と明言している。(61)征服された住民は国際法の適用を受けることなく、容赦なく扱われることになった。数週間後、民間人に対する国防軍兵士の犯罪は告訴されるという規定は明確にはずされ、大隊長はすべての村々に対し必要に応じ「集団的かつ暴力的方法」をとることを要求された。(62)部隊長から異議はまったく上がらないどころか、一九一八年の軍崩壊と革命の記憶から生じた恨みと根深い偏見のせいで、東方の敵「ユダヤ＝ボルシェヴィキ」と情け容赦なく戦えという要求を、彼らは喜んで受け入れる気になっていた。(63)その影響は、国防軍司令官が発したバルバロッサ作戦の命令からも窺《うかが》える。一九四一年五月初頭、エーリヒ・ヘプナー将軍は作戦をいかに遂行するかについて、麾下《きか》の戦車隊に次のような指示を与えた。

ロシアとの戦争は、ドイツ国民が存続するために欠くことのできない闘争だ。昔から続くスラヴ人との闘争であると同時に、押し寄せるモスクワやアジアの人間からヨーロッパ文化を防衛し、ユダヤ・ボルシェヴィズムを撃退するための戦いでもある。この闘争の目標は現在のロシアを打倒することにあり、ゆえに前例のない厳しさをもって遂行しなければならない。いかなる戦闘も、その計画と遂行は、敵を情け容赦なく絶滅させるべく鉄の意志によって導かれねばならない。とりわけ現在のロシア・ボルシェヴィキ体制の代表者への慈悲は一切無用だ。(64)

一九四一年の夏、ドイツ軍の隊列は東へと進み、ヒトラーは「冬の間われわれが養わねばならない人間が残らないように、モスクワとレニングラード〔現・サンクトペテルブルク〕を徹底的に壊滅させる」と自分の意図を率直に語っている。(65) 人種主義の独裁者は残忍な空想のなかで無慈悲と傲慢を具体化させ、将軍たちの姿勢にも影響を与えた。もっとも有名なところでは、一九四一年一〇月一〇日に第六軍司令官ヴァルター・フォン・ライヒェナウが発した命令から、バルバロッサ作戦がイデオロギー的な人種撲滅運動ととらえられていた様子がわかる。

ユダヤ＝ボルシェヴィキ体制に対する軍事行動の基本目的は、その力を完全に粉砕し、ヨーロッパの文化的領域におけるアジアの影響を一掃することにある。これにより、慣例、すなわちこれまでの一面的な軍の伝統を超えた義務が部隊に課せられることになる。東方の軍勢は戦術どおりに戦える戦士であるばかりか、無慈悲な民族思想の持ち主で、あらゆる残虐性を発揮してドイツ人や関係する国民に復讐《ふくしゅう》を目論む者でもある。ゆえにドイツ兵は原始的なユダヤ人に対し、厳しいが理にかなった制裁が必要だということを完全に理解していなければならない。さらに国防軍に対する反乱を未然に防ぐという目的もある。経験上明らかなことだが、こういった反乱を扇動するのはつねにユダヤ人なのだ。(66)

ヒトラーが「素晴らしい」と評価したこの命令は、ナチのメッセージに心酔している国防軍司令官が、完全にナチ用語を使用して述べた点がとくに注目に値する。同様に意味深いのが、約一ヵ月後の一一月二〇日に、第一一軍司令官エーリヒ・フォン・マンシュタインがクリミア(パルチザンの問題が深刻化していた)で発した命令だ。彼もまた、「ユダヤ＝ボルシェヴィキ体制はこれを限りに粉砕しなければならない」、「ヨーロッパ人の生存圏に二度と足を踏み入れさせない」と明言している。マンシュタインがそのあとに続けて、伝統的で保守的な軍の価値観や無私無欲の重要性と、「自分勝手な振る舞いや私腹を肥やすこと、放蕩《ほうとう》や無規律、兵士の名誉に反する行為に厳格に対処する」必要性を強調しているのは意味深い。(67)

マンシュタインの指揮下にある者たちが「兵士の名誉を傷つけないこと」を期待されている点は注目に値する。その背景に、クリミアに住むユダヤ人の大量処刑を含めた対パルチザン闘争があったからだ。どれほど残酷な振る舞いも、いわゆる「アジア的な」野蛮さからヨーロッパ文明を救済する活動の一環とみなされ、「兵士の名誉」をもって遂行されたことになる。実際、国防軍が捕らえた莫大《ばくだい》な数のソ連兵を扱うのに、兵士の名誉はほとんど役割を果たしていない。とくに一九四一年夏の大包囲作戦で捕らえた数十万の部隊への仕打ちはその最たるものだ。この作戦で捕虜となった兵たちに国防軍が国際法にのっとった配慮をせず、大量殺人としか言いようのない計画的な放置をしたのは、職業軍人からなる軍が行った最大の犯罪のひとつに数えられる。ドイツに降伏した約五七〇万のソ連兵のうち、少なくとも三三〇万人が食事を満足に与えられず、きちんとした宿舎も与えられず、傷や病気の手当ても事実上されなかったために命を落とした(68)。

## 「最初の手強い敵」ソ連軍の抵抗

ヒトラーが「西方での戦いとはまったく違ったものになる」と述べていたのはある意味正しいが、予測外だったこともある。バルバロッサ作戦は当初「電撃戦」として計画されていた。一九四一年六月二二日にソ連領内に侵攻した三〇五万の兵は速やかに進軍し（一週間以内で三二〇キロ東に移動し、ベラルーシの都ミンスクを占領した）、ヒトラーは八月にモスクワを占領すると宣言していたものの、ドイツ軍は待ち望まれた迅速な勝利を達成できなかった(69)。そればかりか、最初から厄介な抵抗に遭った。国防軍が無敵ではないと思われたのはこれが最初である。ソ連軍は不意を突かれ、戦術に圧倒され、前進陣地は壊滅し、数百万の兵士を捕虜にされ、工業の要と最上の農地を含む広大な領土を失ったものの、ポーランド軍やオランダ軍、ベルギー軍、フランス軍のように崩壊はしなかった。陸軍司令官ヴァルター・フォン・ブラウヒッチュが一九四一年七月末に認めたように、ソ連軍は「国防軍が対決した最初の手強い敵」だった。(70)

莫大な数の死傷者を出したにもかかわらず（侵攻したドイツ側の死傷者よりもはるかに多かった）、ソ連の部隊は抵抗し、国防軍に深刻な打撃を与えることに成功した。実際、一九四一年六月、七月、八月のドイツ軍の戦死者は、三九年九月から四一年五月までに比べ、はるかに多い。(71)一九四一年末までに、東方にいた全ドイツ軍の四分の一以上が、戦死（一七万三七二二人）、あるいは負傷（六二万一三〇八人）、あるいは行方不明（三万五八七三人）となっている。(72)八月半ばには、ドイツが敵軍を過小評価していたことが明らかになった。参謀長フランツ・ハルダーは次のように認めている——「われわれは巨像ロシアを甘く見ていた。彼らは全体主義国家らしく、徹底的に冷酷な戦いを遂行することを意識して戦争準備を進めていた」。

この評価は経済的資源や運送設備と同様に組織にもあてはまるが、何よりも純粋に軍事力にあてはまる。われわれは開戦時に敵を約二〇〇個師団と見積もっていた。現在では三六〇個師団を下らないと見られている。これらの師団の武装や装備は明らかにわが軍とは異なし、戦術的にはお粗末なことも多い。しかし彼らはそこにいるのだ。(73)

バルバロッサ作戦の最初の３週間で捕虜となったソ連兵40万人の一部。捕虜となって生き延びた者はごくわずかだった。

秋が深まっていくなかドイツ軍は占領地域を広げ続け、莫大な数の人質を得た。とくにウクライナでは九月一九日にキエフを征服し、四〇万人のソ連兵を捕虜にしている（一回の戦闘で手に入れた最大数の捕虜だった）。しかしバルバロッサ作戦の始まりから危ぶまれていたドイツ軍の補給は、ますます頭の痛い問題となっていた。フランスに思いがけず迅速に勝利したことで、ドイツ軍上層部には輸送計画や補給よりも戦闘技術を重視する傾向が不当に高まっており、その結果がここにきて現れたのだ[74]。

天候のせいで一一月には移動と補給がますます困難になったが、ソ連軍は頑強に抵抗を続けていた。ドイツ軍がモスクワを眼前にした一二月初旬、気温が摂氏《せっし》マイナス三七度に達するなか、赤軍は反撃を開始する。ドイツ軍ははじめて退却し、フランツ・ハルダーによれば、「部隊には深刻な『信頼の危機』が生まれていた」。[75] 当初電撃戦として計画された軍事行動は、長く、想像もつかないほど血みどろの、絶望的な企てとなった。なんでもできるというナチの幻想の前に、現実が立ちはだかったのである。

## 特別行動隊による大量「処刑」

ソ連に対する絶滅戦争でナチズムと戦争の共生関係は極限に達した。それはバルバロッサ作戦開始時から明白だったことである。保安警察とSDの移動殺戮部隊、つまり特別行動隊《アインザッツグルッペン》が軍事エリアの後方で活動することを国防軍から許されたからだ。[76] ヒムラーとハイドリヒの指揮下にある国家保安本部は軍の承認を受け、「東方の新たな占領地域の治安を維持する」事実上の指揮権を得た。[77] 前述したとおり、同様に任命された部隊がすでにポーランド占領当初から活動を開始している。犠牲者の数がポーランドで数千人だったのに対し、占領下のソヴィエト領土ではすぐに数十万人規模となった。

特別行動隊《アインザッツグルッペン》、警察大隊、武装SSが、今では手の届く限りの場所で大規模なユダヤ人虐殺を展開していた。六月と七月には兵士になれる年頃のユダヤ人男性が殺され、八月から九月には女子供が同様に殺された。九月と一〇月にはユダヤ人共同体全体の組織的な殲滅が始まった。[78] 戦前にソ連領域内に登録されていた約五一〇万のユダヤ人のうち、ドイツ軍占領地域には約三〇〇万人が暮らしていたが、このうち約二〇〇万人が殺されている。

ソ連に侵攻する国防軍の主要軍集団（北方、中央、南方）それぞれに特別行動隊《アインザッツグルッペン》が配備され、第四の行動部隊は第一一軍に従い、ルーマニア軍とともに作戦に参加した。各隊の構成員は、配属された運転手や警察官や武装SS隊員も含め、約六〇〇人から一〇〇〇人で、それぞれ自動車化されていた。[79]任務はドイツの支配とその世界観にとって脅威となる人間を一掃することである。一九四一年七月二日にハイドリヒが発表したように、彼らは次に挙げる人々を「処刑する」ことになっていた。

コミンテルンの全職員（およびすべての共産党の政治家）、
党、中央委員会、地方および地区の委員会、人民委員会議の上級、中級、および急進的な下級の役人、
党や国家に役職を持つユダヤ人、多岐にわたる急進的分子（妨害工作者、プロパガンディスト、狙撃者、暗殺者、扇動者など）[80]

「処刑」の標的はかなり幅広く設定されているが、独自に判断する余地はかなり残されており、実際、特別行動隊《アインザッツグルッペン》はその網をさらに広げていた。一九四一年一〇月初旬に提出された特別行動隊《アインザッツグルッペン》C（ウクライナ北部および中央部で任務の遂行にあたった）の報告書には、隊員による処刑の対象者が次のように列挙されている。

政治機関で働く職員、略奪者と破壊工作員、活動的な共産党員と政治理念の主導者、虚偽の申し立てにより捕虜収容所から解放されたユダヤ人、NKVD〔内務人民委員部〕の工作員と情報提供者、民族ドイツ人の移送において虚偽の証言や証人の買収といった重要な役割を果たした者、残酷で執念深いユダヤ人、不平分子、反社会的人物、パルチザン、政治部指導員、伝染病と流行病に罹患《りかん》した恐れのある者、ロシア人暴力団の一味、ゲリラ、ロシア人暴力団への食料提供者、暴徒と扇動者、暴力的な若者、ユダヤ人全般。[81]

一九四一年七月からは、特別行動隊《アインザッツグルッペン》のみならず（ヒムラーに対し直接義務を負う）さまざまなSSの部隊にソ連の占領地での「保安」業務が割り当てられ、投入される警察大隊（ほとんどは地元の協力者からなる）の数も増大している。[82] 彼らは非常に大きく網を広げたため、ナチ支配への脅威とみなされる者はほとんどみな銃殺されたが、それだけではない。ユダヤ人の存在そのものが脅威とみなされ、殺人が正当化された。一九四二年二月にレニングラード近郊で行われた治安活動に関する報告書に明言されているように、「ユダヤ人である」ただそれだけで処刑が正当化されたのである。[83]

## ヴァンゼー会議の招集

バルバロッサ作戦の開始とともに、ドイツのユダヤ人政策は破滅的な方向へと向かった。ヨーロッパ・ユダヤ人の東方への大量移送は実現不可能だと判明したため、ナチ政権は広範な「民族浄化」活動に着手し、その結果、数百万のユダヤ人を絶滅収容所に送る大規模な計画が立てられた。その目的は、迅速かつ効率的な工業化した大量殺人にあった。

イデオロギーが喧伝《けんでん》され、さまざまな集団を一掃するための犯罪的な命令が下され、現場のさまざまな殺人部隊に独立した主導権が与えられた。犯罪的な活動への認可はまったく必要ない。こういったことはすべてナチの戦時の大量殺戮の特徴である。ナチの独裁者は相変わらず軍事行動に没頭していたが、彼からの特別な指示も必要なかった。

一九四一年の後半には、ソ連占領地の移動殺戮部隊は共同体全体を全滅させるまでになる。一九四一年六月から一一月にかけて、セルビアのユダヤ人男性は大多数がドイツの占領部隊によって殺された（SD、軍政、国防軍が、自らの責任でパルチザン活動に残忍な報復をした）(84)。一〇月にはユダヤ人の大量処刑がガリツィアで始まった(85)。一〇月以降、ユダヤ人はドイツ、オーストリア、ボヘミア、モラヴィアから東に移送されることになる。ウーチ（リッツマンシュタット）のゲットーに送られた者もいれば、リガでのように直接射殺された者もいる。またウーチ近くのヘウムノやルブリン県のベウジェッツには最初の絶滅収容所が建設され、一方、アウシュヴィッツでは「狂信的な共産党員」の烙印《らくいん》を押されたソ連の戦争捕虜がガス室で殺された(86)。しかし運命の一九四二年が始まったとき、総督府では「ユダヤ人問題」の最重要課題が未解決のまま棚上げにされていた。大半が栄養不良のユダヤ人約二〇〇万人が、病気の蔓延《まんえん》した極度に過密状態のゲットーに詰め込まれていたのである。

ラインハルト・ハイドリヒが悪名高いヴァンゼー会議を招集したのには、そういった背景があった。これはもともと一九四一年一二月九日に開かれるはずだったが、四二年一月二〇日に延期されている。この会議で国家保安本部長官ハイドリヒは、ヨーロッパ全域にわたる「ユダヤ人問題」の包括的な「解決策」のあらましをさまざまな省庁の代表者に提示し、組織と運営責任の問題を解決しようとした(87)。ヘウムノ、ベウジェッツ、ソビブル、トレブリンカ、アウシュヴィッツのガス室で数百万のユダヤ人を組織的に絶滅させることが、このとき明らかにされた可能性がある。

一九四二年の春になると、人種の絶滅戦争はヨーロッパの全ユダヤ人を消滅させる包括的な活動と結びついた。財産を奪われ、日常生活のあらゆる面を制限され、ゲットーに追いやられ手当たりしだいに虐殺され、特別行動隊《アインザッツグルッペン》の大量殺戮作戦の犠牲になり、それでもヨーロッパのドイツ占領地に残っていたユダヤ人住民は、今度は殺されるためにポーランドの占領地にある絶滅収容所に移送された。

ドイツ国内の住民は、ナチがいわゆる「人種の敵」に行った恐ろしい仕打ちをすべて知らされているわけではなかったものの、いやおうなく漏れてくるニュースもあった。東部の前線で戦っている数百万の兵士は、ユダヤ人居留地やユダヤ人ゲットーで何が起こっているかや、国防軍の後方で特別行動隊《アインザッツグルッペン》が展開している作戦についてまったく知らずにいるわけにはいかなかったし、休暇で帰宅した際に恐ろしい話を喜んでしゃべる者もいたからである。大量射殺の噂《うわさ》は故国に持ち帰られたが、かならずしも犠牲者への同情を呼び起こしたわけではない。数多《あまた》の証言のなかから、オーストリアで建築を学ぶある若い女性が記した一九四一年一一月一三日付（特別行動隊《アインザッツグルッペン》の血なまぐさい作戦が最高潮に達していた時期だ）の日記を挙げておく。

ノルベルト・ベルガーが昨日教えてくれた。ロシア人捕虜は三つの収容所に分けられるそうだ。脱走兵と抵抗せずに降伏した者、たくさんの共産党員、それからユダヤ人。共産党員とユダヤ人は、ポーランドに送られたユダヤ人と同じくそこで射殺される。ノルベルトときたら、それが悪いことだとは思っていないのだ!![88]

国が反ユダヤの雰囲気を助長したことで、ユダヤ人嫌いの人々はつけあがり、残虐行為を支援する気がない人々はおびえた。ドイツ国内ではソ連侵攻をきっかけに、ユダヤ人に対する締め付けがますます厳しくなっていた。一九四一年九月初めから、国内のユダヤ人は服に黄色いユダヤの星をつけることを強制されている。この動きをドイツ住民は肯定的に受け止めたようだ。[89]さらにユダヤ人は日常生活で新たな制限を受けることになり、電話も新聞も、重要な多くの食料配給カードも奪われた。国外では、想像もつかない数のユダヤ人が、しばしば国防軍兵士からよく見える状況で虐殺された。いずれにせよ第三帝国の人々は、ナチ政権のもっとも恐ろしい罪に気づいて（そして加担して）いたと言えよう。

## 「よき血の社会主義」という未来像

恐ろしいことだが、ヨーロッパ・ユダヤ人の殺害はナチの人種主義的な計画の一部にすぎなかった。第二次世界大戦中にナチの蛮行の犠牲になった民間人のうち、おそらくもっとも多数の死者を出したのはロシア人である。ジプシーに対しては、戦争勃発前には迫害や不本意な断種を、戦時には移送や、特別行動隊《アインザッツグルッペン》と国防軍によるソ連占領地での大量殺戮、アウシュヴィッツ＝ビルケナウの「ジプシー収容所」でのガス殺や大量射殺などを行っている。「ジプシー問題解決」のためのナチの活動は、殺した人数のうえではるかに少ないものの、目的や方法においてはユダヤ人絶滅のための活動と実質的に変わりはなかった[90]。

さらに言うならば、ナチ政権が遂行した犯罪も、国家保安本部やSS人種および移住本部や東部経済参謀部（国防軍がソ連の占領地開発計画のために組織した）に所属するナチの「専門家」が将来のナチ帝国のために展開した計画に比べれば、まだ範囲が限られているように思われる[91]。東部占領地域については、産業組織を破壊し都市の「余分な」住民を排除して、ドイツのための原材料や農産物の巨大な産地に転換する、といった将来図が描かれていた。

一九四一年一一月にゲーリング（東方の経済政策全体の責任者）が説明したように、当分の間はドイツの戦争経済に早急に必要なものが優先されたが、長い目で見て、「新たな東部占領地域は、植民地という観点からすれば、そして植民地的な方法をもってすれば、経済的に役立つ」はずだった。[92] ドイツ人が野蛮な東部占領地域を「文明化」しに行くとなれば、巨大な規模の移住計画が見込まれる。そのためにはドイツとウラル山脈の間に住む約五〇〇〇万の人々（ほとんどがスラヴ人）を追放して、人種的に「価値ある」人々が移住する場所を作らなければならない。何十年もの長きにわたりドイツの農業が苦しんできた構造的な問題はこうして解決され、また、ドイツ本国にある農地だけでは国民を養いきれないという問題も、東方の「生存圏」にアーリア人農民が定住することで解決されるはずだった。

さらには、ウクライナにドイツ人の手で何千もの農園を作るという考えは、ハインリヒ・ヒムラーの「よき血の社会主義」、つまり人種的に純潔なドイツ人がナチの民族共同体《フォルクスゲマインシャフト》において共有できるユートピアの夢の重要な部分を占めていた。ナチの人種主義に心酔しているともいえない若き戦士ハインリヒ・ベルと似たような考えを、東方で戦うドイツ兵の多くが抱いていたのは間違いない。ベルは一九四三年の終わりに陸軍病院から母親に次のような手紙を書き送っている――「もうずっと、ライン川が、ドイツが恋しくてたまらない。でも戦争に勝てば、この東方に植民地ができるのだろうな、ということもよく考えている」。[93]

「よき血の社会主義」という未来像には、数百万人の強制移住だけでなく、殺害も含まれていた。ソ連侵攻の準備段階で立てられたこの計画は、戦争によるドイツの農産物生産高の減少や、国防軍が占領地域の食糧資源に依存する必要性を前提としており、無情にも、数百万の人々の飢餓を次のように予測している――「もしわれわれが必要とするものをこの国から搾取すれば、何百万もの人々が間違いなく飢えるだろう」[94]。また、戦時ドイツの食糧供給も担当していた食糧農業省副大臣ヘルベルト・バッケ指揮のもと、一九四一年五月二三日(このときバルバロッサ作戦が計画されていた)に専門家たちが示したソ連領域開発の総合計画にも、「この地で何千万もの人口が過剰になり、死ぬか、あるいはシベリアに移住しなければならなくなるだろう」と述べられている。[95]国防軍に食料を十分割り当てるために数千万のロシア人が餓死するなら、それはそれで仕方がない[96]と考えていたのだ。

ゲーリングは彼らしい残酷な言い方で、一九四二年八月にきわめてそっけなくこう述べている。「もし誰かが飢えるというなら、それはドイツ人ではなく他国の人間だ」[97]。東部総合計画の大見出しのもとに組み込まれたこれらの殺人的な計画が実現しなかったのは、計画に大きな魅力を感じていたテクノクラートの側に良心の呵責《かしゃく》があったからではない。連合国側の軍事的成功で第三帝国が敗北したためだ。

## 激化するパルチザン闘争

ナチの占領政策と国防軍の絶滅戦争の残酷さは、ドイツ軍がソ連領内で直面したパルチザン闘争によってさらに強まった。バルバロッサ作戦の序盤では、ベラルーシやウクライナといったソ連西部の民間人が侵略者に示す反応は曖昧だった。多くの者たち（とくに非ロシア人）はドイツ人を、集産主義、テロ、数百万人に窮乏をもたらした不信心なスターリン共産主義からの解放者とみなしていたのだ。

ソヴィエト共産党と国も反応を示した。国防軍のソ連侵攻から一週間後の一九四一年六月二九日に中央委員会が出した指令には、「パルチザンの分遣隊と破壊集団」の組織を呼びかけるくだりがあり（このときはまだ公表されていなかった）、「敵軍部隊と戦い、所構わずパルチザン闘争を扇動し、橋、道路、電話線、電信線を爆破し、軍需品集積場を破壊すること」と述べられている。七月三日、スターリンはついにラジオでソ連人民に焦土作戦とパルチザン闘争の拡散を命じ、二週間後の七月一八日には中央委員会が党と国の職員に対し、さらに詳細な「ドイツ軍後方での闘争組織」のガイドラインを発表した(98)。

ソ連にとっても東部戦線での戦いはこれまでの戦争とは勝手が違い、戦線後方でのパルチザン闘争の呼びかけは、ドイツ人が対ユダヤ人作戦と対パルチザン作戦とを結びつけることを許す結果になった。ヒトラーはこの機会を喜び、七月一六日にローゼンベルク、ラマーズ、カイテル、ゲーリング、ボルマンに次のように説明している――「ロシア人が戦線後方でのパルチザン活動を命じた。結構なことだ。抵抗するものは何であれ絶滅させる機会を与えてくれたのだから(99)」。

当初、ソ連のレジスタンス要請にはほとんど反応がなかった。しかし、ナチの占領者が残虐な搾取を意図していることが明らかになると、まして一九四一年末から四二年にかけて戦況がドイツに不利になると、状況は一変した。一九四一年の夏、小規模なパルチザングループが組織され始め、国防軍は前線後方でレジスタンスに遭遇するようになる。こういった活動はドイツ軍とソ連占領地のドイツ政権（と搾取）に現実的な脅威をもたらすようになった。また、ゲリラ活動への恐怖心を煽《あお》るとともに（プロイセン軍が普仏《ふふつ》戦争の勝利後、ゲリラ兵に悩まされたように）、ドイツ兵の間に「パルチザンに対する猛烈な怒り」を生じさせた。(100)さらに、パルチザンは危険で脅威的で絶滅に値する東欧人の典型だと人種主義者に確信させ、それがいわゆる「無法者地帯」を「浄化する」ための残虐な実力行使と危険な作戦につながった。ナチの集団殺戮と密接にからみあった作戦である。

人種主義のイデオロギーを叩《たた》き込まれ、原始的な状況で暮らしているとおぼしき被占領民に対し、容赦ない厳しさをもって戦うよう命じられてきた兵士たちは、征服した民間人から絶えず危険にさらされる恐怖により、もっとも過激な手段をとることを正当化した。一九四一年七月末に、陸軍総司令官が命令書のなかで次のように述べている――「東部占領地域を確保するうえで占領軍がとるべき唯一かつ必要不可欠な方法は、範囲が広大であることを考えれば、全レジスタンスを法的に処罰するのみならず、住民に抵抗する気力を失わせるような恐怖を広めることだ(101)」。

もちろん、ドイツ軍と被征服者に生じた相互作用は、実際はここに暗示されているよりもはるかに複雑である。占領後の最初の一年ほどは、ドイツ人に雇われた現地住民からなる警察部隊が直面する主な治安上の問題は、ソヴィエトのパルチザン部隊ではなく、徘徊する盗賊団だった。(102)さらにドイツの保安部隊は、いたずらに厳しい措置を講じれば住民がかえってパルチザン化すると知っていたし、民間人への無差別攻撃を「行き過ぎだ」と考える後方地域の陸軍司令官もロシアにはいた。(103)一九四二年四月に中央ロシアで対パルチザン作戦を担当した国防軍のある保安師団では次のような指示が出されている――「民間人を虐待すれば、翌日にはパルチザンとなり銃を持って目の前に現れるかもしれないということを、全兵士に理解させておく必要がある」。(104)しかし司令官プフルグバイルはその同じ月、同じ保安師団に、「部隊が戦う目的は、敵を退却させることではなく、絶滅させることにある」と述べている。(105)

ドイツ人が占領地の住民を搾取すればするほど、パルチザンに参加する人々は増加した。とくにソヴィエト市民をドイツで働かせるために強制的に動員しようとすると、多くはドイツ行きの船に乗せられるより家から逃げるほうを選んだし、また、食糧不足が深刻化し税と徴用が増大したことも、市民をパルチザンに向かわせる原因となった。

パルチザンに参加する人々が増加し、活動が激化するにつれ、ドイツの保安部隊がとる対策は厳しくなった。彼らは、比較的少数で訓練もろくに受けていない人間が広大な領域の莫大な数の人々を思いどおりに支配するには厳重な措置が必要だと信じていたのだ。(106)ドイツの占領政府が無慈悲な扱いをすることで、被占領民は人種主義者の否定的な固定観念を裏づけるような行動をとらざるをえなくなり、それがさらに厳しい処分を正当化させた。結果は暴力の悪循環である。人種主義のイデオロギーを推し進めていわゆる劣等民族を搾取し奴隷化しようとすれば、避けられない成り行きだった。

パルチザンとの戦いは、ドイツ軍がモスクワを目前にはじめての後退を経験したあと、しだいに深刻化し始め、かならずしもドイツが勝利するとは思われなくなった。一九四二年初頭に活動していたパルチザンは数万人だったが、その年の後半には約一二万人に膨れ上がり、関与する人間の数と支配地域はその後着実に増えている。[107] ドイツ当局による略奪が増加し(農産物の供出ノルマ、穀物や家畜の没収、強制労働のために移送される人々も増加した)、パルチザン活動とパルチザンに事実上支配されている領域が増大すると、パルチザン活動を取り締まるための暴力も激化した。

対ソ戦の最初の一一ヵ月で、ドイツ軍は八万人のパルチザンを一掃するのに成功した(ドイツ側の死者は一〇九四人と記録されている)。[108] 活発化するパルチザン活動への反応はしだいにエスカレートし、一九四二年一二月には軍最高司令部が、「東方であれバルカン諸国であれ、無法者に対してはもっとも残酷な方法で報いるように」、そしてこの任務に携わる者は、「成功につながるのであれば、女子供への対処も含め、この闘いでいかなる手段をとっても構わないし、そうすることが求められる」と命じるほどになっている。これにより、対パルチザン活動に携わったドイツ人が告発されることはなくなった。[109]

一九四二年の後半には、パルチザン闘争はドイツ軍が占領した広大な領域の支配・管理能力を問われる重要課題となっていた。一九四二年七月から四三年四月にかけてのパルチザン運動の発展について、帝国管区オストラントの報告書には次のように記されている。

現状では、昨年の収穫はほぼ全滅し、農場は焼かれ、酪農場と工業および商業関連の事業所は破壊され、地区の市町村でわれわれが立ち上げた行政組織もすべてもはや存在しない。住民は完全に脅え、多くの場合、パルチザンが長く勢力を張ったことで、ドイツの力に対する信頼は失われている。

例によって、改善措置として命じられるのはさらなる力の行使だ。「軍と警察力の十分な補強が急がれるとともに、これらの部隊には重火器の装備が求められる」、「個々の村々から人質をとり、その村が攻撃されたり、国営農場で略奪や破壊が起こったりした場合には、銃殺すること。それでもなお事態が好転しなければ、村全体を一掃して解決しなければならない」などと述べられている(110)。

これにより、さらに多くのユダヤ人を殺す機会が与えられることになった。実際、おとなしく移送されるよりはパルチザン活動に加わる道を選び、「ユダヤ・ボルシェヴィズム」に関するナチの決まり文句を裏づけるような者もいた。たとえば、マラリア作戦（一九四二年八月二一日から九月二一日にかけて行われた対パルチザン作戦）のあと、帝国管区オストラントの親衛隊・警察長官フリードリヒ・イェッケルンは、「四九ヵ所の無法者のキャンプ、掩蔽壕《えんぺいごう》、要塞、さらにはアジトとなっていた沼のほとりにある多くの村々をいぶし、破壊した」だけでなく、「武装した無法者三八九人を戦闘で射殺し」、パルチザンと思われる一二七四人を有罪宣告して銃殺し、「八三五〇人のユダヤ人を処刑した」と誇らしげに語っている。[111] パルチザン活動は、いわゆる人種の敵を殺す口実と正当性をナチに与えた。

### 戦争行為の野蛮化

ドイツ軍が報復攻撃と大虐殺を行ったのは、東および東南ヨーロッパだけではない。もちろん、ナチの残虐行為の犠牲者は東方の人間が圧倒的多数だったが、戦争が長期化するにつれ、ドイツ軍は西方、つまりフランスやイタリアでも、ウクライナやロシアと同様の残虐行為を繰り返すようになった。実際、ドイツ軍の東方と西方での行動様式は、戦争が進むにつれ近づき、報復攻撃の方法はフランスであれ、イタリアであれ、セルビアであれ、ロシアであれ、驚くほど似てきている。パルチザン活動に対する恐怖は、過去の攻撃に復讐したいという欲求や、被占領民に対する軽蔑、さらには「テクノクラート的な秩序の創出」と結びついた。[112] レジスタンスをかくまっていると疑われる村々は包囲された。男たちは撃たれ、極端な事例では女子供も撃たれた。

一九四四年六月の有名なオラドゥール＝シュル＝グラヌの事件では、武装SSが村の女性たちを教会に閉じ込め、銃撃し火を放っている[113]。パルチザンの仲間だと疑われた女性は堕落したとみなされ、相応の刑に処せられた。武装SSのみならず一般の国防軍部隊も、ギリシアのコンメノや北イタリアのフチェッキオ湿原で行ったように、男だけでなく女子供の大虐殺に関与している[114]。ナチの戦争は無情にも民間人への残虐行為につながったが、それを行ったのは武装SSだけではないし、東方だけでもない。

それでも、「戦争行為の野蛮化」がもっとも極端に現れたのは、東方の絶滅大戦争においてだった[115]。そうなったのには多くの要因が結びついている。第一に、国防軍は大々的に殺人を認める犯罪的な命令を受けて戦闘に送られた。そこに東欧人は原始的で危険だという広く受け入れられていた思い込みと、ナチ政権に植えつけられたイデオロギー、そして人種主義の否定的な固定観念を裏打ちするような経験（とくに、極貧の小村に住む東欧ユダヤ人を見るなど）とが結びついた。さらに東部の戦況の厳しさが加わる。延々と続く激戦、赤軍の猛烈な抵抗、パルチザン部隊による抵抗。疲弊した部隊の多くは何百キロもの行軍を余儀なくされ（国防軍は完全に自動車化されてはいなかったため、兵たちは徒歩で移動し、荷物は通常馬で運んだ）、しばしば病気、飢え、そして冬季は厳寒に悩まされた。

一九三九年と四〇年の電撃的な勝利とは異なり、東部戦線での戦闘は果てしなく続いた。国防軍の部隊はほとんど休息も取れないまま、莫大な数の死傷者を出している。ロシアの大草原地帯でドイツ兵の前に広がっているのは、ナチの幻想と悪夢のような現実が陰惨に結びついた、いつ終わるとも知れぬ戦闘だった。

こういったことはすべてドイツ兵の姿勢に影響を与えている。彼らは反ユダヤの人種主義的な考えを容易に受け入れ反復するようになった。ある伍長《ごちょう》は一九四一年七月に、「敵は本物の兵士ではなく、ゲリラや殺し屋なのだ」と断言し、ロシア人を「人間ではなく、この二〇年間にボルシェヴィズムによって繁殖した野生の群れ、野生の獣」とみなし、「それがユダヤ人政権がロシアで行ったこととの結果なのだ」と理解している。また、あるドイツ人下士官は一九四二年八月に、「この災いからわれわれは世界を解放しなければいけないし、解放するだろう。そのためにドイツ兵は東部前線を守っているのだ」と述べている。[116]

ドイツ兵は自分たちが「大義のために戦っている」と信じ、[117]ある兵卒が述べているように、「このような大戦争はいまだかつて行われたことがない。人間がこれまで経験してきたなかで最大の魂の戦いであり、西欧の人間の存亡を決する戦いであり、人々が意識して守るべきもっとも価値あるもののために遂行される戦いなのだ」と信じていた。[118]もちろん、すべてのドイツ兵がそう信じていたわけではないし、そういったことをつねに意識していたわけでもない。多くの兵は仲間による、あるいはドイツの名のもとに繰り返される残虐行為に深い懸念を抱いていた。[119]しかしこのような供述からは、ドイツ占領地域におけるドイツ軍の指揮の記録にしてもそうだが、ナチズムがどれほど人々の心を強くとらえていたかが窺える。

## ヒトラーのふたつの決断

ユダヤ人に対する戦いが全体的に見てもっとも残忍な段階に入った一九四一年末、ナチ政権ははじめて軍事的な失敗に対処しなければならなくなる。戦争の最初の数週間、数ヵ月で莫大な損失を被ったにもかかわらず、赤軍は屈服せず、ソ連も崩壊しなかった。モスクワを眼前にしながら、ソヴィエトの反撃により、国防軍は気がつくと防戦にまわり、退却を余儀なくされた。一九四一年一二月の危機に、ヒトラーはナチ政権と戦争とに莫大な影響を及ぼすことになるふたつの決断を下している。

まずは日本軍が真珠湾《しんじゅ》を攻撃した数日後の一二月一一日、ドイツは合衆国に宣戦布告した。ヒトラーがドイツの軍事力をあまりに過大評価し、合衆国の軍事力をみごとなまでに過小評価した結果、世界の人的および物的資源の約四分の三が結束して枢軸国に対抗することが確実になった。さらに一二月一九日、国防軍がソ連に勝利できなかったことによる軍司令官フォン・ブラウヒッチュ（一二月一五日に、もはや「困難な状況から軍を救出するための出口が見えなくなった」[120]とフランツ・ハルダーに告白している）の精神的・肉体的衰弱と、ドイツの戦線崩壊の可能性から、ヒトラーは彼の辞職を受け入れ、ブラウヒッチュに代わって自らが軍最高司令官となり、直接陸軍を指揮することを決断している。[121]ヒトラーの直接指揮という決定は、軍の専門家に対する侮辱（「この程度の作戦指揮など誰にでもできる」[122]）であるとともに、第一次世界大戦での自らの経験を重視したものだった。この決定について、ナチの独裁者は兵たちに次のように語っている。

西部戦線での一九一四年から一八年の四年間にわたる壮絶な戦いで、私はすでに戦争というものを知っている。一兵士だった私は、戦闘のあらゆる恐怖を体験した。二度負傷し、最後には失明の危機にさらされたのだ。ゆえに諸君を苦しめるもの、諸君に重荷を背負わせるもの、諸君を悩ませるものを、私はすべて知り尽くしている。(123)

第一次世界大戦の前線兵士は、第二次世界大戦の戦い方は自分が一番よく知っていると思い込んでいたのである。

### 「結果は考慮せず」踏みとどまる

モスクワを目前にしてドイツが劣勢になると、ヒトラーはいかなる犠牲を払っても「結果は考慮せず」その位置に踏みとどまるよう、国防軍に命じた。(124)「誰もが自分のいる場所で自らを守らねばならない」(125)。この決定で、ヒトラーはたしかにモスクワを目前にしての崩壊からドイツ軍を守ったかもしれない。しかしこの戦術は、一九四一年一二月の戦闘だけでなく、その後も大きな影響を及ぼすことになる。ドイツ軍部隊は「結果を考慮せず」踏みとどまり、望みなき状況でも最後の一兵、最後の一発まで戦うべきだという考えが、ナチ幹部や、とくにヒトラーの頭に植えつけられたのである。

彼は明らかに、一九四二年五月に述べたように、「われわれがこの冬を乗り切り、今日再び戦争で勝利できる立場に戻れたのは、［……］ただ前線の兵士の勇気と、何があっても守り抜くという私の固い意志によるものだ」と確信していた。[126] その後の数ヵ月、数年にわたり、不可能な状況をものともせず持ちこたえた司令官は最高の称賛を受けた。たとえばテオドール・シェーラー少将は、ホルムの戦いで一九四二年一月から五月の一〇七日間、数で圧倒的に勝るソ連軍に包囲されながらも持ちこたえ、ヒトラーからじきじきに勲章を授けられている。[127] 無謀な戦いで部下を死なせるよりも退却や降伏を選んだ司令官は、罷免《ひめん》されたりドイツ国民を裏切ったと非難されたりした（たとえばエーリヒ・ヘプナーは一九四二年一月、モスクワを目前にしながら、部隊を犬死にさせるよりも後退させる道を選択した。また、陸軍元帥フリードリヒ・パウルスは一九四三年にスターリングラードで降伏した）。

一九四一年にモスクワでのヒトラーの戦術が成功したせいで、これはその後の数年間悪しき前例となり、ドイツ軍部隊は最後のひとりまで踏みとどまり戦うよう何度も繰り返し期待されることになる。この成功に軍司令官ヒトラーは自信を強め、優等人種であるドイツ民族は物量で劣っていても敵に勝てると確信したため、ドイツ国民には格別な「意志」の力と熱狂的で揺るぎない統率力があるのだと決めつけられることになった。

現実はどうかと言えば、一九四一年の対ソ電撃戦が失敗したことにより、ナチの戦争計画は根底から崩れた。ソ連軍は莫大な死傷者を出したかもしれないが、国防軍よりもはるかに容易に兵員を補充できた。国防軍は犠牲者を出し続け、交代が不可能とは言わないまでも、しだいに難しくなりつつあった。一九四一年一一月から四二年四月初めまでの五ヵ月間に、国防軍は交代で得た兵の約二倍の兵を失っている(死傷したり、行方不明になったり、病気になったりした)。

輸送状況は自動車であれ馬であれ、さらに不安定だった。また、軍部隊の戦闘力も、熟練した士官や専門家の不足、さらには兵や馬や資材の疲弊のために衰えていた[128]。ナチ・ドイツは限界に達していた。モスクワを目前にして退却し、世界一豊かな国アメリカに宣戦布告したドイツにとって、さらなる労働力は必須であり、それを手に入れるため、しだいに外国人労働者に目を向けるようになった(これについては後述する)。

## ブラウ作戦の影響

しかしモスクワを目前にしてドイツ軍が危機的状況に陥り、ソ連軍がウクライナでいくらか成功を収めたのち、国防軍は新たな大規模攻撃を開始するのに十分なほど回復した。この攻撃でソ連の新たな地域の占領に成功したため、ナチの戦争が勝利に終わる可能性が再び生じてきた。一九四二年春のクリミアでの苦闘後、ドイツ軍の主力は猛攻に出た。ブラウ(青)作戦である。東部戦線の南部分に集中し、スターリングラード〔現・ヴォルゴグラード〕とコーカサスを狙う作戦で、四二年六月二八日に開始された。前年と同様に国防軍は目覚ましい成功を収め、この地域の大部分を迅速に占領し、七月二四日にはドン川沿いのロストフを攻略し、ひと月も経たないうちにスターリングラードに近いヴォルガ川に到達している。八月二三日には鉤《かぎ》十字の旗が、ヨーロッパの最高峰であるコーカサスのエルブルス山頂に立てられた。しかしドイツ軍が前年同様戦線を拡大しすぎたのに対し、ソ連軍幹部は過去の失敗から学んでいた。流れが変わるのは必至だった。

当時は認識されていなかっただろうが、一九四二年一〇月はナチ・ドイツの戦争における重大な転機となる。戦略の主導権が国防軍から赤軍に移っただけでなく、ヒトラーはドイツ軍が自力では戦争を勝利に導けないという事実に直面していた。ナチ政権は膠着《こうちゃく》状態、あるいは連合軍の崩壊を望んでいただろうが、国防軍にはもはや勝利を実現させることはできなかった。いつ終わるとも知れぬ戦争を続けるだけで精一杯だったのだ。この容赦ない事実が、死傷者という点ではるかに破滅的だったナチ・ドイツの戦争の後半部分を形作っている。現実的にまったく勝利を見込めない防戦一方の状況で、国防軍はさらに二年半戦い続けた。ナチの戦争はかつてないほど過激になり、この時点で、陸軍将校の補充に関する抜本的かつ革命的な制度変更が行われ、社会のあらゆる階級に将校への道が開かれた。ヒトラーは「硬化した国防軍の老いぼれ集団」に復讐し、マクレガー・ノックスが指摘しているように、「プロイセン＝ドイツの将校を、『総統に感化された』国民社会主義者に」取り替えたのである。その結果、戦争と大量殺戮の分野で手腕を発揮する「国民の将校団」ができあがった。[129]

## スターリングラードでの敗北

前線に話を戻すと、大きな軍事的岐路は、ヴォルガ川沿いに一九キロに広がるスターリングラードにあった。スターリングラードでは、八月末および九月にドイツ軍が攻撃を開始してから、一一月二三日にドイツ軍が包囲され、一九四三年一月三一日に最終的にフリードリヒ・パウルス元帥が降伏するまで（スターリングラード北部に孤立していたもうひとつのドイツ軍は二月二日まで持ちこたえた）、五ヵ月以上にわたり激しい攻防戦が繰り広げられた。信じられないほど残酷で血なまぐさいこの戦いは、厳寒のなか市街戦が行われて終わった。

一九二五年にソヴィエトの独裁者にちなんで命名されたこの都市の占領をヒトラーは非常に重視しており、ドイツ第六軍が包囲され、全滅や捕囚を免れるには西への突破しか道がなくなっても退却を許さず、そのときに決断すれば凍え飢えた何万もの負傷者の一部は助かっただろうに、けっして降伏も許さなかった。ヒトラーが以前に（ホルム、デミャンスク、そしてもちろんモスクワで）正当性を証明していた、部隊を踏みとどまらせ最後まで戦わせるという戦術も、今回は悲劇的結末を迎えた。第一次世界大戦の塹壕戦の経験者にして「歴史上もっとも偉大な軍の戦略家」は、スターリングラードで包囲された軍が手遅れにならないうちに街から脱出する許可を与えなかったのである。それにより、この国防軍最悪の敗北において一〇万人を超えるドイツ人兵士の運命が確定した。スターリングラードで包囲されたドイツ第六軍の総勢三〇万の兵士のうち、空軍によって運び出された負傷者は三万人から四万五〇〇〇人で、半分が戦死あるいは凍死し、一〇万人以上がロシア人に降伏している。そのうち捕虜生活を生き延びてドイツに帰国したのはわずか六〇〇〇人ほどにすぎない。[130]

スターリングラードでの降伏は、ドイツ国民の幅広い層から戦争の分岐点とみなされた。[131]しかし敗北のショックにもかかわらず、ナチ政権がその破滅的な進路を見直すには至らなかった。どうしてそんなことができよう。一九四三年一月二四日にカサブランカではチャーチルとローズヴェルトが「無条件降伏」を求めることで合意しており、連合国の方針に妥協の余地はなかったし、そのように進路を見直すことはナチ政権とナチ・イデオロギーの否定につながる。それでもスターリングラードでの敗北をきっかけに政権のプロパガンダは変化し、引き続き人々に戦闘を支援させるための方策がとられた。

スターリングラードからの不快なニュース、慢性的な労働力不足、補塡《ほてん》できそうにない莫大な軍事的損失を背景に、新たなメッセージが生まれ、ナチ・プロパガンダを導いた。これは基本的に防戦のためのメッセージである。すべての資源を結集させることができなければドイツは戦争に負ける可能性があり、それはすなわちロシアに占領され、ドイツ国民がボルシェヴィズムに苦しめられることにつながると叫ばれたのだ。ドイツ労働戦線の娯楽組織「歓喜力行《かんきりっこう》団《だん》」（喜びを通じての力）を皮肉っぽくもじって、この運動は「恐怖を通じての力」と呼ばれた。[132]

## ゲッベルスの「総力戦」演説

ドイツ国民に苦境の深刻さと敗北の恐怖を強調してさらに努力させるため、一九四三年二月一八日にゲッベルスは一大パフォーマンスを行い、この新たなメッセージを誰よりも力強く表現した。ベルリンのナチ党大会で、「スポーツ宮殿」の観客席からアルベルト・シュペーア（武器製造を増加させるための抜本的な対策を要求していた）とともに、「状況の重大性」と「どれほど過酷で深刻であろうとも、目前にある事実を見据える」決意を強調し、「スターリングラードの悲劇的な戦い」に続く、有名な「総力戦」を呼びかけたのである。

国民に向けて放送された演説のなかでゲッベルスは、「われわれが今日想像すらできないほどの、総力を挙げた過激な戦争」、すなわち「総力戦」への賛同を叫ぶよう聴衆に懇願した。[133] 少なくともその後しばらくの間は、国民の反応は圧倒的に前向きになった。二月二二日のSDの報告書によると、「東部戦線の展開、とりわけハリコフからの撤退（二月一六日にソ連軍に奪還されていた）という不安なニュースで再度士気が低下するなか、大衆が待ち望んでいたのは実のところ状況の明確な説明だった」。[134]「いたるところで最大の賛同を得た」のは、演説のそういった部分、とくに総力戦を「もっとも過激な戦争と宣言した部分」だった。

ゲッベルスは一八一三年に対ナポレオン解放戦争でテオドール・ケルナーが発した呼びかけを用いて、「総力戦」の演説を締めくくっている。「今こそ国民が立ち上がり、嵐を巻き起こすのだ！」と。スポーツ宮殿の聴衆は賛同を示した。しかしこれはナチズムが掘った恐ろしい穴からドイツを脱出させるための計画ではなく、今にして思えば、ドイツ国民にもそれはわかっていたはずである。演説の直後ですら、大衆の懸念は相変わらず東部戦線と国防軍が被った莫大な損失、そして近い将来に被りそうな損失とに向けられていた[135]。

数週間もしないうちにゲッベルスの演説の余韻は薄らぎ、懐疑的な見方が強まっていった。SDは一九四三年三月半ばにこう報告している。「表面上変わった様子はほとんどなく、当初（ゲッベルスの演説後）大衆の心をつかんだエネルギーは無関心と懐疑に戻った。スポーツ宮殿でのゲッベルス大臣の大げさな演説によれば、国民の間に嵐が巻き起こるはずだったが、そういった痕跡はない[136]」。戦時の日常生活への不安、戦争による死傷者の増加、爆撃、東部戦線で起こっていることへの恐怖、そしてロシア人がドイツに侵攻したらどうなるかへの恐怖が、国民の意識を支配していた。政権は経済の再生やヴェルサイユ条約の破棄により、そして驚くほど少ない（ドイツの）死傷者で驚くほどの軍事的成功を収めたことにより広範な支持を得ていたが、それも弱まりつつあった。ナチ指導部は国民が「立ち上がる」ことを夢見ていたが、戦争のこの時点で多くの国民が一番関心を寄せていたのは、ただ生き延びることだった。

## 軍事戦略なき「総統国家」

ナチ・ドイツはまだヨーロッパ大陸の大部分を支配してはいたものの、スターリングラードでの敗北と北アフリカでの敗北（ロンメル軍は一〇月末にエル・アラメインから退却し、一一月初旬に連合軍がモロッコとアルジェリアへの上陸に成功していた）により、事実上、軍事戦略なき状況に陥っていた。軍事史家のベルント・ヴェグナーは次のように述べている――「ヒトラーと軍上層部は、総合的な戦略構想もなしに一九四三年に突入した。よって、この年の戦争はそれまでの戦いとは根本から異なるものになる」[137]。

広範囲に及ぶ一九四一年のバルバロッサ作戦はソヴィエト軍の全滅とソ連の崩壊を目的としており、一九四二年の大規模攻撃（何よりもソ連の油田を占領するはずだった）は、戦いに不可欠な資源をソ連から奪取することを目的としていた。それが失敗したうえに北アフリカからも撤退し、西方には連合軍の上陸を想定して多くのドイツ兵を足止めするほかなく、ドイツ軍が今ではほとんど防戦一方にある状況下で、ナチ政権は軍事的にも政治的にも戦略を立てられずにいたのである[138]。軍事力の格差がますます広がりドイツ軍が不利な状態にあることを、陸軍上層部は知っていた。それにもかかわらず、大戦の中期を通して、ドイツの軍事情勢が絶望的だという真剣な議論は一度もなされていない。再びベルント・ヴェグナーの言葉を引用しよう――「いかにも『総統国家』らしく、このときにはもはや主要な戦略の問題が討論される場すらなかったのだ[139]」。英米とは異なり、ドイツでは戦略全般を系統的かつ包括的に評価することはまったくと言っていいほど行われていなかった[140]。

これはたんに組織構造に欠陥があったためではない。イデオロギーに突き動かされ、戦争による無限の領土拡大とヨーロッパ大陸における人種の再構築を目標とした政権には、合理的に戦略を選択しようなどという考えは皆無だった。国防軍作戦部長アルフレート・ヨードルは一一月七日に「戦争の五年目突入に際しての戦略的位置」という内容で政府とナチ指導部を招集しているが、ヨードルが述べた内容は、一九一八年一一月にドイツが「前線ではなく国内で崩壊させられた」という主張や、「闘争の倫理的で道徳的な基盤」への言及にすぎない。ヨードルの次のような発言は、合理的な戦略を考えられなかった、あるいは考える意欲がなかったことや、ナチズムが職業軍人の精神構造にまで浸透していたことの何よりの証拠だ。


この機会に、私は口先ではなく、心の奥底から知らせたい。

総統に対するわれわれの信頼と信念が限りないことを。

われわれにとってもっとも重要な掟《おきて》、もっとも神聖な義務は、最後のひと息まで国民の自由のために戦うことだと。

われわれがあらゆる軟弱で不実なものから解放されたいと願っていることを。

敵に脅威を与えられれば、われわれはかえって不退転の決意を固め、強靭《きょうじん》になることを。

ドイツが倒れたらすべてを一掃してしまうボルシェヴィズムからわれわれを救ってくれる者がほかにいるなどという卑劣な望みに屈しないことを。

故郷《ハイマート》が廃墟《はいきょ》になっても、最後の弾丸まで使って守るということを。奴隷となって生きるよりも、廃墟のなかで生きるほうが千倍もいいからだ。
われわれは勝たねばならないから勝つのだということを。さもなければ歴史はその意味を失うだろう。[141]

しかし、意味を失ったのは世界の歴史ではなく、ドイツ軍のエリートたちだった。彼らは軍人としてのプロ意識から遠ざかり、ナチの人種国家によって堕落したために、合理的な戦略眼を育てる代わりに、「勝たねばならないから勝つ」程度のことしか主張できなくなってしまっている。忘れてならないのは、第一次世界大戦中の一九一八年夏、ドイツ軍が絶望的局面に陥った際に、軍上層部が、そしてのちに「総力戦」を宣伝することになるエーリヒ・ルーデンドルフさえもが、結局は戦争に勝てず停戦を求めざるをえないという事実を直視したことだ。[142] しかし第二次世界大戦でドイツの軍事的局面が絶望的になった際、戦況をそのように合理的に評価する選択肢はなかった。

戦略全般を議論できる場がなかったという事実は、ナチ国家の特徴を反映している。ナチ国家では、組織が淘汰《とうた》され極端な独裁が行われたことにより、方針の調整は図られていなかった。もっと正確に言えば、戦略を立てられなかったこと、そして戦争の最後の数年間、将軍たちが自殺行為とも言うべき戦いに部隊を喜んで送り出したことが、ベルント・ヴェグナーが言うところの、ヒトラーによる漸進的な「軍部の実権掌握」につながった。[143]

この段階的な乗っ取りは、まずはヒトラーの国防軍最高司令官就任から始まり、陸軍総司令官への就任、さらには個々の軍集団の作戦を実際に指揮し、国防軍上層部を私的な職員のように扱うところまで発展し、最後には軍上層部は軍事戦略への責任すら持たされなくなっている。全般的にこの過程は、（多くの将軍が一九三三年に望んでいたような）軍部による政治の支配ではなく、（ナチの）政治による軍部の支配を意味していた。国防軍はヒトラーとナチ・イデオロギーに身を任せ、人種の絶滅戦争に喜んで参加し、道徳的責任と軍事的合理性を放棄したことにより、犯罪的で恐ろしく破壊的かつ絶望的な目的のために戦わざるをえない状況に、最終的に追い込まれることになる。

### ツィタデレ作戦

スターリングラードでの降伏後、国防軍は守勢に転じた。二月八日、ソ連軍はクルスクを占領し、二月一二日にはロストフを奪還、二月一六日にウクライナ第二の都市ハリコフを、三月三日にモスクワの西方一六〇キロにあるルジェフを攻略している。しかしドイツ軍は打ち負かされたわけではない。経験を駆使し、死にもの狂いになって、なんとか大規模な反撃を開始した。これは二月一九日（ゲッベルスが「総力戦」の演説をした翌日）に始まり、三月一七日まで続く。その結果ドイツ軍はどうにかウクライナの前線を安定させ、損失をいくらか取り戻すことができた。何より重要なのは、三月一四日のハリコフ奪還という成功に、ドイツ国民が「第

二次世界大戦の転機」だと期待をこめて飛びついたことである。(144)

今にしてみれば、この時点でナチ・ドイツがもはや戦争に勝つ現実的な望みがないことは明らかだったものの、それでも「野蛮な」敵よりも自分たちが優秀だと信じ込んでいる大衆には、勝利の可能性を信じる根拠がまだあった。国防軍が優秀な軍隊であることに変わりはなかったし、軍の退却が深刻だからといって突然のドイツ軍崩壊につながるわけではない。ドイツ軍は窮地に陥ってさえ効果的な戦いをする能力があると、大衆は信じていたのだ。

国防軍による晩冬の反撃に続き、天候が好転したら第三の大攻撃が開始されるはずだったが、当初春に計画されていたツィタデレ（城塞）作戦を国防軍が開始できたのは夏になってからのことである。これはクルスクに近いオリョール＝ベルゴロドのソ連軍突出部を包囲し壊滅させる計画だった。一九四一年と四二年のソ連に対する大規模攻撃とは異なり、ゲルハルト・ワインバーグの言葉を借りれば、この攻撃の「目的は主導権を握ること、そして打撃を与えるだけでなく戦略的大勝利を収めること」にあった。(145)しかし今回、ソヴィエト軍上層部はドイツの攻撃を予測し、数日で中断させることに成功している。

連合軍がシチリア島に上陸する五日前の七月五日に開始されたツィタデレ作戦は、世界史上最大の戦車戦であるとともに、ドイツが東部戦線で行う最後の大攻撃となった。ドイツ軍は総勢九〇万の兵と二七〇〇両の戦車で、一三〇〇万以上の兵と三四〇〇両以上の戦車を擁するソ連軍に対抗した。しかしソ連軍はドイツ軍に対して十分な備えをしており、ドイツ軍は膨大な犠牲を払って数キロ進むのがやっとだった。[146] ドイツ軍は赤軍に莫大な損害を与えたものの（実際、ドイツ軍の損害よりもずっと大きかった）、七月一三日には攻撃が行きづまり、その後ソ連の作戦成功により西に追いやられている。クルスクでは武器のうえでも策略のうえでも、ドイツ軍よりソ連軍のほうがうわてで、赤軍は「この戦争におけるもっとも重要な一勝をあげた」[147]。もはや国防軍は、一九四一年と一九四二年夏のような、奇襲や戦略的優秀性や優れた訓練によってもたらされる素晴らしい成功を味わうことはできなかった。クルスクの大規模な戦闘開始は、ドイツの敗北を事実上早めた。損失は赤軍のほうがはるかに大きかったものの、兵や物資の補充は国防軍のほうがはるかに困難だったからである。八月二三日にハリコフが再びソ連の手に落ちた。一一月六日にはキエフも奪還される。悪い兆しだった。

## 凶兆を読み取るドイツ国民

しかし誰が凶兆を読み取っていただろう。勝利か破滅かという人種戦争に全力を傾けていたヒトラーは、明らかに気づいていない。ヒトラーは、支配かさもなくば全滅、といった二者択一のレトリックを好み、一九四三年にはナチ・ドイツを遅かれ早かれ破滅に直面する状況へと進めている。しかし、総統とは異なり、ドイツ住民は凶兆を読み取っていた。彼らは戦争の成り行きにしだいにおびえ、悲観的になり、暴力主義的な警察国家に許される範囲内で、政府を批判した。ドイツ国民とナチズムの間には、つねにいくぶんかの相反する感情があった。国民はナチ政権が成就させた多くの物事に賛同し、ナチの「世界観」の少なくとも一部については合意し、ゲッツ・アリーの言う「経済・社会・人種政策を大衆向けに結びつけること」で得られる、再分配を行う平等主義の民族共同体《フォルクスゲマインシャフト》の利点を楽観的に受け入れた(148)。しかしこの是認は日常の事柄と共存するものであり、ヒトラーやヒムラーを虜《とりこ》にし、大量殺戮によってヨーロッパの人種地図を塗り替えるという流れに拍車をかけた恐ろしいヴィジョンとは、ほとんど無関係だった(149)。

ドイツの実業界も、終末論的なナチの狂信よりもむしろ現実に目を向けていた。事業では現実的な問題を処理しなければならないため、ドイツ敗北後の世界を合理的に見据える必要を感じていたのだ。たとえば一九四三年九月にドイツ銀行の監査役会議は、緊急時に備え銀行を分散させる計画を議論している。敗北後に連合軍に占領される可能性を見越してのことだ(150)。戦争も終盤に入ると、ダイムラー＝ベンツの経営陣は未来に目を向け、「終戦直後に向けての全般的な戦略を練ることにしだいに夢中になっていった(151)」。避けられないドイツの軍事的崩壊のあと、生産力を確実に維持するための戦略だ。総統とその支配する帝国は、過激で不合理な人種主義の改革運動と、自殺行為とも言うべき最後の奮闘にますます没頭していたが、国内の多くの人々は、ナチの将来像が終末論的であっても、生き続けていかなければならないことを知っていた。

## 崩壊が進むヨーロッパの「要塞」

国防軍が主導権を握れたのは、一九四四年末のアルデンヌ攻撃（バルジの戦い）は別として、四三年の夏が最後となる。ドイツ軍は今では防戦一方に追い込まれ、東部の前線では、赤軍からの相次ぐ攻撃に直面していた。赤軍は「大いなる愛国戦争」の最初の二年間で失った領土の大部分を奪還することに成功していた。国防軍は断続的だがみごとな戦略的成功も収めて踏みとどまり、一時はソ連軍を撃退することすらできていたが、主導権は今やナチ・ドイツの敵である共産主義者の手に完全に握られていた。

西方では、もはやイギリスに侵攻する望みも断たれ、イギリスは北米軍がやがては英仏海峡を渡って上陸するための巨大基地となっていた。基本的にドイツの戦術は、一九四〇年に征服した領土を手放さず、第二の前線が必然的に開くのを待つというものだった。南方では連合軍がシチリア攻略に向かい、連合軍の軍事的成功を前にイタリア・ファシスト党が分解したため、一九四三年七月の終わりにムッソリーニは退任した。ピエトロ・バドリオ元帥を首相とするローマの新政府は、九月初めに連合軍との秘密休戦条約に調印し、数日後、降伏を公表した。一方、かつての部下に逮捕されていたムッソリーニは九月一二日にドイツ軍に救出され、イタリア北部のサロにファシストの残党で共和国を樹立させた。

海洋では、ドイツ海軍のUボートによって連合軍の補給ラインを遮断するという大望は実現していなかった。空では、連合軍がドイツ占領地域のみならず、ドイツ本国の上空まで制圧していた。ドイツの都市にはいまだかつてないほど多数の連合軍の爆撃機が押し寄せ、ドイツは防空体制により敵の乗組員に多大な死傷者を出すことはできたものの、ドイツ空軍が敵国の都市に向けて出撃できた時代はおおむね終わっていた。

ロシアやフランス、ギリシア、ユーゴスラヴィアのいずれの占領地域でも、ドイツ当局と地元の協力者は、しだいに増大するレジスタンスと破壊工作の問題に直面していた。占領体制の残酷さとドイツの敗色が濃厚になったことで、レジスタンス闘争に参加する人間はいまだかつてないほど増加していたのだ。さらにドイツが一九四四年に占領地を失ったことで、戦争努力に欠かせない原料もまた失われることになった。ルーマニアのプロイエシュティの油田、ロレーヌに貯蔵された鉄鉱石、ベルギーの鉄と製鉄業である。ドイツからしてみれば、ヨーロッパは今では包囲され叩きつぶされた「要塞」と成り果てていた。

### 増大するドイツ軍の死傷者

戦争の最後の二年間にヨーロッパ要塞は少しずつ崩壊が進み、国防軍は連合軍から「無条件降伏」を突きつけられながら、妥協も降伏も考えたがらない政治指導者に対処していたものの、連合軍を食い止めつつ奇跡を望む以外に何も手立てはなかった。いつの間にか陥っていた手に負えない状況にドイツ軍が講じた対処法は、深刻な結果をもたらすだけだった。というのも戦争の最後の二年間で、ドイツ軍は最大数の死傷者を出していたからである。リューディガー・

オーヴァーマンスがまとめた数字によると、ドイツが敗北を回避する現実的な望みは皆無だというのに、三〇〇万を超えるドイツ兵が無駄死にしていた(152)。

ナチ・ドイツの一九四四年の戦いにおいて、国防軍は波に逆らおうと試み、成功する場合もあったが、失敗のほうがはるかに多く、連合軍はドイツ軍を何百キロも押し戻すことに成功した。赤軍は二週間で二七〇キロ以上進んだのち、一九四四年が明けた一月四日に、三九年時点のポーランド国境を越えている。一月末には九〇〇日に及ぶレニングラードの包囲が解除された。ソヴィエト軍は三月一五日には一九四一年六月のバルバロッサ作戦のスタート地点だったブク川に、四月にはルーマニアとスロヴァキアの国境に到達している。

六月六日、長らく待ち望んでいた第二戦線がとうとう開かれた。イギリス、カナダ、合衆国軍がノルマンディーの海岸に上陸したのである。この侵攻から二週間あまりを経た六月二二日(バルバロッサ作戦開始三周年にあたる)、ドイツ中央軍集団に対するソヴィエト軍の大攻撃が七二〇キロにわたる戦線で開始された。七月三日にソヴィエト軍はベラルーシの首都ミンスク、つまりベラルーシの最後に残った被占領地を奪還した。さらに八月初めにはバルト海沿岸からリガ西方とリトアニアの都市カウナスに到達し、国防軍北方軍集団をドイツとバルト諸国をつなぐすべての道路から切り離している。一〇月一三日にリガを失った北方軍集団はクールラント半島に孤立し、海上から補給を受けるほかなくなった。

ルーマニアでは八月末にソヴィエト軍が国境に到達すると政変が起き、ルーマニアは寝返ってドイツに宣戦布告した。西方の連合軍は、七月初めに九〇万以上の兵をフランスに上陸させることに成功した。七月後半にはアヴランシュに到達、八月一七日にはシャルトルとオルレアンを攻略し、八月二三日にはパリを解放している。南フランスでは、八月一五日に連合軍がカンヌとトゥーロンの間に上陸した。さらに一〇月二一日には、数週間の激戦の末、アメリカ軍がアーヘンを占領している。連合軍に陥落したドイツの最初の都市だ。

## ヒトラー暗殺の失敗

ナチ政権は敗北という現実を受け入れず、正反対の行動に出た。現実を直視するという選択肢は、クラウス・フォン・シュタウフェンベルクによるヒトラー暗殺が未遂に終わったことで失われた。彼は一九四四年七月二〇日に東プロイセンのラステンブルクにある独裁者の司令部で暗殺を試みたのだった。前参謀長ルートヴィヒ・ベックも含めた保守的な将校や関係者たちは、迫り来る壊滅的な敗北の予想に深く動揺し、狂信的で妥協を知らない総統と側近を退陣させて和平交渉を行い、破滅的な状況から救えるものを少しでも救おうとした。すなわち、戦って殺して死ぬ以外に何の戦略もなく、大規模で破滅的な最後の戦いで燃え尽きる以外に何の目的もない政権にとって代わり、急速に悪化した戦況を収拾するための戦略を追求することが、一九四四年七月の爆殺計画の目的だったのだ。それは甘い望みだったかもしれないが、一九四四年七月の陰謀失敗は深刻な結果をもたらすことになる。陰謀者たちは一網打尽にされ、裁かれ、殺された。そしてヒトラーが将校団に払っていた敬意の最後のかけらは消え失《う》せ、不信と偏見は最悪なまでに強まった。ヒトラー暗殺失敗によって、ナチ政権の破壊的な急進主義を抑制する可能性は露と消え、比類なき流血がそのあとに続いた。一九四四年七月にヒトラーが命拾いしたせいで、戦争の最後の、もっとも残忍な年に、さらに数百万の人間が事実上命を落とすことになったのである。

　爆殺計画の失敗後、政権と国防軍や将校団との関係も政権そのものも、さらに急進化した。一九四四年七月二三日に伝統的な軍隊式の敬礼が「ナチ式の挨拶」（腕を差し出す）に代わったのはその象徴だ。さらに重要なのは、ラステンブルクの事件が起こる前に軍需大臣アルベルト・シュペーアが要請していた総力戦への移行を、暗殺計画の失敗後、ヒトラーが承認したことである。[153] 七月二五日に二度目の「総力戦」宣言が行われ、ヒトラーは「総力戦の妥当性に関する」布告を発し、ゲッベルスを戦時国家総動員総監に任命した。[154] ゲッベルスは過激な対処計画を立て、仕事に着手した。そのなかには、週四八時間から六〇時間への労働時間の延長、戦争努力とは無関係な大学の閉鎖、展覧会の禁止、バーデン＝バーデンやツォポット（ダンツィヒ近郊）、バーデン（ウィーン近郊）のカジノ閉鎖、特別な許可なしに一〇〇キロ以上の旅行をすることの禁止などが含まれている。[155] 短期間にしろ、ゲッベルスの努力はドイツ国民に「大いなる期待」を呼び起こしたかもしれないが、当然のことながら戦局を変える結果にはなりえない。[156] バーデン＝バーデンのカジノが閉鎖されようがされまいが、ドイツは敗北する運命にあった。

まだナチの掌中にある人々の命（と死）にとって重要だったのは、ゲッベルスの責任の拡大よりも、むしろハインリヒ・ヒムラーが掌握した権力のほうである。ヒムラーは一九四四年七月に国内予備軍司令官に任じられただけでなく、九月には戦争捕虜の監督も任された。かつては国防軍が保有していた重要な領域の指揮権が与えられたことになる。[157] さらに一九四四年末には、武装SSの（一九四一年六月末には約一五万人だった）兵約五九万人を指揮下に置くことになった。[158] 一九四四年一一月末に、ヒトラーはさらにヒムラーを上ラインのドイツ軍の指揮官に任じている。これはアメリカ軍がドイツに接近した際、前線となった場所だ。[159] 敗北に向かいつつあるドイツで、戦いの指揮を執る責任は、国防軍からしだいにナチズムのもっとも急進的な人々の手に移っていった。

## 一九四四年の状況

ナチ政権が急進主義、人種差別、そして死に彩られた道を相変わらず歩み続けたことは、ふたつの重要な状況が示している。第一は、敗北を目前にしたナチが、東方の大量殺戮の現場にソヴィエト軍が接近しつつあるというのに、ユダヤ人を虐殺し続けた点だ（赤軍は一九四四年七月二四日にルブリン近くのマイダネク絶滅収容所を解放している）。それどころか、手遅れにならないうちに仕事を終わらせようと切迫していた様子すら見受けられる。

一九四四年五月初め、アイヒマンとそのスタッフは約七五万人にのぼるハンガリー・ユダヤ人をアウシュヴィッツへの死出の旅に送った。ヨーロッパに残っていた最後の大きなユダヤ人集団である。六月の終わりまでにその半数が殺され、一時中断したのち、秋まで移送は続けられた。[160]同時期の一九四四年八月六日、ウーチの最後のゲットーが解体され、残っていた六万人の住民が、やはりアウシュヴィッツのガス室に送られている（ゲットーの多くはすでに一九四三年夏にヒムラーの命令で解体されていた）。敗北がナチ政権の目前に現実として迫っているというのに、大量殺戮によってヨーロッパの人種構成を再編するという企てに彼らは固執していた。

第二は、連合軍がノルマンディーに上陸した一九四四年夏に、ドイツの死傷者がスターリングラードでの犠牲者どころではない未曽有《みぞう》の規模に達した点だ。一九四四年七月と八月は国防軍にとってもっとも多くの血が流された月となる。ドイツ側の犠牲者数は、七月に二一万五〇〇〇人以上、八月にほぼ三五万人にのぼった。[161]敗北は避けられないというのに、ナチ政権は数十万の兵を取り憑《つ》かれたかのごとく死に向かわせた。

一九四四年九月、ヒムラーは集まったさまざまな軍管区司令官を前にして、一九二八年生まれの者（次の一月から入隊が期待される者たち）だけでなく一九二九年生まれの者たちも徴兵する考えを述べている。「若者たちの命を助けて八〇〇〇万から九〇〇〇万の国民が全滅するよりも、若者たちが戦死して国民が助かるほうがいい」[162]。その後まもなく、政権はヒトラーの命令で一種の国民皆兵を求める。対ナポレオン解放戦争（一八一三年）の記念日である一九四四年一〇月一八日に、国民突撃隊の結成を発表したのだ。[163] おそらく一八一三年の国民軍の精神を形にしたのであろう国民突撃隊に、一六歳から六〇歳までの武器を扱えるすべての男たちが送り込まれた。ドイツ国民の「自由」を放棄するよりも死ぬことを選ぶ、「数百万人からなる理想主義者の軍」である。[164] 装備が不足した国民突撃隊の軍事的価値は事実上ゼロに等しかったが、それでもヒトラーはティーンエイジャーや老人を召集し続け、戦わせて犬死にさせた。合理的な戦略や政策の代わりにナチズムが最後に差し出せるものは、流血と破壊と死という破滅的な未来しかなかったのである。

## 国家工場ヘルマン・ゲーリング主導による経済

戦争がナチ政権に不利になっても、さすがに経済の分野では合理的な計画を軽視することはできない。ナチ指導部がいかなる幻想を抱いていようとも、逆境を乗り越えるのに必要な熱意をどのようなプロパガンダで煽ろうとも、武器、車両、燃料、食糧、軍服、弾薬の供給は、製造と配給を行う有能な組織に依存していた。ドイツの軍事的努力が増大しているときも減少しているときも、軍隊は戦い続けるための必需品を得るのに、ドイツ経済とヨーロッパのドイツ占領地経済の生産力に依存していた。だからといって、ナチ経済が利潤動機に駆り立てられた合理的な資本主義経済だったわけではない。もちろん、大西洋からウクライナの大草原地帯にいたる占領地域の略奪品や強制労働による搾取など、戦争経済によって得られる金品は大量にあった。ナチの独裁者が忠実な召使たちに提供した莫大な汚職の機会は言うまでもない[165]。

しかし、かつてよく言われていたように、ナチズムの根底にある論理が放逸な資本主義的搾取だった、あるいはナチ指導部の目的が戦争と略奪を通して莫大な利益を上げる機会を資本家に提供することにあったと結論づけるのは誤りだろう。ドイツの会議室では、商業的な戦時利得に良心の呵責をおぼえることはほとんどなかったものの、ナチ政権は大企業の操り人形ではなかった。戦争に必要な資源の国家管理を引き受け、ユダヤ人の財産を没収して莫大な利益を手に入れ、大量の外国人労働者と戦争捕虜の労働力を利用し、ドイツが支配するヨーロッパで最大の企業となり、占領下の大陸全域でナチ・ドイツの産業拡大の先頭に立ったのは、民間企業ではなく、四ヵ年計画と国家工場ヘルマン・ゲーリングである[166]。

ナチの計画は戦争と大量殺戮によるヨーロッパの再編を目的としており、ドイツの資本主義の保護を目的としているわけではなかった。マイケル・サード・アレンがSSの企業帝国と強制労働による搾取に関する最近の研究で述べているように、目的はかならずしも利益を上げることではない。SSは愚かないわゆる自由資本主義を拒否し、「近代性の基盤は多産主義と人種の優位性にあるとみなしていた[167]」。ナチズムの通貨はお金ではなく、人種主義の暴力だったと言えよう。

ナチの戦争経済の機構と方向はふたつのきわめて独特な様相に分かれるが、これはドイツの戦争の成り行きにおおむね似ている。変化が起こったのは、国防軍がモスクワを目前に退却し、ヒトラーが合衆国に宣戦布告し、ヨーロッパの戦争を世界規模に拡大したあとの一九四二年のことだ。この年の二月、ラステンブルクの総統大本営近くで飛行機事故により亡くなったフリッツ・トートに代わり、ヒトラーはお気に入りの建築家アルベルト・シュペーアを軍需相に任命している。シュペーアは武器製造における急進的な機構改革をすぐさま実行したわけではないものの、ヒトラーと特別近しい関係にあったことや過去の業績に対する責任がなかったことから堅固な地位の構築に成功し、これにより軍需省はゲーリングの四ヵ年計画と、ゲオルク・トーマスが官僚として軍需生産の責任者を務めていた国防経済軍備局を迅速に排除することができた。(168) シュペーアは工業と緊密に連携して軍需生産組織に対する軍部の干渉を最低限に抑え、民需品を軍需品にさらに転換させるのではなく、集中化と効率性の追求によって増産を成功させようとした。

### 軍需産業における「生産の奇跡」

一九三九年から四一年は電撃戦、つまり大量の軍備を必要としない短期の戦略に基づいた限定的な戦争経済の時期であって、そのあとに四二年から四五年の総力戦の経済が続いたと考えられがちだが、この区分を疑うべき理由は十分にある。たしかにドイツの軍需品製造は一九四一年から四四年にかけて、連合軍の爆撃がしだいに激化していたにもかかわらず、三倍に増加している。また、ナチ政権は一九一八年の革命の二の舞を恐れ、ドイツの一般市民に極度の経済的負担を強いることに乗り気ではなかった。それでも、戦争の最初の数年間の不調な生産統計は、努力不足によるところが大きい。

戦争の最初の三年間、ドイツ経済が軍備に集中していた様子は多方面から窺い知ることができる。一九三九年から四二年にかけてひとりあたりの消費支出は急落しており、同時期のイギリスに比べてかなり深刻だった[169]。戦時のドイツでは、政府に奨励されて貯蓄率が大きく上昇し、一九三九年から四一年にかけて貯蓄銀行における預金高は五倍以上に伸びている。この推移は市民の消費が制限されていたことの表れであり、これにより、戦争努力にさらなる資金がうまく流れた[170]。すでに高かった課税水準は一九三九年から四一年にかけてさらに大きく引き上げられた。ナチ・ドイツの戦争の大半は借金で賄われており、ヒトラーは増税を望まない様子を財務相に繰り返し示していたものの[171]、中央政府の税収は一九四一年には三八年に比べ七〇パーセント以上増加している（所得税と事業税からの収入は二倍以上[172]）。

ドイツ政府による一九三九年から四〇年の軍事支出は、（すでに高かった）前年の倍以上になり、四一年から四二年には再び倍近くに伸びた[173]。一九四一年にはドイツで生産された非食品類の約五〇パーセントを軍隊が要求している[174]。要するにこれは、ドイツ経済が世界戦争を遂行するために驚異的な軍事化を進めていることを意味した。

問題は、ドイツ経済の軍事化がうまく管理されていなかったことだ。そこにアルベルト・シュペーアが登場した。リチャード・オウヴァリーは「シュペーアが一九四四年までに戦時生産の増加に大成功を収めたのは、民間の資源を戦争努力にさらに転換した結果ではなく、すでに転換されていた資源をより合理的に利用した結果だ」と述べている。(175) シュペーアは一致協力の流れを監督して生産を合理化し、コストと労働投入量を削減し、生産効率を上げ、管理を改善して原材料の使用と工場設備と労働者の管理を徹底し、製造する武器の型を統一し、新たな生産方法を採用し、ドイツの工業全体で規格化を進めた。(176)

一九四二年初頭にシュペーアが軍需相に就任した際、生産の合理化への動きはすでに進行中だったが、目標を果たすにあたり、彼には大きな利点があった。ヒトラーの支援である。その結果、ドイツは資源をより効果的に利用し、国防軍を経済的な意思決定にかかわらせないことによって、軍需産業に「生産の奇跡」を起こすことに成功した。連合軍の爆撃で妨害されたにもかかわらず、ドイツは一九四四年に四一年の二倍の小銃、三倍以上の手榴弾《しゅりゅうだん》、七倍以上の榴弾砲《りゅうだんほう》、三倍以上の航空機を製造している。(177) ドイツに最後の最後まで戦い続けるための武器があり、戦争の最後の二年間に数百万の命を失う結果になったのは、アルベルト・シュペーアに負うところがかなり大きい。

## 人種戦争と搾取の経済

ナチの戦争経済は単なる戦時経済ではない。人種戦争と搾取の経済だったと言える。ドイツ国内、それからヨーロッパ全域のユダヤ人の資産を手始めに、被占領民の経済的資産は略奪された。ユダヤ人が所有していた銀行は最終的にドイツの銀行の手中に収まった[178]。ユダヤ人が所有していた工場や商店は、他人を犠牲にして私腹を肥やすドイツ人に奪われた。そして死に追いやられたユダヤ人が残した私財を、何万ものドイツ人が戦時の競売で獲得した。ハンブルクにおける「アーリア化」の研究者フランク・バヨールは、一九四一年二月から四五年四月まで、ユダヤ人から盗んだ財産が競売にかけられない日はほとんどなかったと述べている[179]。ナチ政権は占領した国の経済資源を系統的に搾取し、それが被占領民にとって何を意味するかにはほとんど頓着していない。

ヨーロッパじゅうの被占領地の生産力はナチの戦争機構に利用され、農産物はドイツの消費者が食糧不足にならないよう持ち去られた。たとえ東欧の数百万の人々が餓死することになっても関係なかったのだ。一九四一年一一月七日、八日に開かれたドイツの戦争経済向上のための会議において、ゲーリングは、多数の壮健なロシア人労働者をドイツに連行して働かせるとともにソ連の占領地からドイツに食糧を運べば、ドイツ占領下の人々への食糧供給は破滅的に悪化し、「三〇年戦争以来最大の死者が出るだろう」と述べている[180]。だがそれは大したことではない。すでに一一月四日には、ソヴィエトの占領地への毎日の食糧供給が、「役立つ」仕事に従事している者には約一二〇〇カロリー、ドイツに有益とみなされる方法で働いていない者には約八五〇カロリーと定められていた。一四歳未満の子供とユダヤ人は一日にわずか四二〇カロリーしか割り当てられていない[181]。これはまさしく、ドイツ人に十分な食糧を与えるために被占領民を餓死させる措置だった。

### 外国人労働者からの搾取

戦争経済の必要性、社会の軍事化、人種主義国家の構築は、外国人労働者の搾取という点で非常に明確に重なり合った。戦争勃発前にドイツ人が直面していた深刻な労働力不足は、戦時の兵器増産や数百万人の徴兵によりさらに悪化した。一九四四年末には、一八歳から三八歳までのドイツ人男性（すなわち一九〇六年から二六年までに生まれた者）一二八八万九〇〇〇人のうち、一〇六二万七〇〇〇人、つまり八〇パーセント以上が兵役に就いている。[182] しかし、女性の就業率が戦争中に約五〇パーセントにまで伸びたイギリスや合衆国とは大きく異なり、ナチ・ドイツの女性の就業率は一九三九年から四四年にかけてわずかに上昇したにすぎない。[183] ナチ政権は数百万の外国人労働者を雇うという不可能な策を企てた。ドイツ軍が占領した国々で募集したり徴用したりした労働者、戦争捕虜、ＳＳの強制収容所の囚人を働かせようとしたのである。

占領地域での労働者の徴募はポーランド侵攻から数日内に始まり、ソ連での迅速な勝利に失敗したのち加速した。ドイツの労働力がしだいに軍隊に流れたからである。すでに一九四一年九月には、約三五〇万の（戦争捕虜も含む）外国人労働者がドイツで働いており、一二月にモスクワから後退したのち、労働力危機はほとんどソ連の労働力を搾取することによって乗り越えられた。ソ連の占領地から労働力を得るのには最初から武力が使われた。ソ連侵攻から数ヵ月と経たないうちに国防軍は占領軍のために働くソヴィエト市民を集め、一九四一年一二月一九日に東部占領地省は、「東部占領地域の住民は、すべて公的義務のもと、その能力に応じて働くことになる」と布告している。こうして強制労働のための法的基盤が整えられた。[184]

地元当局は「徴募作戦」を展開してプロパガンダ、金銭による勧誘、労働者の割り当てを実施し、一九四二年末までにソヴィエトの労働者一〇〇万人以上をドイツに運んだ。一九四二年一一月の時点でドイツには四六六万人の外国人労働者がいたが、増加分はほとんどがソ連から徴用された者たちで、ドイツは四三年から四四年にかけて多数の外国人労働者を補充し続けている。一九四四年のピーク時には、大ドイツ（占領地域も含めたドイツ）の労働人口の約四分の一が外国人だった。一九四四年八月には、七六五万一九七〇人の外国人（五七二万一八八三人の民間人労働者と一九三万八七人の戦争捕虜）がドイツ経済における労働者として登録された。これは大ドイツで雇われていた二八八五万三七九四人の二六・五パーセントにあたる。[185]

ドイツの農業における被雇用者の約半数（五九一万九七六一人のうちの二七四万七二三八人、あるいは四六・四パーセント）、鉱山労働者の三分の一以上（一二八万九八三四人のうちの四三万三七九〇人）、建設労働者の約三分の一（一四四万七六九人のうちの四七万八〇五七人）が外国人だった。国別に見るともっとも多かったのはソ連（六三万一五五九人の戦争捕虜を含む二一二万六七五三人）、次いでポーランド（二万八三一六人の戦争捕虜を含む一六八万八〇八〇人）、フランス（五九万九九六七人の捕虜を含む一二五万四七四九人）である。

一九四四年八月に登録されている全民間労働者五七二万一八八三人の約三分の一（一九二万四九一二人）は女性だった。一般的に、ナチの人種ヒエラルキーにおける民族集団の地位が低いほど、ドイツにおける外国人労働者に占める女性の割合が高くなった（ソ連から徴用された民間労働者は半分以上が女性だった）。

### 外国人労働者に対する人種差別

数百万の外国人労働者の存在により、ドイツ人は国内で働く原始的と言われる人々への恐怖心を募らせた。たとえば一九四二年九月に、ノルトハウゼン（チューリンゲン）の州検事正は、「ロシア人が野放しにされ」「もっとも憂慮すべき暴力沙汰」を起こすことについて、いらだちを示している。彼はこう結論づけた。

ロシア人はドイツ人とはまったく考え方が異なり、文化的レベルもずっと低く、われわれの基準にのっとって判断することはできない。すなわち、ドイツの法律をあてはめたり判決を下したりすることができないのだ。たとえばロシア人を、作物泥棒、食料泥棒、浮浪や契約違反の罪でドイツ人と同じ刑に処することは不合理だし、この危険極まりないごろつきを排除するにはふさわしくないだろう。彼らはまさに社会の邪魔者となっているのだ。ゆえに州警察がこういった事件を鎮圧し、ロシア人を「一掃しようと」することは理解できる。[186]

ドイツ人は外国人労働者が何かしでかさないかと恐れ、「まったく考え方が違う」と思い込んで外国人による「災厄」を案じ、厳しい警察の取り締まりを当然のごとく正当化した。人種主義政策は人種主義者の思い込みを煽り、それがまた政策に反映された。

性的な問題についても同様である。ヒムラーをはじめとするドイツの支配者たちは、大勢の外国人の存在が人種の境界を越えた性的関係につながるのではないかと危惧していた。ドイツ人女性の品格とドイツ民族の純粋性を維持したいという願望は、戦争中にドイツに連行された数百万のいわゆる「けだものなみの」性欲を持つ外国人の男たちへの懸念と結びついた。罪を犯した者には厳しい罰が科せられた。

戦争中にドイツ人女性と性的関係を結んだポーランド人男性やロシア人男性は処刑された（絞首刑を公開し、仲間の外国人労働者に無理やり見せることもあった）。一九四四年には一日にふたりもしくは三人のソヴィエト人労働者が、法に反しドイツ人女性と親密に接触したかどで処刑判決を受けている。戦争中、禁じられていた関係を結んだせいで強制収容所に送られたドイツ人女性は、年間一万人にのぼった。[187] 外国人労働者の性的欲求を満たすために外国人娼婦《しょうふ》があてがわれ、多数の外国人労働者が集まる場所ではかならずそういった措置をとるようヒトラーが要求したため、ヒムラーは戦争勃発から数週間と経たないうちに準備を開始している。[188]

ドイツ全域に外国人労働者がいることで、人種差別は日常茶飯事になった。はるか東方で行われていたユダヤ人の殺害や東欧占領地の数百万の人々の殺害ではなく、ドイツのほとんどどこにでもいる外国人労働者の存在が、毎日の営みを通して人種主義のイデオロギーを強固なものにした。外国人労働者は隷属的地位に置かれ、一般的にドイツ人が嫌がるつらくて汚い仕事をさせられる。住居や衣服も満足に与えられない場合が多く、ドイツ人と外国人労働者との個人的な接触や友人関係は（珍しくはなかったものの）、表向き、とくに警察の厳格な基準では認められない。そして数百万の搾取された外国人労働者は、ナチ体制が崩壊したらどうなるか、という潜在的恐怖をドイツ人につねに抱かせていた。ドイツ人は、自分の利益になる場合には、ナチ国家に強要された人種のヒエラルキーを受け入れるようになった。偏見と便宜主義と貪欲さと恐怖を通してナチ政権とつながっていたのである。

## SS強制収容所

外国人労働者に対するもっとも悪質な搾取は、奴隷労働の帝国とも言うべきSS強制収容所で行われ、人々は文字どおり死ぬまで働かされた。ナチの強制収容所のなかで最悪だったのは、おそらくミッテルバウ＝ドーラ強制収容所である。一九四三年にチューリンゲンの都市ノルトハウゼン（蒸留酒の製造でも名高い）近くに開設されたこの収容所には、巨大なトンネルからなる大工場があった。トンネルは一九三〇年代にドイツの戦略的石油備蓄のために掘られたもので、チューリンゲンの丘陵地の下を一八キロにわたって伸びている。ミッテルバウ＝ドーラでは兵器が製造され、戦争の最後の年にロンドンに投下されたV2ロケットの組み立てで名高い（ただし、ロケット専用工場だったわけではない）[189]。労働環境は劣悪だった。囚人たちは働くのも眠るのも寒くて湿度の高いトンネル内で、またたくまに肺感染症の餌食になった。健康体で収容された者でも数週間生き延びられれば幸運だった。

他の強制収容所と同様に、ミッテルバウ＝ドーラにも人種ヒエラルキーがあり、ユダヤ人が底辺でとくに過酷な扱いを受けていた。しかし意外に思われるかもしれないが、とりわけたいへんだったのはイタリア人である。一九四三年七月のムッソリーニの失脚後、数百人のイタリア人が収容所に入れられていた[190]。イタリア人に対する厳しい扱いは、ナチの戦争を興味深いものにしている。

ムッソリーニ政府の崩壊後、枢軸側で戦い続けることを拒否した約六〇万のイタリア人部隊はドイツに移送され、ソヴィエトの労働者と同じ過酷な状況で働かされた[191]。このイタリア人戦争捕虜も、劣等人間とみなされたのである。かつてのファシストの戦友に対し多くのドイツ人が長い間抱えていた偏見が、このときになってあからさまに示されたということだろう。さらに、戦争の最後の二年間に、国防軍は占領し続けていたイタリア北部での一連の大虐殺にかかわっている。この虐殺により、九〇〇〇人以上のイタリア市民（一四歳未満の子供、少なくとも五八〇人を含む）と一万一〇〇〇人の兵士の命が奪われた[192]。不実な同盟者だったイタリア人に対する復讐願望が偏見と結びついて、破壊的な人種ヒエラルキーにおけるイタリア人の位置づけが決まったのだと言えよう。[193]

## 都市爆撃

ナチ政権が放った恐怖は、戦争の初期の段階ではドイツ市民の日常生活にさほど影響したわけではない。「ユダヤ人の血」に汚されていたり、身体に障害があって「生きる価値がない」とみなされていたり、政敵に属していたり、常習犯に分類されていたり、監獄や強制収容所に囚《とら》われていたりしなければ、ドイツ市民は当初ほとんど影響を受けなかった。たしかに税金が引き上げられ、男たちが動員され、諸外国が占領され（軍服で旅する機会が与えられ、これにより占領者として着任した兵士は人種主義のイデオロギーが真実だと確信した）、現地人が虐殺された。しかし一九四一年の後半まで、ほとんどのドイツ人は政権が着手した戦争による痛手を負っていない。軍の死傷者はまだ比較的少なく、生活水準もまだそれほど悪化しておらず、ドイツの都市や街はまだワルシャワやロッテルダムやコヴェントリーのように爆撃されてはいなかった。

しかし、戦争の後半になると状況は劇的に変わる。戦争の暴力がとくに爆撃という形をとり、すさまじい勢いでドイツに来襲したのだ。第二次世界大戦において、都市の爆撃ほどドイツ人に深く長びく傷を負わせたものはほとんどない。数十万のドイツ人が殺され、数百万人が家を失い、数百万人が危険な都市の中心部から安全な田舎へと疎開したり避難したりした。[194] 物理的環境や育った建物や都会の風景が粉砕された影響は長く残った。数百万のドイツ人が生活の拠点を失い、後述するように、一九四五年に瓦礫《がれき》のなかから現れたドイツ人は、強い被害者意識を抱えることになる[195]。

戦争の最初の二年間は比較的小規模だった空襲だが、一九四二年春には連合軍によるドイツの都市への爆撃が本格的に開始された。三月二八日から二九日にかけての夜間、RAF（イギリス空軍）二三四機によるリューベックの「地域爆撃」が行われたのだ。イギリス正史の言葉を借りれば、「空からの戦略的攻撃」であるリューベック空襲の「傑出した成功」は、「集中的な放火という戦術で何ができるかを納得のいく形で証明してみせた[196]」。その夜リューベックに投下された五〇〇トンの爆弾は、ほんの始まりにすぎない。

ひと月後の四月二三日から二七日にはロストックが標的となった。イギリス空軍爆撃司令部は一九四二年五月三一日にはケルンに最初の「千機爆撃」を行い、ケルンの街に襲来した一一三〇機が九〇分間にわたり一五〇〇トンの爆弾を投下している。一九四三年にはアメリカ空軍が加わり、一月二七日にヴィルヘルムスハーフェンを爆撃した。一九四三年の春と夏にルール工業地帯の都市は繰り返し爆撃され、その後七月末から八月初めにかけて行われたゴモラ作戦は、「地域爆撃」で達成しうるもっとも恐ろしい例となった。ハンブルク空襲である。七月二四日から八月三日にかけて、「世界への玄関口」であるドイツ一の港湾都市に爆撃機が四回にわたって襲来し、さまざまな爆発物と焼夷弾《しょういだん》を投下した。七月二八日にははじめて人為的な火災旋風が発生している。強い気流は人や瓦礫を巻き込み、その中心温度は一〇〇〇度に達した。少なくとも三万人が亡くなり、約一〇〇万人が街から避難した。ハンブルクの住居の約半数が破壊され、さらに三〇パーセントが甚大な被害を受けている。[197]

### バトル・オブ・ベルリン

続く数ヵ月の間にドイツ西部および中央部の都市がつぎつぎと爆撃され、一九四三年一一月にはバトル・オブ・ベルリンが始まった。一九四四年に前線はドイツに近づき、連合軍の爆撃機はますます多くの都市に容易に襲来できるようになったが、ドイツは新たな戦闘機用の航空燃料を十分に作ることができなかったため、爆撃作戦はさらに激化した。[198]一九四五年の最初の数ヵ月に空爆はピークに達し、トン単位で爆弾が投下され、一月にマグデブルク、二月にドレスデン、三月にスヴィーネミュンデとヴュルツブルクが破壊された。[199]

この作戦が終了する頃には、ドイツの都市はほとんどが瓦礫の山と化した。ケルンは戦争中二六二回爆撃の標的となり、この街の二五万二〇〇〇軒の住居のうち二〇万三八〇軒が破壊されている。開戦時には七六万八〇〇〇人いたケルンの住民のうち、終戦時に瓦礫のなかで暮らしていたのはわずか一〇万人ほどにすぎない。[200]ハンブルクでは、一九三九年に建っていた五五万二四八四軒の住居のうち、一九四五年に残ったのは半分以下の二六万六五九二軒のみだった。ベルリンでは、この都市の戦前にあった住宅一五〇万二三八三軒のうち五五万六〇〇〇軒が破

1943年12月、ベルリン。連合軍の爆撃の犠牲者が、クリスマスツリーの飾られたホールで身元確認のために並べられている。

壊されている。比較的小規模な都市のなかには、破壊率のもっと高い街もある。ハーナウ（フランクフルト・アム・マインの近く）は住宅の八八・六パーセントを失ったし、パーダーボルンでは全住宅の九五・六パーセントが破壊された。終戦時のデューレン（アーヘンの近く）の破壊率はほとんど想像もつかない九九・二パーセントである[201]。

爆弾は政権の支持者にも政敵にも、老人にも若者にも、ドイツ人にもドイツの都市に囚われていた外国人にも、平等に降り注いだ。一九四五年四月三日と四日に、チューリンゲンの都市ノルトハウゼンが爆撃され、当時過密状態にあったこの都市の人口六万五〇〇〇人のうち、約八〇〇〇人が殺された。そのなかにはバラックに住んでいた強制収容所の囚人一三〇〇人も含まれている[202]。ドイツでは爆撃によって総計約五〇万人が殺された。約六〇万人に達するという説もある。そして八〇万人以上が負傷した。爆撃が凶暴さをきわめた戦争の最後の四ヵ月だけで、少なくとも一三万人が命を落としている。[203]

## 破壊された社会と共同体

絶え間ない動員、警察の恐怖、物理的・社会的流動性、軍事化、占領、略奪、そして人種ヒエラルキーによって人々の生活に革命的な変化をもたらしたのがナチズムなら、ドイツ人が大切にしていた秩序と安全を何よりも破壊したのは爆撃だった。爆撃は人々を無気力にしただけではない。ニュルンベルクでの爆撃の効果についてニール・グレゴールが論じた内容にも大いに関係している。彼は「これをプロセスのひとつとして社会が崩壊していった。なかでも際立っているのは、地方の共同体、家族、そして個人のレベルにまで、どんどん崩壊する範囲が縮小していった点だ」と述べているのだ。[204] 社会組織、社会的ネットワーク、そして社会的連帯は、ベルント・ルージネックが終戦の年のケルン史のなかで語った言葉を借りれば、「社会的領域がしだいに混沌としていくなかで」砕け散った。[205]

物理的環境とともに社会と共同体が破壊され、都市や街が大小さまざまな犯罪行為に悩まされ人間の苦悩への関心がどんどん薄れていくなか、人々は自分のことだけで精一杯になっていった。ある観察者は一九四四年三月に、空襲で焼け出されたベルリン市民が、数が増加するにつれ冷淡に扱われていることに触れ、「今ではもっと冷たい風が吹いている」と記している。[206]

おそらくもっとも不穏なことと言えば、第三帝国が滅亡した際に、死体を目にすることが日常茶飯事になった点だろう。何千人もの死体の処分は、当局にとって非常に難しい問題だった。都市ではインフラがほとんど破壊されていたからだ。たとえば一九四四年一二月四日のハイルブロン大空襲では、七万発以上の焼夷弾が投下され、街の建物の三分の一以上が破壊され、さらに四分の一がひどく損傷し、住民約六万人のうち約六五〇〇人が死亡している。爆撃後の数日間、警察官、兵士、労働者たちが街を回り、建物の下から死体を運び出し、埋めた。(207) こういった経験は生き残った者たち、とくに戦中に子供時代を過ごし戦後の東西ドイツで成人した者たちのその後の人生に、終生つきまとうことになる。一九四五年一月一六日のマグデブルク大空襲を生き延びたある男性は、七歳で祖母が生きながら焼かれるのを見た。彼は約五〇年後にこう述べている――「この恐ろしい経験は、永遠に私たちの心に焼きつきました。そこから立ち直ることはけっしてできないでしょう(208)」。

## 「終了計画」なき戦争

爆撃作戦は、戦争を終わらせることがドイツ国民の苦しみを止める唯一の方法だという数あるサインのひとつだった。しかしナチ政権には相変わらず平和を求める気などなかった。実際、ドイツが快進撃を続けフランスを敗北させたあとですら、戦争をどう終結させるかについての真面目《まじめ》な議論は行われていない。ナチ・ドイツには戦争の「終了計画」はなかったのだ。ドイツの対外政策はお粗末なもので、同盟国を敗北の道連れにするというのが基本姿勢だった。ドイツの軍事戦略もまたしかりで、大量の血を流しながら避けられない崩壊を避けようとすることの繰り返しである。そしてその間ずっと、恐ろしい集団殺戮の機構は動き続けた。一九四四年にはハンガリー・ユダヤ人を移送・殺害し、終戦の数ヵ月あるいは数週間前にはユダヤ人や他の囚人に死の行進をさせている。

結局、ナチ・ドイツは非常に驚くべきことを成し遂げた。完全なる敗北である。工業先進国が最後の最後まで戦い、攻守ともに数十万人の死傷者を出した市街戦の末、敵軍部隊が政府所在地を制圧してようやく降伏したというのは現代史上はじめてのことだった。天皇のいる日本ですら最後まで抵抗を続けず、広島と長崎への原爆投下後、やむをえず事態を受け入れる道を選んだ。しかしドイツ軍部隊は、ソ連軍がドイツの首相官邸の庭まで近づいても戦い続けた。

政権の役人の多くは一九一八年一一月の亡霊に取り憑かれていたため、ドイツが最後の最後まで戦ったことに驚いた。大衆の士気に対する当局の懸念は、ウィーンのNSDAP宣伝部長だったエドゥアルト・フラウエンフェルトの一九四四年九月の発言に如実に示されている。フラウエンフェルトは「われわれがまだ戦争に勝てるという望みはゼロになった」と述べ、「その結果、一九一八年一一月の状況が繰り返される恐れが差し迫っている」と警告している。「失望」と、戦い続けようという呼びかけに対する「完全な無関心」が高まり、「悲観的な希望」(「ああ、もし戦争に負けても、そんなにひどいことにはならないだろう!」)が広まっていたのだ。[209]

しかし亡霊は姿を現さなかった。一九一八年一一月にドイツとオーストリアで起こったことは、第三帝国の終焉には繰り返されなかった。ナチ指導部は第一次世界大戦を終わらせた軍の崩壊と政治革命が頭から離れず、恐怖を感じていたのだが。[210]一九四五年三月の終わりにベルリンの防空壕である人物がつぶやいたように、明らかに多くのドイツ人は、「ドイツ兵が一九一八年と同じくらい利口だったら、戦争はとっくに終わっていただろう」と感じるようになっていた。[211]しかし一九四五年にドイツ人が経験したのは、第一次世界大戦で行われたようなドイツ兵の大量脱走でも、一九一八年の政治革命で頂点に達した国内の混乱でもない。過酷な「最後の奮闘」の間に起きた経済的・軍事的崩壊だった。そのなかでは一致団結した行動をとることなど不可能で、ほとんどの人々は自分が生き延びることしか考えていなかった。

## 一九四五年、激しさを増す都市爆撃

一九四五年初頭、生き残れる見込みはますます薄くなった。ドイツの都市や街への爆撃が激しさを増すばかりか、東西からの連合軍の熾烈《しれつ》な攻撃はドイツ領内に地上戦をもたらした。西方では国防軍のアルデンヌ攻撃の失敗後、一月三日に連合軍が反撃に出た。東方では一月一二日にソ連軍が大攻撃を開始し、三週間もかけずにヴィスワ川からオーデル川へと進軍し、数百万のドイツ兵を西へと敗走させた。その結果生じた途方もない数の死傷者を考えれば、一九四五年一月のドイツは、世界でも未曽有の殺害の狂乱状態にあったと言えよう。

戦争の最後の数ヵ月は、ナチ・ドイツにとって、間違いなくもっとも多くの血が流された期間だった。一九四五年一月だけで、四五万以上のドイツ兵が命を落としている（イギリスやアメリカの大戦全体での戦死者数よりかなり多い）。二月、三月、四月のドイツ軍の戦死者はひと月あたり三〇万人に届く勢いだった。[212]すなわち、第二次世界大戦中のドイツの全軍事的損失の四分の一以上が最後の四ヵ月に生じたことになる。ドイツが勝利する可能性がゼロだということも、戦い続ける軍事的根拠がないのも明らかだったのにだ。

未遂に終わった爆殺計画、東西での連合軍の快進撃、アメリカ軍によるアーヘン占領の結果、ヒトラーは以前にも増して、伝統的な軍国主義に代わり急進的な国民社会主義を推し進める決意をあらわにしていた。一九四四年一一月二五日、彼は軍の従来のヒエラルキーを事実上崩壊させる命令を発している。闘争に不可欠なのは「気力、決断力、強靱な性格、信じる力、そして無条件で行動する強い気持ち」であって、こういった資質に欠ける将校は「退任しなければならない」というものだ――「もし指揮官が［……］戦いを放棄せざるをえないと考えるなら、任務を遂行し戦い続けたい者がいないかどうかを、まず将校に尋ね、それから下士官に尋ね、最後に兵士に尋ねなければならない。該当者がいる場合には、指揮官は階級を問わず指揮権を引き渡し、交代することになる」。[213]敗戦というプレッシャーを受け、「意志」の価値を尊ぶあまり、軍事的合理性は崩壊した。伝統的な軍の価値が崩壊してしまった以上、あとを継ぐのはナチの狂信しかなかった。

## 「狂信的な意志」

一九四五年三月末、アルフレート・ヨードル（一九四五年五月七日にランスでドイツ軍の降伏文書に調印することになる人物）は日記にこう記している。「もはやいかなる予備軍もないのであれば、最後の一兵まで戦うことに意味はない」(214)。「意味」を見出《みいだ》すのが遅きに失したものの（遅すぎたため、一九四六年にニュルンベルクで絞首刑を免れることができなかった）、ヨードルの言うとおりだった。しかし一九四五年の春には、ナチの戦争努力は意味がどうこうと言えるものではなくなる。司令官たちは麾下《きか》の兵たちを生かす責任を放棄し、部隊を望みのない局面へと意図的に追い込んだ。包囲され、銃弾が尽きるまで戦うことを求められ、行く手に待ち受けているのは死だけだった。

勝算もないのに、戦い続けるため、「狂信的な意志」を示すために、ヒステリックな要求が出された。海軍提督カール・デーニッツも、もっともけたたましい叫びをあげたひとりである。一九四三年一月に海軍総司令官に任命されたデーニッツを、ヒトラーは後継者に指名することになる。戦後デーニッツは、自分が部隊とドイツ国民の生存を気遣った責任ある軍指導者だったと主張しているが、無条件降伏のわずか数週間前にあたる一九四五年四月七日、デーニッツはすべての海軍士官に対し、最後の最後まで戦うことを求めている。

この状況で、重要なのはただひとつ。戦い続けること、そしてあらゆる運命に逆らい、転機を引き寄せることだ。［……］狂信的な意志はわれわれの心に火をつけるに違いない。［……］われわれは周囲で何が起ころうと、動揺することなく軍務を遂行する。軍務によって勇敢で、毅然《きぜん》として、忠実な、敵の行く手を阻む一枚岩となることができる。そのように行動できない者はろくでなしだ。そんな奴はプラカードをくりつけて絞首刑に処さねばならない。「ここにぶら下がっているのは裏切り者だ」と。(215)

この訴えにヒトラーの党官房の黒幕だったマルティン・ボルマンは大いに感銘を受け、NSDAPの全幹部に回覧させている。

独ソ戦についてわかっていることから考えると、ドイツ兵が赤軍に対し最後の最後まで戦い続けたことは驚くにはあたらないだろう。東方でのナチ・ドイツの行状からすれば、ひとたび赤軍がドイツに到着し復讐の機会を得たとき、ドイツ人がどのような目に遭うかは容易に想像できる。ドイツのプロパガンダは、東方からやってくる獰猛《どうもう》で血に飢えた亜人間の脅威を増大させた。とくに一九四四年一〇月、東プロイセンのネンメルスドルフがソ連に占領されたのち、「東プロイセンにおける陰惨なボルシェヴィキの犯罪」が、ドイツ人犠牲者の切断された死体の写真も含め「大々的かつ効果的に取り上げられ、ドイツの報道プロパガンダで非常に辛辣《しんらつ》な論調で報じられたこと」は、これ以上ないほどの恐怖を引き起こした。(216)赤軍の軍服を着た野蛮な「アジア人」集団に関する話は、終戦までドイツ国民に繰り返し語られることになる。たとえば一九四五年四月一五日に行われた最後の「東部戦線の兵士たちへの演説」で、ヒトラーはソ連が勝利すれば、「老人や子供たちは殺され、婦人や娘たちはバラックで娼婦にされ、残った者たちはシベリアに送られる」と警告している。(217)

ナチのプロパガンダにより、東方の敵による最悪の事態への心構えはできたものの、政権が望んでいた団結がドイツ人の間にかならずしも生まれたわけではない。ネンメルスドルフの残虐行為が明らかにされてまもなく書かれた「極秘情報」の報告書にはこう記されている。

市民たちはこういったもの［ネンメルスドルフのドイツ人犠牲者の写真］をドイツの新聞で大々的に掲載するのは恥ずべきことだと話している。［……］知識人がこういった犠牲者の写真から連想するのは、われわれが敵地で、いや、ドイツ国内でさえも繰り返してきた残虐行為だということを、ナチ幹部は肝に銘じておかねばならない。われわれは数千人のユダヤ人を虐殺したではないか。兵たちはポーランドで自分の墓穴を掘らねばならなかったユダヤ人のことを繰り返し話したではないか。［……］われわれは勝者になればどんなことができるかを、敵に示してきただけだ。(218)

ドイツ人が東方からの敵と望みのない苦闘を続けざるをえなかったのは、ドイツに徐々に接近しつつあるスラヴの「亜人間」への恐怖だけでなく、罪悪感と、当然とも言える復讐への恐怖のためだった。

西方での戦闘にはそういった事情はさほどあてはまらないが、それでもドイツ軍は最後の最後まで激しく戦った。[219] 実際、一九四四年一二月のアルデンヌ攻撃の裏には、ヒトラーが述べているように、「敵に［……］われわれの降伏を断じて、断じて期待できないとわからせる」目的があった。[220] ベルギーでドイツ軍は、期待された突破とアントワープ港の奪還に失敗したが、一九四四年末から四五年初頭にかけて、アメリカ軍に大戦中最多の死傷者を出させている。そして一二月一九日にシュネー・アイフェル高地で包囲された九〇〇〇人のアメリカ兵の降伏は、アメリカ軍がヨーロッパで喫したもっとも深刻な敗北だった。アメリカ軍に抗戦する理由が残っているとは考えられない一九四五年四月になっても、ドイツ軍はノルマンディー上陸以来の月平均と同じくらいのアメリカ兵を殺している。[221]

アメリカ部隊がドイツの都市を陥落させたのは、一九四四年一〇月二一日のアーヘンが最初だったが、アメリカ兵がエルベ河岸のトルガウで同盟軍のソ連兵と握手できたのは、血みどろの戦いをさらに六ヵ月続けたあとのことである（赤軍がベルリンでドイツ軍を包囲した一九四五年四月二五日と同じ日）。西方での戦争は絶滅戦争ではなかったし、東方での戦争のようなイデオロギーに駆り立てられた人種闘争でもなかったため、西方の戦争捕虜は、ドイツに囚われても一般的にソ連の戦争捕虜よりはるかによい待遇を受けた。それにもかかわらず、最後にナチ幹部は東方と同じくらい過激な戦いを西方でも命じ、ドイツ軍はロシア人のみならずイギリス人やアメリカ人とも決着がつくまで戦った。

### ネロ指令（ドイツ焦土化作戦）

戦争が終盤に入ると、ヒトラーは「焦土」以外は何も残さない決意を固めていった。すでに一九四四年の夏、連合軍がドイツ国境に接近した際に、ナチの独裁者はこの破壊的な妄想を実現する決意を述べていたが、ドイツの産業界に焦土政策に対する熱意はほとんどなかった[222]。しかし、一九四五年三月に問題は山場を迎える。完全に絶望的な軍の状況とドイツ産業の崩壊を目《ま》の当たりにして、アルベルト・シュペーアは交戦の停止を懇願したが、ヒトラーは休戦を拒否し、四五年三月一九日に有名なネロ指令を発した[223]。「敵に即時、あるいは近い将来利用される恐れのある軍事、通信、産業および輸送設備と、ドイツ領内の有形資産をすべて破壊すること」と指示したのである[224]。意味深いことに、彼はこの最後の破壊作戦の実行を軍ではなく（あくまで要請に応じて手助けするものとされた）、NSDAPの大管区指導者と国家防衛委員に任せている。最終的な敗北をわずか数週間先に控え、ヒトラーは自分が着手した闘争を「彼の国民」がどうすれば生き延びられるかなど、まったく考えていなかった。

ここにきてシュペーアは（彼の軍需相としての組織能力は戦争が長期化した大きな一因となって

いたし、軍需省はヒトラーのネロ指令の対象とはなっていなかった）、総統との対決を決意する。[225] アルデンヌでドイツ軍の攻撃が崩壊し、その後赤軍が急速に接近しつつある状況下で、敗北どころか無条件降伏のほか可能な選択肢がないことは、シュペーアの目にも明らかになっていたのだ。軍需相の力は一九四四年末から弱まり、軍需省はもはや一貫した軍備経済を進めることはできなかったが、彼は自分が救えるものは救おうとしていた。[226]

三月二九日付のヒトラーに宛てた手紙のなかで、シュペーアは次のように述べている――「これまで私はこの戦争が勝利に終わることを心から信じていました」が、「運命を決するこのときに、国民の生活基盤を一斉に、計画的に破壊したら、私はもはやわれわれの大義の成功を信じることができません。［……］何代もかかって築き上げたものを破壊してはなりません」。総統への手紙の締めくくりはこうだ。「ゆえにこの破壊という方法で国民を苦しめることのなきよう願うものであります[227]」。シュペーアのこの決意はヒトラーとの面会でもろくも崩れ去ったものの、続く数週間、彼はネロ指令を妨害するために全力を尽くした。[228]

これはシュペーアが単独で行ったわけではない。軍需省の他の人々や多くの地方政治家も、祖国に残っているものが完全に破壊されるのは見るにしのびなかったのだ。そういうわけで、独裁者の命令はかならずしも守られたわけではない。また、一九四五年三月にドイツを取り巻いていた混沌と経済的停滞では、命令を実行しようにもおそらく十分な爆薬はなかっただろう。[229] ヒトラーの過激な政策を実行に移すことはできなかった。ナチ政権の統率力は緩み始めていたのだ。

## 勢いを取り戻すNSDAP

一九四四年と四五年にドイツ本土に戦争が押し寄せると、問題に対処するのは軍だけではなくなった。戦争の最後の数ヵ月にNSDAPが再び重要な役割を果たすようになったのである。ヒトラーが独裁を確立し、ドイツが再び戦争に突入したのち、党そのものは目立たない存在となっていたが、ドイツ人の生活や地方政府の努力が戦争による破壊の影響を受け、連合軍がドイツに迫り、ドイツの軍事的不振にともない国防軍の威信が急落すると、NSDAPに再び活躍の場が与えられた。銃後と軍事戦線がかつてないほど接近したことにより、党が国内戦線を組織する責任を担うようになったのだ。ドイツ国内の民間防衛の管理を委ねられたのは軍部ではなく地域の国家防衛委員で、これは一般的にNSDAPの大管区指導者が務めた。一方、軍は基本的に前線での軍事行動に専念した[230]。

国防軍はかねてより民兵部隊を作る考えを支持していたものの、国民突撃隊が一九四四年秋に誕生した際、指示を出したのは国防軍ではなくマルティン・ボルマン（党官房長として）とハインリヒ・ヒムラー（予備軍司令官として）である[231]。人種の「生存闘争」の最後の局面で、ヒトラーは新たな民兵部隊を、軍の手の届かないところから支配し続ける道を選んだ。国防軍が人種戦争の最後の戦いを遂行できないなら、党がやる、というわけだ。

この措置は、ドイツの都市と街をすべて要塞化するという無意味かつ自滅的な戦術への道を開いた。連合軍が侵攻してくれば最大レベルの死傷者が出て大きな損害を受けるというのにだ。連合軍のドイツ侵攻を見据え、ヒトラーは一九四四年九月に「ドイツの都市のすべての区画、すべての街を要塞化する必要がある。一対一で戦い、敵が出血多量で死ぬか、防衛側が「瓦礫の」下に埋められるかのどちらかだ」と述べている。[232] スターリングラードでドイツ軍に起きたことが、今度はアーヘンからブレスラウにいたるドイツの都市で、イギリス・アメリカ・ソ連軍に起きることが期待された。もし独ソ戦の分岐点がスターリングラードでの恐ろしい市街戦だったなら、ドイツの街や都市で極限まで血を流せば、同様に運命が逆転するだろう。戦争がとてつもない消耗戦となれば、人種的に優れ、かつ熱狂的に身を捧《ささ》げるドイツ国民が連合軍を苦しめ、連合軍兵士の戦意をくじくだろうと考えたのだ。[233]

しだいに状況が絶望的になっていくなか、メッセージは何度も繰り返された。無条件降伏まで一ヵ月を切った一九四五年四月一二日、ヒムラーはこう命じている――「ドイツの都市は非武装宣言をしてはならない。村々も都市もすべて防衛し、あらゆる手段を使って踏みとどまること」。[234]

これが実際に何を意味するかは、ブレスラウの例を見ればわかる。このシュレジェンの大都市は連合軍の爆撃をほとんど受けていなかったが、一九四五年二月半ばからソ連軍に包囲され、ベルリンが赤軍に陥落した四日後の五月六日まで、「ブレスラウ要塞」として持ちこたえた。

ブレスラウが降伏するまでに街の三分の二が破壊され、家屋二万軒が消滅し、約六〇〇〇〇人のドイツ兵と約八〇〇〇人のソヴィエト兵、少なくとも一万人の市民（約三〇〇〇人の自殺者も含む）が亡くなった。[235]

　戦い続けるのは定めであり、四月三〇日に学園都市グライフスヴァルトが軍司令官ルドルフ・ペータースハーゲンのもとで無血降伏したのはあくまでも例外だったが、これにより街は破壊を免れた。[236]さまざまな「要塞」都市で最後の奮闘を繰り広げるはずの国民突撃隊は、侵攻する連合軍部隊に大した抵抗はできず、ますます現実離れしていくナチ幹部の命令に従い、ただただ死傷者の数を増大させていた。[237]

### 最終局面での暴力行為

党の過激派の指揮で、ナチ政権の恐怖政治は最後まで続いた。略奪者は撃たれ、それがとくに外国人である場合、ＮＳＤＡＰの地方役人はしきりに大衆にそれを知らせたがった。[238]略式裁判が導入され、処刑は公開された。二月一七・一八日の『シュターガルダー・ターゲブラット』紙の最終号の見出しにはその様子が述べられている。これは第三帝国への追悼文の役割を十分果たす文章だ。「アドルフ・ヒトラー広場では、吊《つ》るされた死体が風に揺れている」[239]。

　しかし、もっとも過酷な扱いを受けたのは、ナチの人種国家に隷属させられた人々である。東欧でも西欧でも、ＳＳは連合軍が接近すると収容所を閉鎖し、生き残っていた囚人をドイツ国内の強制収容所に船か徒歩で移動させたが、国内の収容所は多数の囚人の予期せぬ流入を受け入れるには設備も準備も不足していた。

たとえば一九四五年初頭、アウシュヴィッツとグロス＝ローゼンの複合施設の囚人は、赤軍による占領が差し迫ったために、想像しうるもっとも残酷な仕打ちを受けることになる。衰弱し死にかけた囚人は真冬に無蓋貨車で運ばれ、かろうじて歩くだけの体力がある者は死の行進を強いられた。婉曲《えんきょく》的な言い方をすれば、SSは「弱くて働くことができない」者たちを避難させたのである。(240) その身の毛もよだつ状況については、一九四五年の解放後まもなく得られたある囚人の証言から窺い知ることができる。彼はチューリンゲンのミッテルバウ＝ドーラに到着した貨車から、死んだ、あるいは死にかけた囚人たちをおろす仕事をさせられていた。

これらの人々は、ロシアの攻撃が開始される前にポーランドの収容所から移送されてきた。ポーランドからドイツ中部まで食べ物も与えられず、二〇日間無蓋貨車で運ばれてきたのだ。途中で凍死した者、餓死した者、銃殺された者がいた。さまざまな年齢の大人と子供がいた。死体をつかむと、四肢や頭がもげることがよくあった。死体が凍っていたからだ。(241)

一九四五年一月半ばから二月半ばにかけて、ミッテルバウ＝ドーラの中心施設の囚人数は五〇パーセント増加している。寝床は粗末で、栄養失調や病気のために亡くなるのは当たり前だった。それだけではない。収容所の管理者は悪化する状況に暴力行為の強化で対処した。一九四五年三月には一五〇人の囚人が絞首刑に処せられている。[242]

ドイツの都市でも、戦争の最後の数週間に外国人の囚人が多数殺されている。外国人労働者の管理は立ち行かなくなり、多くが飢え、集団でうろついて犯罪を働いたり、「支配者民族」がじき敗北するのを心待ちにしたりしていたが、一九四五年の晩冬から早春にかけて、食料泥棒や略奪の罪でゲシュタポの牢獄《ろうごく》に入っていた数百人の外国人労働者が虐殺された。[243]ドルトムントだけで二三〇人以上の男女が、多くはロシア人労働者や戦争捕虜だったが、ゲシュタポによって首の後ろから撃たれている。

この「戦争の最終局面での露骨な暴力行為」は、中央からの命令で行われたわけではない。こういった行為はベルリンのナチ政権と直結していない場所、つまりナチの幹部や首都の総統から切り離された地域でも続いた。たとえばシュレースヴィヒ＝ホルシュタインは三月末にベルリンから分離された状態にあったが、ゲシュタポとSSは囚人を処刑し続けている。[244]この最後の狂乱とも言うべき殺人を煽ったのは、東方の労働者による犯罪が人種差別の固定観念を裏づけるものだという偏見、彼らの同胞がドイツを痛めつけているのだという憎悪、恨みと復讐への渇望、さらには戦後世界に自分たちの将来をほとんど見出せないゲシュタポとSS隊員の、それならできるだけたくさんの人間を道連れにしたほうがましだ、という感情だった。

これらの犯罪と、戦争の最後の数週間にドイツで「敗北主義者」や脱走兵が処刑されたこととの間には共通点もある。しかし彼らには別の人種的側面があった。これらの外国人は多くが東欧の人々で、犯罪者の烙印を押され、しばしばぼろぼろの服を着せられ病気にかかり、崩壊寸前のナチ国家でドイツ人にとって手に負えない脅威となる者たちで、ナチ政権がまさに絶滅させようとしてきた集団だった。警察の暴行が最後に激化したのは、ウルリヒ・ヘルベルトが述べているように、「多くの点で、国民社会主義者の人種に対する狂気と、その支持者の思考と行動の典型的な現れとみなすことができる」(245)。

### 増加する脱走兵への制裁

国防軍の崩壊に伴い、兵士が姿を消したり、部隊を離れたり、戦争の最終局面に加わらず比較的安全な場所にいたりするケースが増え、脱走兵の数は増加した(246)。それを防ぐために、憲兵やSS部隊が後方を見回った。脱走が疑われる兵を捕らえ殺すためである。逮捕され、必要な身分証明ができなかったり、脱走が疑われたりする者は、絞首刑か銃殺刑に処せられた(247)。一九四五年一月、ヒムラーはシュナイデミュール要塞(ベルリンの東二〇〇キロにあったドイツの都市、現在はポーランド領)の司令官が退却する兵たちを射殺し、死骸に「臆病者はすべてこうなる」と書いた札を下げたことを称賛している(248)。脱走兵を捕らえることで「前線を激励せよ」という命令が、三月九日に大管区指導者に伝えられた。負傷もしていないのに部隊を離れているところを発見された国防軍兵士はすべて銃殺されることになった(249)。これは単なる脅しではない。ヴィルヘルム・ヴェッツェル（第一〇軍の副司令官で、マンフレート・メッサーシュミットの言葉を借りれば「政治に無関心な」古き良きドイツ国軍将校）は部隊に次のような発表をしている。「一九四五年三月二七日、脱走の罪で軍法会議により死刑を宣告された二一名の兵士が、ハンブルクで銃殺刑に処せられた。忌避者、臆病者はすべて容赦なく同じ運命をたどることになるだろう[250]」。

ドイツの無条件降伏まであと数週間だというのに、この期に及んでそのような厳格な方法をとることにどんな意味があるのかと疑問に思う者もいるかもしれない。ふたつの答えが考えられる。第一の答えは第一次世界大戦末期の記憶と教訓である。一九一八年のドイツ崩壊と同時に、後方では数十万の兵士による「義務の回避」と大規模な脱走が起こった。ヒトラーは『わが闘争』のなかで当時の様子を、「大勢の脱走兵が後方の駅にあふれたり、帰郷したりしている」と書いている[251]。国防軍の「法廷」は脱走で告発された者たちに驚くほど厳しく、約一万五〇〇〇人が処刑された。第一次世界大戦で処刑された脱走兵がわずか一八人だったのとは対照的である[252]。この厳格さは、ヒトラーが一九三九年九月に断言したように、「ドイツ史において一九一八年一一月を二度と繰り返さない」という決意の現れだった。

第二の答えは、終わりが近づくにつれ、「最後の闘争」という幻想への執着が非常に強まったということだ。幻想のなかではドイツはどうにか勝利を収める。そのためには無条件の献身と勝利への信頼があれば十分なのだった。ハンブルクでの処刑から二日後の三月二九日、陸軍元帥ヴァルター・モーデルは、軍上層部を支配していたイデオロギー的認知症をあらわにしている。彼らがもっと正気であれば、戦争に敗れるのはわかっていただろうに。

国民社会主義の理想的な世界のために、精神的に不毛な物質主義のボルシェヴィズムと戦ってきたが、われわれの意志と信念が揺るぎないままならば、われわれが勝つのは絶対に間違いない。［……］国民社会主義の勝利は疑いようもない。決定権はわれわれの手にあるのだ。(253)

ドイツ軍の崩壊が進み、将軍たちが部隊に与えることができるのは、信念と全滅だけだった。一般市民も、文字どおり最前線に配備された。過激な法相オットー・ゲオルク・ティーラックは二月一五日付で、判事、党職員、国防軍将校からなる略式の軍事法廷を設置する命令を発している。(254) これは「敵軍が迫りつつある防御領域」に設けられ、「臆病や利己心」のために「一般市民に対する自らの義務を回避」しようとした者すべてに対し、「必要な厳しさをもって」対処することになっていた。その権限は「ドイツ人の戦闘力と戦意が危機にさらされる行為」全般に及ぶ。判決は三種類しかなかった。死刑か無罪、あるいは別の裁判所への被告の引き渡しである。

英米軍が迫りつつあるドイツ西部の大管区指導者に宛てた手紙のなかで、マルティン・ボルマンはこれらの法廷を「人民に寄生する者たち［人民の敵］」を絶滅させる武器」として推奨し、「総統ならばそうなさるように、それが誰であるかや身分には関係なく、容赦なくこの武器を利用するように」と述べている。[255] 最後の崩壊が近づくと略式法廷すらなしで済まされるようになり、ヒムラーは四月三日に（このときすでにヒトラーに隠れて連合軍と接触しようと画策していた）こう命じている。

戦況は現在岐路にあり、すべては持ちこたえようという断固たる不屈の意志にかかっている。白旗を掲げる、対戦車防衛を停止する、国民突撃隊の奉仕に参加しない、といったケースにはもっとも思い切った手段で対処すること。白旗を掲げた家にいる男たちは、すべて射殺されることになる。[256]

残忍で執念深い暴力行為は、避けようもない第三帝国の敗北を無事に生き延びようとしているだけの「敗北主義者」を標的にした。一九四五年四月末、バーデン、ヴュルテンベルク、西バイエルンの大半を占領したアメリカ第六軍集団の情報幕僚は、ドイツ市民は家や財産を連合軍からではなく、敗北を受け入れたがらず受け入れることもできないナチの「狂信者」から守らなければならないと述べている。[257] 帝国の最後の日々に、ナチの民族共同体に残っていた者たちは、暴力行為と殺人によって団結した。

1945年5月1日、タンガーミュンデ。迫りつつあるソ連軍から、エルベ川にかかる破壊された鉄橋を渡って逃げるドイツ人。

## 戦争の最後の数ヵ月

暴力行為と爆撃が激化するなか、ドイツ人が気づいたときには祖国は最前線となっていた。残存していたドイツ軍に連合軍がすさまじい破壊力で襲いかかると、ドイツの都市はむごたらしい市街戦の舞台となり、多くの犠牲者が出た。とりわけ有名なベルリン攻防戦は四月一六日に始まり五月二日まで続いた[258]。ドイツの田舎は最後の戦いで広範囲にわたって荒廃し、ドイツ軍の死傷者もピークに達した。ソ連軍がドイツ人の居住領域に到達すると、ドイツは戦争の最後の数ヵ月で血みどろの戦場に変わり、それにより世界史上最大規模の避難が始まった。

東方からドイツに流入する「アジア

1945年５月２日、国会議事堂前を通過するソ連軍戦車。議事堂の屋根には赤旗がはためいている。

の」大群は残酷で粗野だと強調するナチのプロパガンダに長年さらされてきたドイツ人は、ドイツ占領下での仕打ちに対するソ連軍の報復を恐れ、ドイツに到達したソ連軍の行状についてのニュースや噂を聞くと、赤軍が襲来する前に逃げ出した。数百万のドイツ人が持てるだけのものをスーツケースに詰め、汽車や舟や荷馬車で西に向かい、町から町へと集団で移動していったのである。逃げるドイツ人の圧倒的多数は女子供と老人だった。彼らの多くは冬の厳寒のなか道中で死亡し、二度と故郷に戻ることはできなかった。ドイツ軍が集団国外追放を実行することで始まった人種戦争は、数百万のドイツ人が故郷から引き離されることで終わった。一九四五年の春までに、東方からの避難者と爆撃を受けた都市からの疎開者の数（三月の終わりで約一九〇〇万人）は、ドイツ社会の広範な破壊と言えるほどの規模になった。[259]終戦までに全ドイツ住民の四分の一が移動を余儀なくされ、社会的ネットワークは壊れ、経済的地位は失われた。

戦争の最後の数ヵ月で、かつては安定していたドイツの日常生活の機構はほとんどすべて崩壊した。国は文字どおりばらばらになった。連合軍部隊がドイツの領土をつぎつぎと占領し、国のさまざまな地域が互いに切り離されたからである。数百万のドイツ人が残った財産を持って西へと逃げた。爆撃と、しだいに増えた地上戦のせいで、ますます多くのドイツ住民が家を失い、ほとんど誰もが友人や親類を失った。このことからも、あちこちで行われていた治安テロからも、一九一八年のような革命が一九四五年に起こらないことは確かだった。ドイツ人は生き残るだけで精一杯だったのだ。

最後に、ヒトラーは少なくともひとつの点では正しかったことが立証されている。第二次世界大戦が始まった際、「一九一八年一一月」は繰り返されないと予言した点だ。国防軍に亀裂は入らなかったし、一九四四年から四五年に国防軍に在籍した一〇〇〇万以上の兵士は、敵の領土でなすすべもなくあきらめた一九一八年のドイツ帝国軍の例には倣わなかった。アンドレアス・クンツがドイツ軍の最後の数ヵ月に関する最近の研究で指摘しているように、「実のところ、一九四五年春までナチ政権の存続を可能にしたのは、国防軍の軍事防衛だった」[260]。連合軍は国防軍を壊滅させ、ソ連国旗を国会議事堂の上にはためかせたのち、ようやく一九四五年五月七日にランスのアメリカ軍司令部で、アルフレート・ヨードルにドイツ軍の無条件降伏を受け入れさせることができた。恐怖、暴力行為、可能な選択肢の欠如、そしてナチ政権との一体感が、政権を最後の最後まで結束させていたのである。

## 「最後の奮闘」のショック

第二次世界大戦終局の混沌と極度の暴力は、ナチの戦争の結果であり極致であった。この戦争はでたらめなダーウィン主義と人種主義者の考える人間像によって引き起こされ、行動から予想される結果の合理的な判断を拒むという特徴を持っていた。また、文明的な行動に対する標準的な制約を崩壊させ、想像もつかない規模で大量殺人を行うための展望を開き、ヨーロッパ大陸を巨大な牢獄と血の海に変えた。もしナチズムの際立った特徴をひとつ挙げるとすれば、それは戦争の最後の数ヵ月間、無意味に人命を奪ったことだろう。結局のところ、ナチズムは「戦後」に関するいかなるヴィジョンも提供していない。ドイツの敗北後の計画は、完全にナチズムの枠外だった。結局、ナチズムが提供できたのは戦争と破壊、終わりなき戦争、あるいは戦争による終焉だった。

それにもかかわらず、ナチズムと戦争の物語は、戦争の最後の数ヵ月の恐怖や、一九四五年五月のドイツ降伏では終わらない。忘れられがちなことだが、まず、ヒトラーの後継者カール・デーニッツの政府は、言ってみればその要員が五月二三日に逮捕されるまで、ナチの政府だった。[261] さらにもっと重要なことだが、ナチズムと戦争の結果が、二〇世紀の残りの期間、ドイツとヨーロッパの方向性を決定した。

本書では戦争の最後の数ヵ月に特別な注意を払っているが、それはその期間の恐怖に対する評価が、一般に受け入れられているドイツの戦争のイメージ（バルバロッサ作戦、スターリングラード攻防戦、一九四一年と四二年のユダヤ人虐殺に集中する傾向がある）を変えるからだけではない。ナチズムと第二次世界大戦が以後どのように記憶されるか（あるいは忘れられるか）の基盤を作り上げたのがこの期間だからである。一九四四年と四五年の出来事、つまり爆撃に遭い、ソ連軍の接近を前に西へ避難し、想像もできないほどの死傷者を出しながらドイツ国内で苦しい戦いをしたという経験は、ドイツ国民にとってあまりに悲惨だったため、この「最後の奮闘」のショックは、ナチ・ドイツの戦争初期の記憶に取って代わった。[262]

多くのドイツ人にとって第二次世界大戦は、戦争のごく初期の段階で彼らが享受した比較的良い生活やドイツ人が他者に与えた苦しみではなく、最後の数ヵ月に彼らが耐えたひどい苦しみを意味するものとなった。第二次世界大戦後、ナチの戦争についてのドイツ人の見識が、他のヨーロッパ人の見識と基本的に異なったことや、蔓延する被害者意識とないまぜになったことと、戦後政治の基盤となり、第三帝国での出来事の多くについて沈黙させる基盤となったことは驚くにあたらない。

# 第4章　第二次世界大戦の余波

## 総統の自殺

ソ連軍が数百メートル先にまで迫った一九四五年四月二九日の早朝、アドルフ・ヒトラーは首相官邸の地下壕《ごう》の奥深くで、最後の「政治遺書」を「もっとも信頼できる党の同志」マルティン・ボルマンに口述筆記させた。ヒトラーが頭に弾丸を撃ち込む数十時間前のことである。戦争によってヨーロッパの人種地図を塗り替えようという恐ろしい試みは失敗に終わったが、それまでにおそらく五〇〇〇万の人々が命を落としていた。

自殺する決意を固めたナチの独裁者は、自らの仕事を振り返った。ナチズムの短い歴史を語るにあたり、ヒトラーは第一次世界大戦から話を始めている。

私が一九一四年に志願兵となり、ドイツがやむなく参戦した第一次世界大戦でささやかな貢献をしてから、三〇年以上が経過した。

残された政権の指揮を執《と》る後継者として、カール・デーニッツを大統領に、ヨーゼフ・ゲッベルスを首相に指名したのち、彼はナチズムの歴史の裏にかならずと言っていいほど潜んでいた妄想で遺書を締めくくっている。

とりわけ、私は国の指導者とその部下たちが人種の法則を入念に遵守し、すべての人々にあまねく害を与える国際的ユダヤ人に容赦なく対抗することを懇願するものである。

彼が支配した者たちに与えることができたのは、死だけだった。

私が陸軍、海軍、空軍の総司令官に望むのは、運動の創始者であり創造者である私自身が臆病な辞任やましてや降伏などよりも死を選んだのだということをとくに心に留め、あらゆる可能な手段を尽くし、国民社会主義の意味において兵士たちの抵抗精神を強化することである。

すでに海軍では行われているが、地区もしくは街の降伏などありえないということ、そして幹部たちはとりわけ輝ける手本となって先に立ち、義務を忠実に果たして死ななければならないということが、将来、ドイツ将校の名誉の基準のひとつとなるよう願っている。(1)

ナチズムがどのようなものだったかが、ここに端的に示されている。戦争、人種、そして死だ。人種主義者のユートピアを作ろうというナチの試みがひとたび崩壊すると、残った者はすべて自殺することになった。

ヒトラー自身の自殺は意外な結末ではない。ヘルマン・ゲーリングはニュルンベルク裁判に先立つ一九四五年一〇月の尋問で、こう述べている――「いざとなれば総統が自殺するのはわかっていた。さまざまな人々にあまりにもはっきりと、あからさまに言っていたので、そうなることは誰もが知っていた[2]」。第三帝国が道の終わりに到達したとき、自殺したナチ幹部は総統だけではない。

実際、ナチ・ドイツ崩壊時のもっとも注目すべき特徴は、崩壊と同時に、あるいはその後まもなく、大勢の自殺者が出たことだ。そしてナチズムに共感していた非常に多くの人々が戦後世界で人生に向き合うよりも自殺を選んだことが明らかになっている。ナチズムの終末論的側面は、もっとも容赦ない方法で露《あら》わにされた。そのイデオロギーに傾倒していた人々にとって、第三帝国の終わりは世界の終わりだったのだ。ドイツもしくはドイツ民族が第二次世界大戦に敗北したあと、多くの人々が、どうしたら生きていけるのか想像もできないと感じている。それまでの一二年間に自分がしてきたことで罰せられるよりも、自殺する道を選ぶ人間は多かった。そして多くの人々にとって、最後の暴力行為である自殺は、自分たちを見捨てた民族への、そして自分たちを負かした世界への憎しみを最後に激しく表現したものだった[3]。

## ナチ幹部の自殺者たち

一九四五年と四六年に自殺したナチ幹部のリストには多くの名が連ねられている。もっとも有名なところでは、ヨーゼフ・ゲッベルスもそのひとりだ。彼は一九四五年四月二九日にヒトラーが地下壕で開いたエーファ・ブラウンとの結婚パーティーで、花婿《はなむこ》の介添人を務める。そしてふたりの死を見届けた翌日、総統に倣い、六人の子供たちを殺したあと妻マグダとともに自殺した。陸軍元帥ヴァルター・モーデルは、一九四四年七月の暗殺未遂を受けてヒトラーへの忠誠を誓った、東部戦線における最初の司令官だったが、降伏するよりも、四月二一日にデュッセルドルフ近くの森で拳銃自殺する道を選んだ。

一九三四年から四五年まで科学・教育・文化相を務めたベルンハルト・ルストは、国防軍が降伏した五月八日にウンターヴェーザーのベルネ・バイ・ブラーケで自殺した。ハインリヒ・ヒムラーは一九四五年五月二三日、イギリス軍に捕らえられたのち、シアン化物のカプセルを飲んだ。一九三八年のミュンヘン危機の際ズデーテン・ドイツ党党首だったコンラート・ヘンラインは、アメリカ軍の捕虜になったのち、チェコのプルゼニで五月一〇日に自殺した。ルブリンの親衛隊（SS）および警察指導者を務め、ポーランドの占領地で絶滅収容所の設立と運営に指導的役割を果たしていたオディロ・グロボツニクは、一九四五年五月末にイギリス軍に捕らえられたのち自殺した。ドイツ労働戦線の指導者ローベルト・ライは、ニュルンベルク裁判にかけられる前の一九四五年一〇月二四日に独房で首を吊《つ》った。

ヘルマン・ゲーリングは一九四六年一〇月一五日、ニュルンベルクで絞首刑にかけられる数時間前に独房で首尾よくシアン化物を飲んで果てた。過激なナチの法律家で一九四二年に法相に就任したオットー・ゲオルク・ティーラックは、四六年一一月二二日にパーダーボルン近くの捕虜収容所の独房で、ゲーリングの例に倣い自殺した。ほかにも数えきれない者たち、すなわち地方や地域の党指導者、下級役人、安楽死計画に加担した医師、警察官、SS隊員などが総統に倣い自殺している。現代史において、ひとつの政治体制が終焉《しゅうえん》を迎えた際にこれほど多くの幹部が自殺したのは珍しい。

## 自殺の称賛

ナチ政権の要人の自殺は氷山の一角にすぎない。すでに戦争が終盤に入った頃に、ナチは(ゲッベルスも含め)自殺を称賛するようになっていた。(4) 一九四五年春のドイツには死体があふれ、国じゅうの人々が自殺者を目にしていた。ドイツ軍の崩壊後、自殺は大衆現象と言っていいほど一般的になっている。無力感や、占領軍、とくに赤軍兵士に対する恐怖(とりわけ女性がどのような目に遭うか)、すべてが破壊されたことによる無気力と絶望感から、数万人のドイツ人が自らの命を絶つに至った。(5) 四月末に、ベルリンのフリードリヒスハーゲン(前の週に赤軍に占領されていた)に住むギムナジウムの生徒が、周囲での自殺の急増について次のように記している。地元の司教代理の家族やかつての教師などが亡くなったという。

「赤軍に占領された」初日に、フリードリヒスハーゲンでは約一〇〇件の自殺者が出たと思われる。ありがたいことにガスが通っておらず、そうでなければもっとたくさんの命が失われていただろう。私たちもひょっとしたら死んでいたかもしれない。私はそれほどまでに絶望していたのだ。［……］祖国ドイツがこうなったからには、私たちは権利などないまま外国人の権力に委ねられるほかない」(6)。

おそらくもっとも極端だったのはポンメルン西部の町デンミンのケースだ。ここでは赤軍が到着した際、全住民の約五パーセントが自殺した(7)。ソ連の占領軍が新たに就任させた郡長《ラントラート》は、一九四五年一一月に状況を調査した結果、事務的にこう記している――「三六五軒の家、つまり街の約七〇パーセントが廃墟《はいきょ》と化している。七〇〇人を超える住民が自殺によって命を絶った」(8)。一九四六年に人口一万人以下だったメクレンブルクの小さな町テテロウの埋葬記録には「一九四五年五月初旬の自殺が多発した期間の補遺」として一二〇件の自殺の詳細が記され、どのような状況で自殺したかが明らかにされている。銃、首つり、入水《じゅすい》、服毒に加え、父親が家族全員を殺したあとで自殺したケースも多い(9)。ドイツ人が極度の暴力と追放に直面したズデーテンラントでは、集団自殺もあった。「家族全員が日曜日の晴れ着を着て、花と十字架と家族のアルバムに囲まれ、首つりか服毒によって自殺した」(10)。

自殺の増加は、追放された人々がドイツ領として残された地域に到着しても止まらなかった。イワン・アレクサンドロヴィチ・セーロフ（ソ連占領地域のソヴィエト秘密警察の長）によれば、一九四五年六月、「将来が台無しになり、希望も持てずに、多くの人々が手首を切って命を絶っている」[11]。もっとも極端な終末論的用語で世界を形容した政治的イデオロギーに長年さらされ、戦争の最後の数ヵ月に恐ろしい経験をしたうえ、将来に向けて健全で生産的な生活を再建する見通しも立たない多くのドイツ人にとって、死は現状を脱するための唯一の方法だったのだ。

## 第三帝国の残骸のなかで

それにもかかわらず、ほとんどのドイツ人は一九四五年に自殺していない。代わりに、彼らはナチズムの遺物に対処しなければならなかった。それがナチ政権とその犯罪に彼ら自身が関与したことを意味するのであれ、ナチズムと戦争が彼らの人生に残した莫大《ばくだい》な物質的、社会的、精神的残骸を意味するのであれ。それゆえにナチズムの物語は一九四五年では終わらないし、ドイツの第二次世界大戦の物語も一九四五年の無条件降伏では終わらない。ドイツの第一次世界大戦が一九一八年の休戦条約で終わらなかったのと同じである。

一九四五年の晩春の時点で、一一〇〇万以上のドイツ人が連合軍の捕虜となっていた（約七七四万五五〇〇人が西側、最多はアメリカ軍の捕虜で、三三四万九〇〇〇人がソ連軍の捕虜だった）[12]。ソ連軍の捕虜になった者は、一〇年以上囚《とら》われたままソ連からドイツに戻らなかった[13]。約八〇〇万のドイツ人が爆撃を避けるため都市を離れて疎開していたが、その多くは戻る家がなかっ

1945年5月3日。ベルリンのクロイツベルク地区を、ソ連軍の捕虜となって連行されていくドイツ兵。

た[14]。

約一二〇〇万のドイツ人が、戦後ポーランド、ソ連、チェコスロヴァキア領になった家から追われ、極貧のまま、荒廃し東西に分断された戦後ドイツで生きていかなければならなかった。数百万の女性が夫をなくし、数百万の子供たちが父親をなくし、いなくなった男たちの生死すらわからないという人々も多かった[15]。ドイツの都市は瓦《が》礫《れき》の山で、再建には時間がかかった。ナチズムと戦争の残骸となったドイツ以上に破壊された社会を想像するのは難しい。

戦争が終わると、ドイツ人は第三帝国が残した人と物の残骸のなかで日々を生き抜いていかねばならなかった。数百万人のうちのひとり、七〇歳の鍛冶屋《かじや》ローベルト・ネーバッツを例に挙げよう。彼は過酷な一九四五年をベルリンから九六キロほど南東にある武器製造の要地コトブスで過ごした。コトブスは激しい爆撃の標的となり、数千人の住民が死傷し、さらに数千人が家を失った。ドイツ人が要塞都市と宣言したコトブスは戦場となり、一九四五年四月二二日にソ連軍が最後の攻撃を成功させ街を占領した。戦いが終わったとき、戦前には五万人以上の住民がいた街に市民は八〇〇〇人も残っていなかった。コトブスをめぐる最後の無意味な戦いで一二〇〇人以上のドイツ兵が命を落とし、一八七人の市民が自殺した。(16) 九月末、ネーバッツは娘に次のような手紙を書いている。

ロシア軍がやってくる前の水曜日に、アルノルトは家族全員を射殺した。私は管理を兼ねて鍛冶場の上に住んでいる。ロッテはフラットが接収されたため、五月五日から私と一緒にいる。私の古いフラットと近隣はすべて四月二二日の日曜日に焼けた。ロシア軍が来たときは本当にドラマのようだった。お前のフラットは半分占領されている。[……] 年金はもうない。生活費がひと月一〇マルクでも、どうせ手に入るものもない。[……] おまえを飢えから救うためにできることは何でもするが、新鮮な卵のほかに栄養になるものはほとんどない。ありがたいことに、ここにとどまったおかげでアルノルトのめんどりを四羽救い、そのうちの二羽から一八羽のひなが孵《かえ》った。(17)

悲劇と日常的な事柄がないまぜになり、戦後のほとんど何もないところから始めなければならない苦境を、ナチズムと戦争を潜《くぐ》り抜けてきたドイツ人の多くが味わった。国のインフラが壊滅し、五人にひとりが爆撃で住む場所を失い、勝利した数百万の敵兵がドイツに流れ込んでくるなか、多くのドイツ人にとって、暴行されたりレイプされたりすることなく食べ物を見つけることが毎日の戦いとなった。[18] かつての支配者民族は、生き延びるための基本的な戦いを日々繰り返す者たちに成り下がっていた。

## 占領下で多発したレイプ

終戦時、ドイツ社会の大半が女性だったことで、女たちが手に負えない力の餌食になったという意識がドイツ人のなかに高まった。一九四五年初頭、迫り来る赤軍に先んじて西へ逃げた者たちの大部分は女子供と老人である。[19] ナチが残した廃墟で連合軍の占領にさらされたドイツ住民は、圧倒的多数が女性だった。[20] そして一九四五年四月末から五月初頭にソ連軍（だけではないが）がドイツとオーストリアに侵攻した際、数十万のドイツ人女性が（とくにベルリンとウィーンで）レイプされている。[21]

実際にレイプされたかどうかは別にして、この恐ろしい数週間を乗り切った女性たちは、標的になることを恐れアパートや地下室に隠れて外にも出られず、しばしば心に傷を負った。ロシア人の侵攻後、ベルリンの地下室に隠れていたある若い女性が、日記にそのときの気持ちを綴《つづ》っている。

ある女性はますます体をこわばらせ、やがて恐怖で震え始めた。[……]私は本気で死にたいと何度願ったかしれない。何人か[ロシア兵]が戻ってきて、ドイツ人がこれ以上時計はない、他のロシア兵がすでに何もかも持っていってしまったのだと必死に叫んでいるのが四六時中聞こえた。[……]ママはとりわけ心配し、あれは単なる暴力行為で、そんな目に遭ったからといってなにも変わらないのだと何度も私に思い込ませようとした。(22)

ドイツ人がナチズムと戦争を経験して味わったのは、深い恐怖感、無力感、屈辱感、被害者意識である。ドイツ国民を「解放する」ためにやってきた東からの野卑な勝利者に対し、自分たちのほうが文化的に優れているのに道理に合わないとも感じていた。(23)レイプに対する恐怖は、終戦時のドイツにつねに存在した。実際には事件が起きていない場所でさえそうだったし、(24)とくにソ連軍駐留地域では深刻な問題だったが、公に議論することはできなかった。(25)一九五〇年代から六〇年代にかけてもあまり公に議論されることのないテーマだったが(一九八〇年代になってやっと西ドイツで公になった)、一九四五年の集団レイプは大衆の意識に深くとどまり、婉曲《えんきょく》的な言葉でそれとなく触れられるのが常だった。大きな災難にあって途方に暮れている感覚、自分ではどうしようもない暴力的な力に屈服したという意識、自分は無力な犠牲者なのだという意識を生み出す一因にもなっている。エリーザベト・ハイネマンによれば、「不均衡に女性が多い状況で、もっぱら女性だけが被害に遭ったレイプ体験は〔……〕、ドイツ人が自分たちを罪のない戦争の犠牲者と考えるのにたいへん都合がよかった(26)」。ハイネマンに賛成するヘレーネ・アルベルスは、ヴェストファーレン＝リッペの女性に関する最近の研究でこう述べている。

レイプ、とくに「野蛮」で「原始的」とされた東欧人によるレイプというテーマは、このような状況下で征服され、苦しみ、犠牲者となったドイツ人のメタファーだったと言ってよい。戦争に行った男たちは、強力な軍事機構のもとで他の国民を野蛮かつ冷酷に征服し、前例のない規模のジェノサイドを行ったことに良心の呵責《かしゃく》を感じていたが、そういった体験によって形作られていた他のドイツ人の不愉快な記憶は、こうしてうやむやにされた可能性がある(27)。

その過程で、ナチズムとナチズムが始めた絶滅戦争の記憶は、レイプと苦しみの記憶の陰に隠れ、薄れる傾向にあった。

## 「運命」の犠牲者という意識

ドイツ人は苦悩と喪失に直面したことにより、マイケル・ヒューズの言葉を借りれば、「自分たちの多くが他の数百万のヨーロッパ人に苦しみをもたらしたことは無視して、自分たちはナチズムと第二次世界大戦の犠牲者で潔白だという集合的記憶をまんまと作り上げたのである」[28]。ザビーネ・ベーレンベックが第二次世界大戦の回想録を検証して述べているように、戦争は「事故、悲運、天災ということにされた」[29]。第一次世界大戦後に培われた、戦に倒れた英雄という大衆の信仰は繰り返されず、「運命」の犠牲者になったことを嘆くだけだったのである。

戦争により物質的損失を被ったドイツ人は、西ドイツでは約一七〇〇万人、つまり全住民の三分の一にのぼり、彼らは自分たちには何の落ち度もない損害への補償を求めている。一九四〇年の戦争損害補償令で、ナチ政権は戦禍《せんか》による資産の損失を完全に補償することを約束していた。主な財源はヨーロッパ大陸の占領地域からの略奪である[30]。しかし爆撃で家々、事業、数百万人の個人的財産が破壊され、避難や追放の憂き目にあった数百万の避難民には持ち運べるものしか財産が残らなかったことで、請求額は一九四〇年に想定されていたよりもはるかに大きくなったうえ、ドイツはヨーロッパの支配者ではなくなり、占領され、荒廃し、貧困化した。このことが、かつてないほど大きな財政的再分配計画の背景となった。西ドイツの一九五二年の負担調整法《ラステンアウスグライヒ》は、戦争で物質的損害を受けなかった者から損害を受けた者へ経済資源を大きく移動させて調整するものである。[31]このようにして被害者意識は、連邦共和国の政治的安定のみならず、ドイツ人は戦争の損失をともに担っているという共同体意識をも支えた[32]（奇妙なことだが、その少し前まで言われていた民族共同体《フォルクスゲマインシャフト》を思い出させる）。

## 被征服者の貧窮した共同体

しかしドイツ人の戦後の共同体は、基本的にナチの「民族共同体」とは異なる。後者が征服者の特権的な共同体だったのに対し、前者は被征服者の貧窮した共同体だった。第三帝国が軍事的に崩壊し連合軍が軍政を敷いたことで、ナチズムの基本的な教義も崩壊した。ヒトラーが政権を掌握した際にクラウス・マンが予言したように、一九三三年から四五年にかけて、ドイツは「無限の可能性を秘めた国」になった。[33]最初はドイツ国内で、その後はヨーロッパじゅうのナチ占領地域で、ナチ政権の代表者たちは誰に対しても傍若無人に振る舞うようになっていく。それが一九四五年に無力になった。「野蛮」で「原始的な」東欧人によるドイツ人女性のレイプは強く胸にこたえた。ドイツ人は屈辱を味わい、道徳的基準は崩壊したと言えよう。

一九四五年六月にフランケン地方のあるプロテスタント聖職者が述べているように、極端なまでの権力の驕《おご》りに代わって、「あらゆる場所で人間の堕落と卑しさ」が見られるようになり、「女たちがチョコレートのために身を売り」、「老いも若きも恥ずべき振る舞いをするせいで、ドイツ人は物笑いの種になった」[34]。強大なドイツは完全に消え失せた。一九四五年五月に政権も軍事力もすべてドイツ人の手から持ち去られた。かつて全能だったものが無力になったのだ。

このようななかで、戦争をどうにか生き延びたドイツ人は日々の生活を続けていかなければならなかった。十分食べられるだけの金を稼ぎ、住まいを安全に保ち、暖かくし、家族の世話をし、にぎわう闇市場で交渉し、難を避ける（とくにソ連占領地域は、非常に危険な場所になっていた）といった気の遠くなるような課題を毎日こなしていかねばならない。(35)ドイツの若い男たちは大多数が死ぬか戦争捕虜収容所にいるかで、こういった難局に対処するのはドイツ人女性の役割だった。(36)

民族の次世代の妻や母たる女性の世界は家庭と炉辺にあると主張してきたナチズムが残した社会で、非常に多くの女性が家長を務め、男性に頼らず生きていかねばならなくなったのはかなり皮肉な状況である。ナチズムが起こした戦争が終わると、ドイツ人女性に対するイメージは子供を一ダース産んだ誇り高き母親ではなく、瓦礫の女たち、つまりドイツの都市を埋め尽くした瓦礫を取り除く雄々しい女性というイメージが優勢となった。

第一次世界大戦後のベビーブームと対照的に、第二次世界大戦後のドイツ女性の出産率が驚くほど低かったのは、父親となるはずの数百万人の男が不在だったことだけでなく、そのような困難な状況下でドイツ人女性が子供を産む気になれなかったことの証《あかし》である。ナチの人口増加推進とはまったく逆に、ドイツ人女性の堕胎率は高まっていた。(37)ベルリンのあるドイツ女性の悔悟は、多くの女性に共通するものだ。彼女は一九四七年に下の息子を産んだあとで、「この窮乏した恐ろしい時代にもうひとり子供を産むなんて無責任だった」と述べている。[38] 終戦後極度の苦難に直面しなければならなかった女性も、捕虜にされ、多くの場合祖国に帰還するのに何年もかかった男性も、従来の家父長制の家族関係を（再）構築することによって「正常な」生活に戻る道を見つけるには長い時間がかかった。[39]

### ナチズムの完全消失

一九四五年以後のナチズムの歴史でもっとも注目に値するのは、ナチズムがドイツから完全に消え去ったという点である。ヒトラーの自殺によって多くのドイツ人はナチの悪夢から覚め、以前の信仰は（都合よく）置き去りにされたかのようだ。マーリス・シュタイナートによると、ヒトラーが死んでも「住民の多くは［……］生き延びることに精一杯で［……］ほとんど気にもとめなかった」。オランダ、デンマーク、シュレースヴィヒ＝ホルシュタインにおける一部ドイツ軍の降伏を、人々は「けっして落胆することなく」受け入れたし、イギリスとアメリカの占領部隊が到着しても、「まだほとんど敵とはみなしていなかった」という。[40]

ドイツ史上最大の有権者の支持を集め、数百万の活動的な党員と信奉者を誇り、ひとつの世代を洗脳し、祖国を世界大戦へと邁進《まいしん》させ、最後の最後まで不可能な見通しに対しドイツ軍を持ちこたえさせた政治運動とイデオロギーが、ほとんど何の痕跡も残さずに消えることができたという事実は、じつに注目に値する。ドイツに到着した連合軍は、正規軍の降伏後も戦うことを決意した狂信的なゲリラ組織がパルチザン活動を継続するものと思い込んでいた。[41] しかしそのような事態には至らなかった。ヒトラーが拳銃自殺したのち、政治勢力としてのナチズムは消え失《う》せた。何百万もの人々を動かしたムーヴメントと、未曽有《みぞう》の暴力をもっとも恐ろしい形で爆発させたイデオロギーは、ドイツの敗北後、消失したのである。

もちろん、連合軍によるドイツ（とオーストリア）の占領は、国民社会主義ドイツ労働者党（NSDAP）そのものの復活が不可能だということを意味していた。しかし、ナチズムが装いを改めて復帰することもできなかったのは注目に値する。ソ連占領地域にナチズムが発展する場がないのは明らかだったが、戦後の西ドイツには報復主義者、ネオナチ勢力への支援を蓄積する素地がかなりあったように思われる。一九五〇年の連邦共和国（西ドイツ）には、一〇〇〇万人以上の追放者および避難者、失職した約二〇〇万人の旧ドイツ公務員とNSDAPの役人と職業軍人、二五〇万人の戦争に依存していた人々、一五〇万人の傷病兵とその扶養家族、二〇〇万人の帰還が遅れた戦争捕虜、そして四〇〇万から六〇〇万人の爆撃で家を失った人々、さらに約一五〇万人の失業者がいた。[42] しかし、敗戦で同様の影響を受けた人数がはるかに少なかった第一次世界大戦後と異なり、敗北後に政治的過激思想や急進的右翼に対する国民の支持が急増することはなかった。

一九四九年に行われた戦後初の連邦共和国の選挙では、有権者の圧倒的多数が占領軍お気に入りの民主政党を支持している。西ドイツでは、ナチの元支持者を国家主義的な右派政党、とくにドイツ社会主義帝国党（ＳＲＰ）に引き込もうという動きがあった。一九四九年に結成されたドイツ社会主義帝国党はＮＳＤＡＰをまねた党綱領を持ち、元ＮＳＤＡＰ党員の支持を公然と求めたが、一九五一年の州議会選挙でささやかな成功を収めたにすぎず、一九五二年一〇月に連邦憲法裁判所によって活動を禁止され、解散している[43]。

第二次世界大戦後、ほとんどのドイツ人はナチ的な政治運動に表立って参加することを嫌がった。痛い目に遭わないように政治から距離を置いて私事に気を配るか、あるいは政治にかかわるにしても、戦後ドイツで認可された政党に居場所を見つけた。東でも西でも、元ナチを戦後の政治組織に吸収するにあたり、もっとも成功したのはおそらく与党である。連邦共和国ではキリスト教民主同盟と自由民主党、ドイツ民主共和国では社会主義統一党だ。

敗北だけでなく、ナチ・ドイツの敗れ方も、ナチズムの消失に大きく寄与した。国会議事堂の天辺《てっぺん》にソ連国旗を立てたロシア兵の写真と、ニュルンベルク党大会が催されたグラウンドで巨大な鉤《かぎ》十字を前にしてアメリカ兵がナチ式の敬礼をまねている写真、そして国防軍の降伏以前にドイツのほとんどの地域が連合軍によって占領された事実は、すべて完全な敗北を物語っている。それを見れば、軍の崩壊が「背後からのひと突き」のせいだという主張に根拠があるとはとても考えられない。

数百万の人々の命を犠牲にしてきたとはいえ、戦争の最後の年の恐ろしい崩壊と流血からすれば、ナチ・ドイツは軍事的にも経済的にも優れた連合軍に敗れたのだと考えざるをえなかっただろう。それ以上に、敗北はナチの人種イデオロギーを根底から破壊した。ドイツが東方からの「モンゴル人の大群」と、西方からのアフリカ系アメリカ人に占領されたという光景に、ドイツ人を頂点とする人間のヒエラルキーを謳《うた》ったイデオロギーが入り込む余地は皆無と言ってよかった。人種戦争を拡大したイデオロギーは、結局完全なる敗北を喫した。住民を暴力と略奪にかかわらせた政権は、結局その住民を無力にし貧困化させたにすぎない。

### ドイツ軍の解体と反軍国主義

完全なる軍事的敗北は国防軍の終焉をも意味した。ドイツ軍が自ら軍の解体を準備し、一般幕僚を維持し、ヴェルサイユ条約によって制限されたものの廃止されなかった一九一八年一一月以後の状況とは対照的に、一九四五年五月以降、ドイツ軍は完全に解体された。ポツダム協定には次のように明記されている。

ドイツの陸・海・空軍、SS、SA、SD、ゲシュタポと、その組織、人員、機関、さらに一般幕僚、将校団、予備軍、士官学校、退役軍人組織その他の軍事・準軍事組織、ならびにドイツの軍事的伝統を生かし続けるようなクラブや協会は、ドイツの軍国主義とナチズムの復活や再編成を永久に阻止する方法で、最終的に全廃する。(44)

敗北によりドイツ軍の歴史が終わったことは、連邦共和国初代大統領テオドール・ホイスを含め、多くの人々の目に明らかなように思われた。(45)軍事力の使用が大惨事を招いたのは一目瞭然で、「軍国主義」がこのうえない不幸につながったのは明白だったため、戦後ドイツの世論は軍事的な価値に対し徹底的に背を向けた。元国防軍将校で、のちに（とりわけ）コンラート・アデナウアーのもとで西ドイツ国防相を務めたフランツ＝ヨーゼフ・シュトラウスのような反軍国主義者とはとても言えない人物でさえ、一九四七年に「誰であれ、再び小銃を手にする者がその手を降ろすことを祈る」と述べたという。(46)

一九五〇年一月の西ドイツの世論調査では、「あなた自身もしくはあなたの息子や夫が再び兵士になるのは妥当だと思いますか？」という問いに、回答者の四分の三が「いいえ」と答えている。(47)一九五一年秋には西ドイツのぎりぎり過半数が国軍の設立に賛成したが、住民のほぼ半数が、そして元国防軍兵士の半数以上が、良心的兵役拒否に賛成している。(48)同様の意見が東ドイツでも聞かれた。一九五二年夏の「兵営人民警察（東ドイツの国家人民軍の前身）設立に関する住民の見解について」という警察の報告書からは、新たなドイツ軍設立についてかなりの不安があったことが窺《うかが》える。

パーゼヴァルク近くに住むある農夫（支配政党である社会主義統一党の党員）は、こう述べている。「俺たちは二度と武器を手にしたくないと、いつも言い言いしてきたのじゃないのか？」(49)社会民主党の政治家カルロ・シュミットは、おそらくドイツの数百万人の感情を代弁したのだろう、一九四六年にこう断言している。「われわれは二度と息子を兵舎に送りたくない」[50]。戦後の数年間、戦争体験と、とくに一九四四年と四五年の極端な暴力による打撃で、ドイツ人の精神構造は急進的な変化を遂げた。ナチズムの基本的な信条、つまり戦争と軍と軍事価値が正しいものだとする信念が大きく揺らいだのである。

もちろん、ドイツの非武装化はさほど長く続いたわけではない。一九五〇年代後半に東西両ドイツで堅固な軍が編制されている。ナチズムと戦争を経験したあとの新たなドイツの反軍国主義について言うならば、この反軍国主義はかなり特殊だ。第二次世界大戦末期のショックから生まれたというだけでなく、敗北し占領された国の政治的無力さから生まれたものでもある。東西両ドイツはふたつの超大国に支配され、その安全保障上の利益も結局のところアメリカとソ連の軍隊によってかなえられていた。ナチズムおよびナチによる戦争は、中程度の国が軍事的な企てを実行に移せた古いヨーロッパを事実上破壊した。戦後世界において、両ドイツはヨーロッパの統合に関しどちらが優位に立つかを競うことで未来を見出《みいだ》そうとした。平和主義の風潮、つまり一九五〇年代の連邦共和国における、「オーネ・ミッヒ（私はごめんだ）」という標語を掲げた再軍備反対運動が、ソ連を脅威とする強い意識（反ロシアと反ボルシェヴィキというナチのプロパガンダは、一九四五年以後もドイツ人の姿勢に影響を与えていた）と共存していた背景には、このような状況があった[51]。というのも、いよいよとなれば東方からの脅威に対処しなければならないのはアメリカ軍だったからである。一九六〇年代末まで、西ドイツで憲法上の権利である良心的兵役拒否をする若者はほとんどいなかったものの、祖国のために命を犠牲にするのが望ましいという考えが影響を及ぼすことはなかった。[52]

## 国防軍に対する肯定的なイメージ

一九四五年以後、ドイツの国防軍と国防軍が戦った戦争に対するドイツ人の認識は、かならずしも否定的だったわけではない。妙なことだが、国防軍に対する戦後の肯定的なイメージは、ナチズムの否定的評価への対比として生まれたと言ってよい。そういったイメージを支持したいと考えた人々が多かったのは確かだ。これは、一九四五年五月九日の国防軍の最後の報告書が影響している。「ドイツ国防軍は巨大かつ優秀な軍勢と立派に戦った末、敗れた」という「英雄的闘争」を語ったものだ。[53]

国防軍の将軍、たとえばエーリヒ・フォン・マンシュタイン（『失われた勝利　マンシュタイン回想録』[54]）やフランツ・ハルダー（『軍指導者としてのヒトラー』[55]）が戦後に出版した回想録は、国防軍が連合軍に勝る戦闘能力を有していた点を強調している。連合軍がドイツを打ち負かしたのは大量の兵力と物資があればこそで、素人であるヒトラーが軍を率いたり余計な干渉をしたりしたことがドイツの敗因のひとつだ、と述べているのだ。国防軍がナチの犯罪に深くかかわっていたことがこれらの本では触れられていないし、またナチ政権がもはやないことで、悪いのはすべてナチ、とする傾向が生じた。ヨハンネス・クロッツが述べているように、「［国防軍の」軍服につけられた鉤十字は、あとになって消された」というわけだ[56]。

元将軍たちに劣らず政治家たちも、SSとは異なり国防軍は正々堂々と戦ったという考えを支持している。一九四〇年代末から五〇年代初頭にかけて、過去との間に一線を引こう、昔の罪を赦しナチの過去をほじくり返すのは終わりにしよう、という政治的な圧力が高まった。もっとも重視すべき表現が、コンラート・アデナウアーの主張に見られる。「本当に罪がある者の割合はごく限られており、並外れて小さいので、ドイツの国防軍の名誉に傷はつかない」と彼は述べ、一九五一年四月五日、連邦議会の前に一般の国防軍兵士のために行った有名な名誉回復演説のなかで、「きっぱりと」、かつての職業軍人の「集団的責任」を免じた[57]。このメッセージは西ドイツ初代首相の一九四九年以後の政治的成功に大きく貢献した。

国防軍は占領地でおおむね適切に行動したという広く信じられている説を、アデナウアーは明らかに利用している[58]。国防軍の軍服を着た者も含め、ドイツ人の大半は、国防軍は尊敬に値する行動をとっていたのに犯罪的なナチ幹部に「悪用された」と理解していた。この「清廉潔白な国防軍の神話」は、戦後ドイツにおいてナチズムとSSの狂信的な幹部たちを糾弾する際に重要な対照的要素の役割を果たし、この神話のおかげでナチ政権の犯罪に深くかかわった人々は政権の記憶から距離を置くことができた。

ドイツの第二次世界大戦の「物語」は、映画や大衆小説のなかの戦争や国防軍の描写にしても、かつての兵士たちが互いに語り合った話にしても、ナチズムを除外する傾向があった[59]。その結果、ドイツ兵の戦争は、人種主義のイデオロギーによって引き起こされた帝国主義者の略奪戦争という側面ではなく、ドイツの恐ろしいまでの損害で終わったという特徴が際立つことになった。ドイツの退役軍人も、ナチの人種ユートピアのために戦ったわけではなく、そして多くの場合、そのために戦う価値があると確信していたわけでもなく、自分たちを破滅的な大義のために国を守り、恐ろしい苦難に耐えざるをえなかった犠牲者とみていた可能性がある。

戦争末期に何百万人もの兵が戦争捕虜となり、多くが何年もの間ソ連の戦争捕虜収容所で苦しんだ（多くは亡くなった）事実は、犠牲者意識と被害者意識を強めた。数百万人が戦争の記憶からナチズムを事実上除外することで、第三帝国のために軍服を着て戦ったことを意味あるものにできた[60]。「清廉潔白な国防軍の神話」の前に、非常に論議を呼んだ展示会「国防軍の犯罪」展が立ちはだかったのは、ドイツが戦後を抜け出してからのことである。この展示会は一九九五年の春にハンブルクで開かれた。このときもかなり激しい反発を引き起こしたが、九七年に全国を巡回すると、「国家の名誉」に対する「攻撃」をボイコットすべしという右翼団体からの呼びかけや、大衆によるデモが行われた[61]。

## 東方からのドイツ人追放

戦後、ナチズムにかかわる大衆の記憶と戦争体験との分離は、別の形でも起こった。一九四〇年代末から一九五〇年代にかけて、ドイツ人はしばしばナチの時代を肯定的に振り返っている。この場合、彼らの考えるナチの時代に戦争の日々は含まれていない（とくに、トラウマとなった戦争の最後の数ヵ月は含まない）。振り返ってみると、一九三〇年代半ばから末にかけて、そして戦争の前半（負傷者数がまださほど増加しておらず、連合軍の爆撃がドイツの都市生活に深刻な影響を及ぼしていない頃）でさえ、非常によい時代だったように思われたのだ。ヴァイマル共和国末期の危機と失望のあとに訪れたナチの「よき時代」に、人々は仕事を見つけ、家族を作り、おそらく「歓喜力行団《かんきりっこうだん》」で旅行することができた。戦争が中盤に入って死傷者が増え、爆撃を受け、死の恐怖を味わい、家を失ってはじめて、ドイツ人は再び「悪い時代」に突入したのだ。そうなったのはナチズムのせいというよりは、むしろ戦争のせいだと思われた(62)。

第三帝国の血みどろの終焉からかなりのときを経て、失業者数の減少、アウトバーン網の建設、法と秩序の施行といったナチ政権の業績をドイツ人が激賞する声が聞かれるようになった。政権が遂行した戦争や集団殺戮《さつりく》計画とは完全に切り離しているように見受けられる。さまざまな点で、ドイツ人はナチズムと戦争について振り返るとき、このふたつを頭のなかで別物として考えているのだ。

数百万のドイツ人にとって戦争の記憶（第三帝国の記憶とは異なる）を形作っているのは、一九四五年から四六年にかけて自宅から逃げたり追い出されたりした経験だ。敗北によって、新たな国境であるオーデル＝ナイセ線の東側の旧ドイツ領はポーランドとソ連に割譲されることになった（一九三三年以前にナチ・ムーヴメントの熱烈な支持者が住んでいたこの地域は、一九三七年の国境線から計算すると、ドイツの領土の約四分の一に相当する）。赤軍侵攻に先立つドイツ人の逃亡と、その後のズデーテンラント、東プロイセン、シュレジェン、ポンメルンからのドイツ人の集団追放は、人類史上最大の強制移住のひとつである。

一九四六年一〇月二九日に四つの占領地域で実施された戦後初のドイツの人口調査によると、五六四万五〇〇〇人がかつてのドイツの東部地域（すなわち東プロイセン、ポンメルン、シュレジェン）から追放され、うち三二八万人が西の占領地域に、二二七万三〇〇〇人がソ連の領域に逃れた。[63] これにチェコスロヴァキア（主にズデーテンラント）、ハンガリー、ユーゴスラヴィア、ルーマニア、バルト諸国から追放された人々、さらに（比較的少ないが）戦後オーストリアに行った人々を加えると、総計はほぼ一二〇〇万人になる。このことにより、当然ながら自分たちをナチズムと戦争の犠牲者とみなし、一九四四年から四五年の破局前にはナチ政権の政策で利益を得ていたであろうに、そのことについては割り引いて考える人々が大勢生まれた。

ポツダム協定には、「いかなる［住民の］移動も、人道的な方法で整然と達成されるべきだ」と当たり障りない表現が用いられている。[64] しかしポーランド人やチェコ人が行ったドイツ人追放は、人道的とは程遠かった。この追放により、おそらく一〇〇万人以上が命を落としている。一九五〇年代に西ドイツ政府が作成した概算によると、かつてドイツ東部地域に居住していた者のうち、五〇年末の時点で行方不明の人間は一三九万人にのぼり、戦争の最後の数ヵ月の戦闘や、ソ連当局によって行われた移送や、西に移動する際に頻発した悲惨な状況の結果亡くなったと推測される。[65]

戦争中、ナチの占領者にひどく苦しめられたポーランド人とチェコ人は、一九四五年に敗北し無力となったドイツ人に寛大さや気前の良さを見せる気にはなれなかった。ナチ政権が東欧の人々に示した残酷さと暴力が、今度は旧「支配者民族」への扱いに反映された。チェコスロヴァキアとポーランドのドイツ人は打たれ、レイプされ、屈辱的な仕事をさせられ、労働収容所で残酷な暴力にさらされ（ときにはテレージエンシュタットのように、ナチが所有していた収容所が使用されることもあった）、ドイツ人であることを示す文字を袖につけられ、無作為に殺され、死の行進をさせられ、真冬に家畜用貨車に詰め込まれて長旅をさせられた。[66] ドイツの難民と追放された人々（圧倒的多数が女子供と老人だった）の苦しみは一九五〇年代に西ドイツで驚くほど精力的に記録され、ドイツ人を被害者とした劇的な描写は、戦後の国民意識において重要な位置を占めた。[67]

難民省による追放に関する記録の第一巻の序文で、資料収集・編集の責任者だった歴史家テオドール・シーダー（戦争中、ドイツの「社会問題解決に寄与する定住地」を供給するために、ユダヤ人とポーランド人をポーランドの占領地から排除することに関する論文を執筆していた）は次のように記している。[68]

ドイツ人の東方からの追放は、その歴史的重要性が今日まだ判断の域を超えている事件だ。

これを戦争の最後の行為とみなす者もいるだろう。戦争において国家間の成文法、あるいは不文法は何千回と破られ、人種の完全なる絶滅は目標として説かれただけでなく、実際に始められた。あるいはこの事件を、ヨーロッパの民族が混在した領域でほぼ一世紀半にわたり続いてきた、民族間の未曽有の厳しい戦いの最終局面と考える者もいるだろう。いずれにせよ、ヨーロッパ史のよくある尺度から、私たちはかけ離れている[69]。

東方から追放された数百万のドイツ人に降りかかった災難は、ナチズムの結果ではなく、恐ろしい戦争の「最後の行為」で、「民族間の未曽有の厳しい戦い」の「最終局面」だと形容されている。シーダーは受動態を使って、行為の主体が誰であるかを巧妙に避けている。数百万のドイツ人に戦争が残したイメージは、ヨーロッパ大陸の大半に及んだナチの野蛮で残忍な占領によるものではない。赤軍の侵攻を前に西へと逃げた極貧の人々の「苦難に満ちた旅」の記憶、二度と戻れない家から無情にも数時間での退去を命じられた家族の記憶、レイプされた女たちの記憶、破壊された街の記憶、失われた所有物や故郷の記憶によるものだった。

### ドイツ人の苦難と被害者意識

一九五〇年代にまとめられた追放に関する恐ろしい衝撃的な記録は、かならずといっていいほど一九四五年に始まる。難民や追放された者たちの世界は赤軍の接近により、このとき崩壊した。ドイツ人は犠牲者として描かれ、個人の悲劇が記録の中心に据えられ、ナチズムとナチ政権はまったく描かれていないことが、かえってその存在を際立たせている。ナチズムと戦争は物語のなかで事実上切り離されている。戦後のドイツ人の考えを形成したのは、ナチズムの犯罪ではなく、苦難と被害者意識だったのだ。

同時に、ドイツの占領とそれに続く分断、そして中欧へのアメリカ軍とソ連軍の到来は、領土改定に関するドイツの新たな政策になんら可能性を残さなかった。今回は、東の「流血の境界」の修正はない。一九五〇年代・六〇年代の西ドイツでは、東部から強制移住させられたドイツ人の組織、郷党会《ランツマンシャフト》が東部の失われた領土を国民の意識にとどめて強力な政治勢力であるところを示し、何年にもわたり、オーデル＝ナイセ線東側の旧プロイセン領はたんに「ポーランドの管理下にある」だけだというフィクションを唱え続けた。

しかし、状況を変えるためにドイツ人にできることは何もなかった。ポーランドと実際に国境を接するドイツ民主共和国では、問題を公に議論することは事実上禁じられていた。初期の段階で、ソ連占領地域のドイツ人政治家（とくにキリスト教民主同盟の指導者）がオーデル＝ナイセ線問題を提起しようと試みたものの、ソ連の軍部によって却下されている。[70] 新国境の東にドイツ人が定住していたという歴史は、概して触れてはならない話題となった。被追放者と難民はそのこと自体を公に記述することができず、代わりに「再移住者」と呼ばれた。そして「オーデル＝ナイセの平和的国境」はドイツ民主共和国とポーランド人民共和国間の永久的な国境であることが確認された。

### オーストリアの戦後

ナチ・ドイツの敗北は、オーストリア併合《アンシュルス》の無効をも意味した。これは一九四五年夏にポツダムで合意された点のひとつで、第一次世界大戦後と同様に、ドイツ語を話すオーストリアが将来ドイツ国家に加わることは禁じられた。しかし第一次世界大戦後と異なり、第二次世界大戦後のオーストリアでドイツと合併したいという声はほとんど聞かれていない。

実際、ドイツからの分離はオーストリア人にとって非常に好都合だった。一九三八年から四五年の出来事に対する非難から距離を置くことができたし、補償の要求で悩まされることもなく、連合国の占領後に国が分断されることもなかったからだ。第三帝国の総統はオーストリア人だったし、一九三八年のオーストリア併合《アンシュルス》はオーストリア住民の大多数に熱狂的に歓迎されたものの、戦後、オーストリア人はドイツに仲間意識を持つことをやめた。ナチズムと戦争により、事実上オーストリアから汎ゲルマン主義は払拭され、ドイツ人とは違うという明確な国民意識をオーストリア人が持つことが可能になった。

また、戦争による喪失と敗北、オーストリアもその一部を形成していた第三帝国の崩壊に伴う破壊と暴力の衝撃は、大ドイツの魅力を打ち壊した。オーストリアの都市も爆撃され、オーストリア人も国防軍の軍服を着て死傷し、ベルリンの女性たちと同様に、一九四五年には数千人のウィーンの女性がソ連兵にレイプされたからだ。オーストリア人は都合よく歴史的健忘症に陥り、自国をナチズムの歴史や犯罪と緊密に結びついていた第三帝国の一部および一味ではなく、ナチの攻撃の犠牲になった最初の国とみなすことができたのである。

### 残る反ユダヤの偏見

ナチズムのもっとも厄介な遺物は、ナチ政権が仕掛けた大量殺人計画に起因する。ヒトラーの政権掌握時にドイツにいたユダヤ人の圧倒的多数は国外移住するか殺されるかし、ナチ・ドイツから移住したユダヤ人のうち戦後ドイツに戻る選択をした者はほとんどいなかったものの、一九四五年五月以後のドイツはユダヤ人のいない国ではなかった。[71] 約一万五〇〇〇人のドイツ・ユダヤ人が第三帝国でなんとか生き延び、約五万人のユダヤ人が戦争の最後の二ヵ月間に強制労働収容所や死の行進から解放された。[72]

戦後、約二五万人のユダヤ人生存者は、ほとんどが他の家族全員を失っており、アメリカやイギリスの占領地域にある難民キャンプの「待合室」で、アメリカやパレスチナへの移住を果たそうと必死になっていた。ミヒャエル・ブレンナーが述べているように（これは多くの同時代の観察者の意見を反映している）、「連合軍の占領下で、よりによってドイツが数十万人のユダヤ人の避難所になったというのは歴史の皮肉だ」。[73] 大部分が東欧出身で、とくにバイエルンのアメリカ占領地域に集まったこれらのユダヤ人生存者は、ナチズムと戦争のもっとも恐ろしい

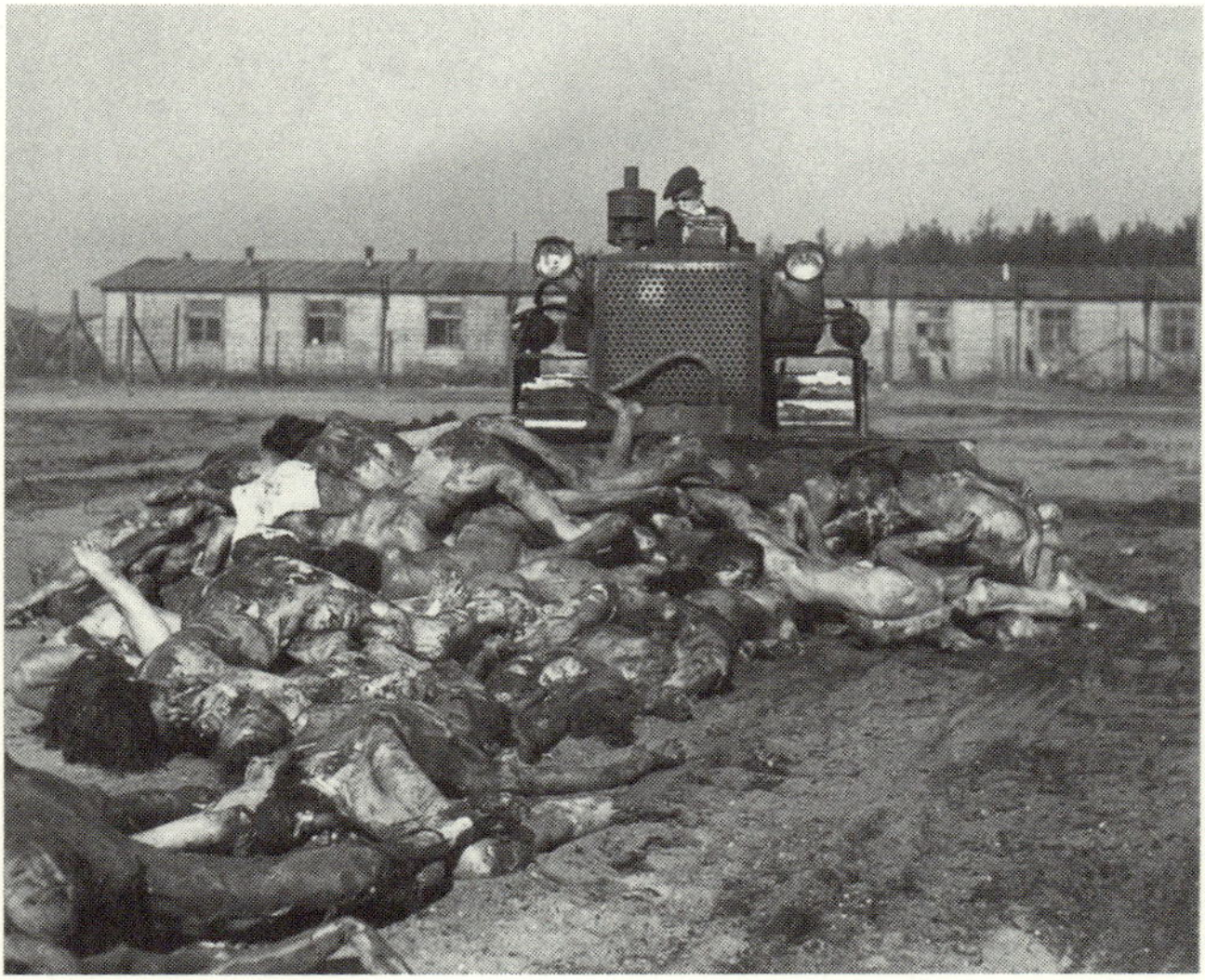

ナチズムと戦争の結果。ベルゲン＝ベルゼン強制収容所の解放後、イギリス兵がブルドーザーを使って死体を集団埋葬地に運んでいる。

結果の具現だった。

　しかし日常の事柄で精一杯なドイツ人が気づいていたかどうかは別として、ドイツ人のユダヤ人に対する認識はかなり異なっていた。東欧ユダヤ人が心に傷を負い疲弊してドイツの難民キャンプに収容されていること、盛況な戦後の闇市に必然的に関与していること、そして占領軍から特権を与えられているという認識は、ナチ政権によって培われてきた長年にわたる偏見を強めることにつながった。約六〇〇万のヨーロッパ・ユダヤ人の殺害の責任はドイツにあるというのに、反ユダヤの偏見はかなり残っておりそれが消えるにはある程度の時間が必要だった[74]。ナチ政権の敗北とナチが犯した行為の発覚により、少なくとも西欧ではあからさまな反ユダヤ主義は政治の舞台から排除されたものの、ナチズムに始まったわけではない人種に対する偏見は、ナチズムで終わるものでもなかった。

第三帝国が崩壊した際、ドイツにおける「難民」のうち、ユダヤ人生存者が占める割合はごく小さかった。ドイツの戦争経済で働かせるためにナチ政権が集めた数百万の労働者よりもはるかに少ない。戦争が終わり、生産が崩壊し、外国人労働者がドイツの支配から解放されると、これらの労働者は治安上非常に大きな問題を引き起こした。彼らはもはや従順ではなく法も守らず、ゲッベルスのプロパガンダで再々持ち出された否定的な固定観念を裏づけるのにはうってつけだった。食べ物が不足し交通機関もひどく混乱している国から、できるだけ迅速に彼らを故郷に戻す必要があった。イギリス軍占領地域（ルール工業地帯も含まれた）だけで一九四五年六月に約二〇〇万人の「難民」がいたのだ[75]。彼らの本国への送還は著しく迅速に進み、一一月にはイギリス占領地域の難民は五四万人に減少している。第三帝国のために酷使された外国人の解放は、ドイツ人自身の苦難とともに、ナチズムの世界がどのように逆転したかを明確に示していた。

### 戦犯裁判

自殺を選ばなかったナチ政権の要人たちの人生は、一九四五年以後、根本から変わった。突然、追う者が追われる者になったのである。連合軍の勝利後に多くの者は逃亡し、潜伏し、抑留され、尋問され、裁判にかけられ、投獄され、場合によっては処刑された。不運にも東欧で裁判にかけられた者や、初期に裁判にかけられた者は、厳しく扱われる傾向があった。

一九四五年から四六年のニュルンベルク裁判では、有罪となった一八名の被告のうち一一名（欠席裁判だったマルティン・ボルマンも入れれば一二名）に死刑が宣告されたが、終戦直後には政権においてそこまで地位が高くなかった者たちも処刑されている。そのひとり、クルト・ダリューゲは一九三六年にドイツの秩序警察長官に任命され、戦争中はヒトラーの私的警護を担当した人物で、一九四二年にラインハルト・ハイドリヒが暗殺された際には、報復としてチェコの街リディツェの男性住民全員の殺害を指示した。ダリューゲは一九四五年に逮捕、四六年にチェコスロヴァキアに引き渡され、裁判にかけられたのち絞首刑に処せられている。

一九四〇年代末あるいは一九五〇年代初頭（第二次世界大戦よりも冷戦のほうが議論の的になっていた）まで裁判にかけられなかった者は、比較的軽い刑で済む傾向があり、服役期間が判決より短くなる場合も多かった。たとえばフランツ・アルフレート・ジックスは戦時中、国家保安本部第七局（イデオロギー調査）の長と、一九四一年夏には特別行動隊《アインザッツグルッペン》Bの「モスクワ先遣隊」隊長を務め、一九四八年に米軍の軍事裁判で二〇年の実刑判決を受けたが、四年後に釈放されている。ゲルトルート・ショルツ＝クリンクのように、偽名を使って数ヵ月あるいは数年潜伏したのち発見された者もいる。ショルツ＝クリンクはナチ女性同盟とドイツ婦人連合の指導者で、少なくとも肩書きのうえでは第三帝国のもっとも有力な女性だったが、一九四五年に短期間ソ連の戦争捕虜収容所で過ごしたのち、首尾よく脱走に成功した。それから三年間チュービンゲンの近くで夫とともに偽名で暮らしていたところを発見、逮捕され、最初に書類偽造で一八ヵ月の禁固刑、続いて一九四五年以前の活動に対し労働収容所で三〇ヵ月の懲役刑を科された。

不運だった例が、NSDAPのハイルブロンの管区指導者だった残忍なリヒャルト・ドラウツ(「ハイルブロンの虐殺者」と呼ばれた)である。彼は偽名を使って修道院に避難することで、当初アメリカの逮捕を逃れた。しかし、一九四五年六月にアメリカの諜報《ちょうほう》機関によって発見、逮捕され、一九四五年三月に墜落機のアメリカ人パイロットを射殺したかどで戦犯として裁判にかけられ、一二月に死刑の判決を受け、翌年一二月に絞首刑に処せられた。[76]

### ヤルタ会談におけるナチ撲滅の決意

もちろん、ほとんどのナチは裁判にかけられていない。連合国の占領軍が到着すると政府や行政のポストから数万人が解雇され、数十万人(とくに元SS隊員やNSDAPの政府関係者)が一九四五年と四六年に連合国の軍政府によって拘禁された。[77] そして数百万人の元ナチが「非ナチ化」の結果、戦後、不安定な立場に置かれた。

勝利した連合軍はナチズムのあらゆる痕跡を消し去る決意を表明してドイツに到着した。その決意は一九四五年二月のヤルタ会談で、チャーチル、ローズヴェルト、スターリンによって確認されている。ドイツの降伏後、NSDAPとそのさまざまな下位部門はすべて禁止され、ナチの人種法は破棄され、ナチの教科書は学校から引き上げられ、ナチの記念物は破壊された。一九四五年夏にポツダムで、イギリス、アメリカ、ソ連の首脳は次のように合意している。

ナチの活動に名目以上の関与をしたNSDAPの全党員と、連合国の目的に敵対する他のすべての人間を、公職および準公職、重要な民間事業の責任ある地位から追放する。そのような人物は、ドイツに真の民主主義的機構を構築する手助けのできる、政治的・道徳的資質に優れた者と交代させる。(78)

その結果、連合軍による攻撃を受けたナチの政治エリートは、占領軍が到着するとその地位を追われ、多くが処罰された。一九四五年秋に始まったニュルンベルク裁判だけでなく、その後もさまざまな裁判が続き、数千人の元SS隊員と国防軍兵士、さらに地方のNSDAP指導者、地方政府の役人や事業主が起訴されている。連合軍はドイツに到着すると多数の人々を逮捕した。終戦直後のピーク時に、連合軍はそういったドイツ人の囚人を二五万人拘束し、四六年の終わりになってもまだ九万人以上が拘禁されていた。(79)その後の数年で数万人のドイツ人が、最初は連合軍の法廷で、その後はふたつのドイツ国家の法廷で裁かれた。

一九四五年五月から八〇年代半ばまでに、西側で連合国や西ドイツの法廷に引き出され、戦争犯罪と人道に対する罪で告発された人間は、約九万人にのぼる。そのうち六四七九人は（ほとんどは一九四五年から五一年にかけて）有罪を宣告された。ソ連の占領地域では、約一万二五〇〇人が戦争犯罪で有罪判決を受けている。[80] 告発される件数は、両ドイツともに一九五〇年代に急速に減少した。双方が独自に過去に幕引きをしようとしたためで、おそらく殺人を犯した何千もの人々が起訴も処罰も免れている。

それにもかかわらず、組織的活動により政治勢力としてのナチズムは一掃された。ナチ政権で重要な役割を果たした人物は、戦後の両ドイツで（あるいは当面はオーストリアでも）政治家としてのキャリアを続けることはできなかった。もっとも、そういったことは他の機能エリート（医師や弁護士、ジャーナリスト、実業家、公務員、学者など）にはあてはまらず、彼らは戦後の西ドイツで少しずつ仕事に復帰し大いに成功している。[81]

しかし、一九四五年五月以前に国や警察組織の指導的地位にいたことが明白で戦後公職追放された人々を別にすれば、ナチ政権の活動に「名目以上の関与」をした人物が誰かについてはかならずしも明瞭ではない。一九三三年から四五年にかけて、NSDAPその他ナチの組織に所属していたドイツ人は数百万人にのぼる。彼らの関与はどのように評価され扱われたのだろうか。こういった状況に対処するため、連合軍は「非ナチ化」プログラムを開始した。

犯罪への加担度を評価するため数百万のドイツ人にスクリーニングを実施し、程度がはなはだしい場合には、官公庁や経済組織の指導的地位や責任ある立場から追放した。対象者を篩《ふるい》にかける仕事は、かなり早い時点で（アメリカ軍占領地域では一九四六年三月）ドイツの委員会と審査機関に移されている。

数百万のドイツ人（全部で約六〇〇万人）が非常に長い質問票を埋めることを強制され、それをもとに審査機関がナチ政権への関与度を決定した。アメリカ軍占領地域では、（少なくとも最初のうちは）この手順は非常に厳正に行われ、二万人からなる組織が設立され、審査機関を運営した。審査機関は対象者を次の五つの範疇《はんちゅう》に分類している。1重罪者、2積極分子、3軽罪者、4同調者、5無罪者。(82) 重罪者と積極分子は労働収容所での服役を科せられ、財産は没収され、国家恩給は停止された。軽罪者は最高三年間はいかなる指導的地位に就《つ》くことも許されず、中程度の罰金が科せられた（たとえば給料もしくは年金の減額など）。そして同調者は中程度の罰金のみが科せられた。(83)

## 「同調者」の戦後

非ナチ化は予想どおり、完全に潔白が証明された絶対多数はさておき、残りの大部分が「同調者」に分類されて終わった。(84) これは非ナチ化の機構が事実上いわゆる「同調者の製造所」として機能したことを意味している。そこから、ナチ政権にかかわったとみなされる人々の圧倒的多数が消極的な関与者だったことが窺える。(85) しかし人々の関心は現存しないナチ政権よりも冷戦や復興へと移り、非ナチ化のプロセスにはまもなく終止符が打たれ、アメリカ軍占領地域では一九四八年五月に軍政が終了した。

一般的に、事例が審査されるまでの遅れが大きければ大きいほど、審査は甘くなった。そして非ナチ化の幕が下りたときにまだ審査が決着していなかった者は、何の罰も受けていない。オーストリアでも四月に国民議会で恩赦法が承認され、非ナチ化のプロセスは一九四八年でほぼ終了した。登録されていた全国民社会主義者の九〇パーセント以上にあたる四八万七〇六七人のオーストリア人の非ナチ化の手続きが終わり、彼らは軽罪者に分類された(86)。

非ナチ化にはふたつの目的があり、どちらの目的も十分果たされた。第一の目的は政治的粛清で、これはナチ政権で活躍した人物が政治的に重要な地位に就くことを事実上阻んだ。政治的粛清が必要だったのは、ドイツとオーストリアが再び自立するにあたり信頼に足ることを連合国に納得させるためだけでなく、ドイツ人やオーストリア人も含め、ナチズムによって苦しんだ大勢の人々に配慮するためでもある。

第二の目的は、多数の「同調者」を戦後社会に再統合することにあった。さもなければ、そういった人々は恨みに満ちた右翼政治を煽《あお》る集団になりかねなかったからである。これは政治的安定だけでなく、経済復興（というのも、経済活動から成人のごく少数派を排除しても、ほとんど意味がなかったからだ）と多くの元ナチの社会復帰のためにも必要だった(87)。戦争終盤の恐ろしい経験と、一九四五年の占領に伴う苦しみと困窮のあとで、非ナチ化の終了によって、人々は自分たちにもようやく平安が訪れると感じることができたのである。

## 非ナチ化のプロセス

非ナチ化のプロセスには、ドイツ人がナチズムについて、そして自分たちとナチズムとのかかわりについて振り返るためのふたつの重要で相関的な意義があった。第一にこのプロセスは、大半の元ナチが単なる「同調者」にすぎず、全体主義体制のなかで政権に協力する以外にほとんど選択肢はなかったという一般的で好都合な信仰を裏づけた。カール・ハインリヒ・クナップシュタイン(『フランクフルト・ツァイトゥンク』の元編集者。戦後はヘッセンで上級公務員を務めたのち外交官となった)が、一九四七年八月の『ヴァントルンク』誌のなかで、世間一般の認識がどのようなものかについて述べている。

非ナチ化は国民社会主義政権の責任をとるべき者の責任を問い、そういった者たちを排除し、民主主義共同体における重要な地位に就けないようにすることを求めた。では、国民社会主義の指導者層とは誰なのか。アメリカ軍占領地域に三三〇万人がいたというのは本当なのか。われわれは国民社会主義が完全な独裁で、ひとりの明らかに頭のおかしな男が頂点に立っていたということを忘れてしまったのだろうか。その指導者層が、他の国家構造のエリートとは対照的な小さな中央集権的集団からなり、その集団が前代未聞の洗脳の方法をじつに巧妙に利用し、彼らなりの流儀で大衆を支配しようとしていたことを忘れてしまったのだろうか。［……］いずれにせよ、恐ろしい体制の責任をとるべきは数十万の人々ではなく、もちろん数百万の人々でもない。(88)

ほとんどのドイツ人が最悪の場合でも「同調者」だったと考えることによって、ナチ政権が犯罪に広く関与していたのを見て見ぬふりをしたり、そして少なくとも戦争末期の大惨事に圧倒されるまでは多くの「普通の」ドイツ人がそこから恩恵を受けていたことを見過ごしたりするのが容易になった。

第二に、非ナチ化の方法はそのプロセスが不公平で不当だという強い意識をドイツ人に残し、そのことが自分たちはナチズムと戦争の犠牲者なのだというドイツ住民の間に遍在する認識を強調するのに役立った。アメリカ軍政府が行った世論調査からは、当初、すなわち一九四五年末から四六年初頭にかけて、非ナチ化がかなり世間の賛同を得ていたことが窺える。しかし一九四九年になると、非ナチ化の実施方法に満足していると答えたドイツ人はごくわずかしかいない。(89)

一九四九年に後継の東西ドイツが成立する頃には、過去に線を引くこと、つまりナチとしての波乱に富んだ過去をもつ人間が（NSDAPの元党員が数百万人いる国で）過去の影に脅《おび》えずに済むよう大赦を宣言することを、大衆は広く支持していた。コンラート・アデナウアーはこの「過去の問題」を、一九四九年九月二九日の最初の「政府宣言」で明確に示した。彼は連邦議会で次のように述べている。

非ナチ化によって多くの苦痛と多くの損害がもたらされた。国民社会主義と戦争の時代に本当に罪を犯した人間は、厳しく罰せられるべきだ。しかしそのほかの点では、われわれはもはやドイツの二種類の人間を区別してはならない。政治的に潔白な人間と、潔白ではない人間とを。区別はできるかぎり迅速に消滅させなければならない[90]。

元ナチを西ドイツ社会に復帰させる方法は明らかだったし、ナチのもとで繁栄し出世したかなりの数の人々が一九五〇年代の西ドイツで再び同様の成功を収めることができた。イギリス軍のジェラルド・テンプラー将軍は一九四六年一一月に、イギリス占領地域の州首相への演説のなかで、「非ナチ化の問題」が「ドイツ人にとっても連合国にとっても、非常に難しい問題」であり、「この病気を治せるのはドイツ人だけだ」と述べている。テンプラーは「要職を単なる非ナチではなく、積極的な非ナチが占めること」を期待した[91]。しかし蓋を開けてみると、テンプラーが予想したほどには「病気」は「治って」いなかった。少なくとも西ドイツでは、ほとぼりが冷めた頃、多くの元ナチが重要で責任ある地位に戻っている。ナチ政権に深くかかわった実業家、ジャーナリスト、学者、法学者、役人、医師が、一九五〇年代に昔の仕事を再開して成功を収めた[92]。終戦直後に絞首刑を首尾よく免れた者たちや、連合国が宣言した犯罪組織（SSとSD、ゲシュタポと国家保安本部）のメンバーでなかった者たちにとって、ナチズム後の人生はそれほど悪くないと判明することもしばしばだった。

### ソ連占領地域とドイツ民主共和国

東方のソ連占領地域とドイツ民主共和国では、非ナチ化のプロセスとその結果がかなり異なることが明らかになった[93]。ソ連占領地域での非ナチ化は、アメリカ占領地域と同様の厳しさで始まったが、目的はまったく異なった。ソ連占領地域での非ナチ化のプロセスは、経済と社会に構造的な変化を起こすことを意図して行われた。たんに元ナチを政治的影響力や行政権のある地位から排除するだけでなく、経済および社会のエリートから権力と財産を奪うことを目的としていたのである。これはソヴィエト秘密警察とソ連占領地域に点在していたソヴィエト特別キャンプが中心となって実施された。

東側での非ナチ化は西側の非ナチ化に比べ、もっと迅速に、徹底して行われた点も異なる。一九四七年八月、ソヴィエト軍事政府は政府指令二〇一号を発し、名目だけの元NSDAP党員の社会復帰への道を開いた（市民権や政治的権利も回復した）。そして一九四八年二月二六日に、ソヴィエト軍事政府はソ連占領地域における非ナチ化の終了を正式に宣言している。事実上過去との間に一線が引かれたわけだが、西側とは異なり、元ナチが公職や経済分野で要職に復帰することはなかった。代わりに非ナチ化のプロセスは、大規模な社会的・政治的・経済的革命を進めるのに利用された。元NSDAP党員は戦争犯罪において有罪とみなされず、また、ソ連に抑留されて死んでいなければ、新たな「反ファシスト民主主義」と、それから「実在する社会主義者」の体制に溶け込むことができた(94)。非ナチ化のプロセスで行われたであろう不正行為が公に議論される可能性はなかったが、元ナチが影響力や権威のある地位に復帰する可能性もなかった。

今になってみれば、西側での元ナチの復帰は必要だったと主張する者もいるかもしれない。民主的な政治体制で数十万、いやひょっとしたら数百万の人々が、波瀾万丈《はらんばんじょう》だった過去のせいで残りの人生を公的生活から締め出されるとしたら、それは問題があるだろう。同時に、ナチ政権に心酔していた者が官公庁から締め出され影響力を及ぼせずにいる間に西ドイツの基盤が築かれたのは事実であり、そのおかげで西ドイツの民主主義を危機にさらすことなく彼らの復帰が果たされたのかもしれない(95)。

しかしこのことは、数十年が経過し、一九六〇年代末になるまで、ナチの過去と向き合うことについて（西）ドイツできちんと議論されてこなかったことを意味する。戦争の極度の暴力、とくに戦争末期の暴力は、数十年間ナチズムの記憶を薄れさせ、その結果、大衆の記憶のなかでナチズムと戦争が切り離して考えられるようになった。この分離が戦後の数年間、重要な政治的機能を果たし、ドイツの民主主義の安定化に貢献したのかもしれない。過去にきちんと向き合わないことによって、まだ成熟途上にあったドイツ人は、平和を乱し不和を生じさせるような事柄を避けることができた。

## アーレントのドイツ訪問

一九四九年一一月から五〇年三月にかけて、政治哲学者ハンナ・アーレントは第二次世界大戦後はじめてドイツを訪問し、その報告〔「ナチ支配の余波」〕のなかで、彼女が抱いた不信感について独自の姿勢で述べている。戦争の爪痕がいたるところに残っている状況でアーレントが会ったドイツ人は、彼女から見れば死者への哀悼の念に欠け、難民となった人々の運命に無関心で、起こったことを甘受するのを心底頑《かたく》なに拒否しているように思えた(96)。アーレントによれば、ドイツ人は自己憐憫《れんびん》にかられ、自分自身の運命にばかり気を取られ、自分たちの責任を探求するなどとてもできる状態ではなかった。彼女が見たところでは、「平均的ドイツ人」にとって、戦争はナチズムの結果ではなく、アダムとエヴァがエデンの園を追われて以来存在してきた人間が生まれながらに持つ性《さが》の現れだった。

アーレントが述べている内容は、一九三三年に亡命したドイツ系ユダヤの知識人と、ドイツに残ったドイツ人との視点の違いから生まれたわけではない。そこにはナチズム消滅後にドイツ人がナチズムをどう見ていたかについての重要な点が強調されている。ドイツ人の戦時体験、とくに一九四四年と四五年の極度の暴力から受けた衝撃の重要性である。これがナチズムについての考察を陰に追いやってしまうのだ。今日のほとんどの人々（ドイツ人の大半も含む）と同様に、ハンナ・アーレントにとって、ナチズムは暴力や集団殺戮と密接に結びついていた。それはイアン・カーショーが書いているように、「文明のルーツへの攻撃」であり、だからこそ罪と責任の問題から逃れることはできない。しかし、恐ろしい経験をした直後に戦争が終結すると、ドイツ人はかなり異なる考えに取り憑《つ》かれた。

一九四五年以後のドイツにおいて、ナチズムは二重の意味で葬られた。大衆の支持を引きつけられる政治ムーヴメントおよびイデオロギーとして葬られ、さらには大衆の記憶のなかで葬られたのである。一九四四年から四五年の恐怖によって、ナチ・ドイツは非難されるのではなく同情される「かわいそうなドイツ」に変わった。ドイツ人の目から見れば、自分たちはナチズムの加害者ではなく戦争の犠牲者なのだった。この認識が実際に疑問視されるまでには、少なくとも一世代の時間を要することになる。

# 謝辞

本書はナチズムの核心にあるもの、すなわち人種戦争に焦点を当てることによって、ナチズムの検証を試みたものである。そのことが叙述の構成を決定し、テーマを取捨選択する基準となった。本書の大部分は滞独中の二〇〇二年秋と〇三年冬に執筆した。その期間、まずはハンブルクの連邦軍大学、その後ゲッティンゲンのマックス・プランク歴史研究所で厚遇され援助を受ける機会に恵まれた。研究者仲間とこのふたつの素晴らしい研究機関の支援スタッフの方々に感謝したい。彼らの助けがなければ本書の執筆はかなわなかった。とりわけ、ハンブルクとゲッティンゲンでの滞在を可能にし、心地よく実りあるものにしてくれた、連邦軍大学のベルント・ヴェグナー教授とマックス・プランク研究所のアルフ・リュトゥケ教授には恩義を感じている。とくに何年にもわたり議論を重ねることで、本書で論じたテーマの熟考をこのふたりから大いに助けてもらった。また、アレクサンダー・フォン・フンボルト財団にも、ドイツでの初期の研究を何年にもわたり可能にしてくれたことを感謝したい。ふたつの世界大戦の余波に関する当時の研究が、直接的にも間接的にも本書の執筆に役立った。大学や研究所が資金的に苦しくなりつつある時代だからこそ、学術研究で重要なのはコストではなく成果なのだということを業績で主張し続ける研究所にはいくら感謝しても足りない。

157.

92 以下を参照。Frei, *Vergangenheitspolitik*; Frei (ed.), *Karrieren im Zwielicht.*

93 以下を参照。van Melis, *Entnazifizierung in Mecklenburg-Vorpommern;* Timothy R. Vogt, *Denazification in Soviet-Occupied Germany. Brandenburg, 1945–1948* (Cambridge, Mass., and London, 2000). ソ連占領地域における非ナチ化の簡潔な考察は以下を参照。Vollnhals (ed.), *Entnazifizierung*, pp. 43–55.

94 1990年7月にソ連外務省によって公開された資料によると、抑留された12万2671人のうち、約4万3000人が病死し、776人が死刑判決を受けた。以下を参照。Vollnhals (ed.), *Entnazifizierung,* p. 55.

95 Frei (ed.), *Karrieren im Zwielicht*, p. 129.

96 Hannah Arendt, 'The Aftermath of Nazi Rule. Report from Germany', in *Commentary,* 10 (October 1950), pp. 342–53, here pp. 342–3.〔ハンナ・アーレント「ナチ支配の余波―ドイツからの報告」山田正行訳、『アーレント政治思想集成2』みすず書房、2002年〕

97 Ian Kershaw, *Hitler 1889–1936*: *Hubris* (London, 1998), p. xxx.

and Joachim Scholtyseck (eds), *Die Führer der Provinz. NS-Biographien aus Baden und Württemberg* (Konstanz, 1997), p. 157.

77 1947年1月1日の時点で、4つの占領地域すべてで拘禁された者の数は、24万9892人に達した（アメリカ占領地域で9万5250人、イギリス占領地域で6万8500人、フランス占領地域で1万8963人、ソ連占領地域で6万7179人）。このうち、9万3498人がこの日までに解放された（アメリカ占領地域で4万4244人、イギリス占領地域で3万4000人、フランス占領地域で8040人、ソ連占領地域で7214人）。以下を参照。Clemens Vollnhals (ed.), *Entnazifizierung. Politische Säuberung und Rehabilitierung in den vier Besatzungszonen 1945–1949* (Munich, 1991), p. 251.

78 Protocol of the Proceedings at Potsdam, 1 August 1945, II.A.6. 出典は〈http://www.cnn.com/SPECIALS/cold.war/episodes/01/documents/potsdam. html〉.

79 Norbert Frei, 'Hitlers Eliten nach 1945 – eine Bilanz', in Norbert Frei (ed.), *Karrieren im Zwielicht. Hitlers Eliten nach 1945* (2nd edn., Frankfurt am Main and New York, 2002), p. 306.

80 Jeffrey Herf, *Divided Memory. The Nazi Past in the Two Germanys* (Cambridge, Mass., and London, 1997), pp. 335–37.

81 以下を参照。Frei (ed.), *Karrieren im Zwielicht.*

82 Vollnhals (ed.), *Entnazifizierung*, p. 18.

83 Vollnhals (ed.), *Entnazifizierung*, p. 19.

84 西部地域の非ナチ化の統計については以下を参照。Vollnhals (ed.), *Entnazifizierung*, pp. 332–3.

85 とくに以下を参照。Lutz Niethammer, *Die Mitläuferfabrik. Die Entnazifizierung am Beispiel Bayerns* (Bonn and Berlin, 1982).

86 Dieter Stiefel, *Entnazifizierung in Österreich* (Vienna, Munich and Zürich, 1981), pp. 308–9.

87 以下を参照。Stiefel, *Entnazifizierung in Österreich*, pp. 326–8.

88 Karl Heinrich Knappstein, 'Die versäumte Revolution', *Die Wandlung* (August 1947). Printed in Vollnhals (ed.), *Entnazifizierung*, pp. 310–11.

89 以下を参照。Vollnhals (ed.), *Entnazifizierung*, p. 61.

90 Regierungserklärung des Bundeskanzlers Konrad Adenauer vom 20. September 1949. 出典は〈http://www.dhm.de/lemo/html/dokumente/JahreDesAufbausInOstUndWest_erklaerungAdenauerRegierungserklaerung1949/〉.

91 1945年11月19日、20日にデトモルトのイギリス占領地域の地方の州首相会議で行われた、イギリス軍政府指導者ジェラルド・テンプラー将軍の演説。*Akten zur Vorgeschichte der Bundesrepublik Deutschland 1945–1949, Band 1, September 1945–Dezember 1946, Teil 1* (Munich, 1989), p.

67　1950年代に西ドイツ難民省が発表し、テオドール・シーダーが編纂した以下の資料を参照。Bundesministerium für Vertriebene（ed.）, *Dokumentation der Vertreibung der Deutschen aus Ost-Mitteleuropa*（Bonn, 1957）.

68　Götz Aly, *Rasse und Klasse. Nachforschungen zum deutschen Wesen*（Frankfurt am Main, 2003）, p. 232.

69　'Vorwort', Bundesministerium für Vertriebene（ed.）,（bearbeitet von Theodor Schieder）, *Die Vertreibung der deutschen Bevolkerung aus den Gebieten östlich der Oder-Neisse*（Band Ⅰ/1. *Dokumentation der Vertreibung der Deutschen aus Ost-Mitteleuropa*）（Bonn, 1953）, p. 1.

70　1945年12月にソ連占領地域で、ソ連軍政府によってキリスト教民主同盟の指導部からアンドレアス・ヘルメスが排除された一番の理由がこれだった。以下を参照。Stefan Donth, *Vertriebene und Flüchtlinge in Sachsen 1945–1952. Die Politik der Sowjetischen Militäradministration unter der SED*（Cologne, Weimar and Vienna, 2000）, pp. 82–92.

71　ナチ・ドイツからの政治的亡命者は約半数が帰国したが、「人種的」理由のために出国した者で帰国した者はせいぜい4パーセントほどにすぎない。Werner Röder and Herbert A. Strauss（eds）, *Biographisches Handbuch der deutschsprachigen Emigration nach 1933/International Biographical Dictionary of Central European Emigrés 1933–1945*, Volume Ⅱ, Part 1（Munich, 1983）, p. xxxxix .

72　Frank Stern, 'The Historic Triangle: Occupiers, Germans and Jews in Postwar Germany', in Robert G. Moeller（ed.）, *West Germany under Construction. Politics, Society and Culture in the Adenauer Era*（Ann Arbor, 1997）, p. 202.

73　Michael Brenner, 'East European and German Jews in Postwar Germany 1945–50', in Y. Michal Bodemann（ed.）, *Jews, Germans, Memory: Reconstructions of Jewish Life in Germany*（Ann Arbor, Mich., 1996）, p. 50.

74　以下を参照。Constantin Goschler, 'The Attitude towards Jews in Bavaria after the Second World War', in Robert G. Moeller（ed.）, *West Germany under Construction*, pp. 231–3.

75　1945年11月19日、20日にデトモルトのイギリス占領地域の地方の州首相会議で行われた、イギリス軍政府指導者ジェラルド・テンプラー将軍の演説。*Akten zur Vorgeschichte der Bundesrepublik Deutschland 1945–1949, Band 1, September 1945–Dezember 1946, Teil 1*（Munich, 1989）, p. 156.

76　Henke, *Die amerikanische Besetzung Deutschlands*, pp. 847–8; Susanne Schlösser, '"Was sich in den Weg stellt, mit Vernichtung schlagen". Richard Drauz, NSDAP-Kreisleiter von Heilbronn', in Michael Kissner

54 Erich von Manstein, *Verlorene Siege* (Bonn, 1955)〔『失われた勝利　マンシュタイン回想録』本郷健訳、中央公論新社、1999年／2000年〕。

55 Franz Halder, *Hitler als Feldherr* (Munich, 1949).

56 Johannes Klotz, 'Die Ausstellung "Vernichtungskrieg. Verbrechen der Wehrmacht 1941 bis 1944". Zwischen Geschichtswissenschaft und Geschichtspolitik', in Detlev Bald, Johannes Klotz and Wolfram Wette, *Mythos Wehrmacht. Nachkriegsdebatten und Traditionspflege* (Berlin, 2001), pp. 116–76.

57 Norbert Frei, *Vergangenheitspolitik Die Anfänge der Bundesrepublik und die NS-Vergangenheit* (Munich, 1996), p. 77.

58 たとえば、1953年10月の世論調査では、質問された人々の半数以上（55パーセント）が、占領地域の国防軍兵士のふるまいは非難されるべきではないと答えている。非難されるべき例がまれにあると答えたのは21パーセントで、明白に非難されるべきと答えたのはわずか6パーセントだった。以下を参照。Militärgeschichtliches Forschungsamt (ed.), *Anfänge westdeutscher Sicherheitspolitik 1945–1956, Band 2, Die EVG-Phase* (bearbeitet von Lutz Köllner u.a.) (Munich, 1990), p. 487.

59 以下を参照。Robert G. Moeller, *War Stories. The Search for a Usable Past in the Federal Republic of Germany* (Berkeley, Los Angeles and London, 2001).

60 以下の示唆に富むコメントを参照。Sabine Behrenbeck, 'The Transformation of Sacrifice: German Identity between Heroic Narrative and Economic Success', in Paul Betts and Greg Eghigian (eds), *Pain and Prosperity. Reconsidering Twentieth-Century German History* (Stanford, 2003), esp. pp. 134–5.

61 以下を参照。Klotz, 'Die Ausstellung'.

62 Ulrich Herbert, 'Good Times, Bad Times: Memories of the Third Reich', in Richard Bessel (ed.), *Life in the Third Reich* (2nd edn, Oxford, 2001), pp. 97–110.〔前掲『ナチ統治下の民衆』〕

63 Statistisches Bundesamt (ed.), *Die deutschen Vertreibungsverluste. Bevölkerungsbilanzen für die deutschen Vertreibungsgebiete 1939/50* (Wiesbaden, 1958), p. 33.

64 Protocol of the Proceedings at Potsdam, 1 August 1945, XII. Orderly Transfer of German Populations. 出典は〈http://www.cnn.comSPECIALS/cold.war/episodes/01/documents/potsdam.html〉.

65 Statistisches Bundesamt (ed.), *Die deutschen vertreibungsverluste*, p. 37.

66 Naimark, *Fires of Hatred*, pp.108–38.〔前掲『民族浄化のヨーロッパ史』〕; Norman Davies and Roger Moorhouse, *Microcosm. Portrait of a Central European City* (London, 2003), pp. 417–25.

gorum (eds), *Heimat-Front. Militär und Geschlechterverhältnisse im Zeitalter der Weltkriege* (Frankfurt am Main and New York, 2002), pp. 354–6.

40 Steinert, *Hitler's War and the Germans*, pp. 313–14.

41 Klaus-Dietmar Henke, *Die amerikanische Besetzung Deutschlands* (Munich, 1995), p. 943.

42 Uwe Backes and Eckhard Jesse, *Politischer Extremismus in der Bundesrepublik Deutschland* (Cologne, 1989), p. 62.

43 以下を参照。Backes and Jesse, *Politischer Extremismus*, pp. 63–6.

44 Protocol of the Proceedings at Potsdam, 1 August 1945, II. A. 3 (i). 出典は〈http://www.cnn.com/SPECIALS/cold.war/episodes/01/documents/potsdam.html〉.

45 Holger Afflerbach, 'Das Militär in der deutschen Gesellschaft nach 1945', in Holger Afflerbach and Christoph Cornelissen (eds), *Sieger und Besiegte. Materielle und ideele Neuorientierungen nach 1945* (Tübingen and Basel, 1997), p. 249.

46 Wolfram Wette, 'Die deutsche militärische Führungsschicht in den Nachkriegszeiten', in Niedhart and Riesenberger (eds), *Lernen aus dem Krieg?*, p. 40.

47 以下に引用されている。Afflerbach, 'Das Militär in der deutschen Gesellschaft nach 1945', p. 250.

48 Michael Geyer, 'Cold War Angst. The Case of West-German Opposition to Rearmament and Nuclear Weapons', in Hanna Schissler (ed.), *The Miracle Years. A Cultural History of West Germany, 1949–1968* (Princeton and Oxford, 2001), p. 387.

49 Mecklenburgisches Landeshauptarchiv Schwerin, Kreistag/Rat des Kreises Uekermünde/Pasewalk, Nr. 118, ff. 2–4: Kreisverwaltung Pasewalk, Landrat, Abt. Information, Pasewalk, 14 July 1952.

50 Wette, 'Die deutsche militärische Führungsschicht in den Nachkriegszeiten', p. 40.

51 1952年7月に行われた世論調査では、「ロシアの脅威を感じるか」という問いに対し、「感じる」と答えた人は3分の2（66パーセント）にのぼった。以下に引用されている。Afflerbach, 'Das Militär in der deutschen Gesellschaft nach 1945', p. 250.

52 1958年に46万4418人のうちのわずか2447人、つまり0.5パーセントが兵役拒否を求めた。ピークとなった1991年には、割合はほぼ5分の2（39.7パーセント）に増加した。以下を参照。Afflerbach, 'Das Militär in der deutschen Gesellschaft nach 1945', p. 263.

53 Wette, *Die Wehrmacht. Feindbilder, Vernichtungskrieg, Legenden* (Frankfurt am Main, 2002), pp. 204–5.

れた。レイプされ堕胎を求める女性に医師たちがどのように対応することになるかと共産党員に問われて、ウルブリヒトはそれは議論する問題ではないとそっけなく答えている。以下を参照。Wolfgang Leonhard, *Die Revolution entlässt ihre Kinder* (Cologne, 1990), pp. 461–2.

26 Heineman, 'The Hour of the Woman', p. 367.

27 Helene Albers, *Zwischen Hof, Haushalt und Familie. Bäuerinnen in Westfalen-Lippe (1920–1960)* (Paderborn, 2001), p. 380.

28 Michael L. Hughes, '"Through No Fault of Our Own": West Germans Remember Their War Losses', *German History*, vol. 18, no. 2 (2000), p. 193.

29 Sabine Behrenbeck, 'Heldenkult oder Friedensmahnung? Kriegerdenkmale nach beiden Weltkriegen', in Gottfried Niedhart and Dieter Riesenberger (eds), *Lernen aus dem Krieg? Deutsche Nachkriegszeiten 1918 und 1945. Beitrage zur historischen Friedensforschung* (Munich, 1992), p. 361.

30 Hughes, '"Through No Fault of Our Own"', p. 194.

31 以下を参照。Michael L. Hughes, *Shouldering the Burdens of Defeat: West Germany and the Reconstruction of Social Justice* (Chapel Hill, 1999), pp. 151–89.

32 Hughes, '"Through No Fault of Our Own"'; p. 211.

33 以下に引用されている。Michael Wildt, *Generation des Unbedingten. Das Führungskorps des Reichssicherheitshauptamtes* (Hamburg, 2002), p. 143.

34 以下に引用されている。Clemens Vollnhals, *Evangelische Kirche und Entnazifizierung 1945–1949. Die Last der nationalsozialistischen Vergangenheit* (Munich, 1989), p. 134.

35 Richard Bessel, 'Polizei zwischen Krieg und Sozialismus. Die Anfänge der Volkspolizei nach dem Zweiten Weltkrieg', in Christian Jansen, Lutz Niethammer and Bernd Weisbrod (eds), *Von der Aufgabe der Freiheit. Politische Verantwortung und bürgerliche Gesellschaft im 19. und 20. Jahrhundert. Festschrift für Hans Mommsen zum 5. November 1995* (Berlin, 1995), pp. 525–6.

36 以下を参照。Heinemann, *What Difference Does a Husband Make?*, pp. 75–107.

37 Heinemann, *What Difference Does a Husband Make?*, p. 127.

38 以下に引用されている。Grossmann, 'Trauma, Memory and Motherhood', p. 122.

39 以下の鋭敏な観察を参照。Frank Biess, 'Männer des Wiederaufbaus – Wiederaufbau der Männer. Kriegsheimkehrer in Ost- und West-deutschland, 1945–1955', in Karen Hagemann and Stefanie Schüler Sprin-

以下を参照。Elizabeth D. Heineman, *What Difference Does a Husband Make? Women and Marital Status in Nazi and Postwar Germany* (Berkeley, Los Angeles and London, 1999), p. 118.

16 Heinz Petzold, 'Cottbus zwischen Januar und Mai 1945', in Werner Stang and Kurt Arlt (eds), *Brandenburg im Jahr 1945. Studien* (Potsdam, 1995), pp. 124–5.

17 以下に引用されている。Petzold, 'Cottbus zwischen Januar und Mai 1945', p. 125.

18 Marie-Luise Recker, 'Wohnen und Bombardierung im Zweiten Weltkrieg', in Lutz Niethammer (ed.), *Wohnen im Wandel. Beiträge zur Geschichte des Alltags in der bürgerlichen Gesellschaft* (Wuppertal, 1979), p. 410.

19 一例として以下を参照。Andreas Hofmann, *Nachkriegszeit in Schlesien. Gesellschafis- und Bevölkerungspolitik in den polnischen Siedlungsgebieten 1945–1948* (Cologne, Weimar and Vienna, 2000), pp. 21–2.

20 戦後初の国勢調査によると、女性126人に対し男性が100人だった。ベルリンではその割合は女性146人に対し男性100人となった。以下を参照。Robert G. Moeller, *Protecting Motherhood. Women and the Family in the Politics of Postwar West Germany* (Berkeley and Los Angeles, 1993), p. 27.

21 Norman Naimark, *The Russians in Germany. A History of the Soviet Zone of Occupation, 1945–1949* (Cambridge, Mass., 1995), pp. 69–140; Atina Grossmann, 'A Question of Silence: The Rape of German Women by Occupation Soldiers', in Robert G. Moeller (ed.), *West Germany under Construction. Politics, Society and Culture in the Adenauer Era* (Ann Arbor, Mich., 1997), pp. 33–53; Elizabeth Heineman, 'The Hour of the Woman: Memories of Germany's "Crisis Years" and West German Identity', *American Historical Review,* vol. 101, no. 2 (1996), pp. 364–74; Andrea Petö, 'Memory and the Narrative of Rape in Budapest and Vienna in 1945', in Richard Bessel and Dirk Schumann (eds), *Life after Death. Approaches to a Cultural and Social History of Europe during the 1940s and 1950s* (Cambridge, 2003), pp. 129–48.

22 以下に引用されている。zur Nieden, *Alltag im Ausnahmezustand,* p. 187.

23 Atina Grossmann, 'Trauma, Memory, and Motherhood. Germans and Jewish Displaced Persons in Post-Nazi Germany, 1945–1949', in Bessel and Schumann (eds), *Life after Death,* pp. 100–1.

24 以下を参照。Lutz Niethammer, 'Privat-Wirtschaft. Erinnerungsfragmente einer anderen Umerziehung', in Lutz Niethammer (ed.), *'Hinterher merkt man, dass es richtig war, dass es schiefgegangen ist'. Nachkriegs-Erfahrungen im Ruhrgebiet* (Berlin and Bonn, 1983), pp. 22–34.

25 このことは1945年５月にヴァルター・ウルブリヒトによって明確にさ

2　1945年10月 3 日にニュルンベルクでJ. H. Amen 大佐によって行われたヘルマン・ゲーリングの尋問については以下。Richard Overy, *Interrogations. The Nazi Elite in Allied Hands, 1945*（London, 2002）, p. 312.

3　これについては以下を参照。Richard Bessel, 'Hatred after War', in Alon Confino（ed.）, *Thinking of Twentieth-Century Germany*（forthcoming）.

4　Marlis Steinert, *Hitler's War and the Germans. Public Mood and Attitude during the Second World War*（Athens, Ohio, 1977）, p.288.

5　ベルリンだけで7000人以上のドイツ人が1945年に自殺した。うち約4000人が女性だった。以下を参照。Ursula Baumann, *Vom Recht auf den eigenen Tod. Die Geschichte des Suizids vom 18. bis zum 20. Jahrhundert*（Weimar, 2001）, p. 377.

6　以下に引用されている。Susanne zur Nieden, *Alltag im Ausnahmezustand. Frauentagebücher im zerstörten Deutschland 1943 bis 1945*（Berlin, 1993）, p. 160.

7　Baumann, *Vom Recht auf den eigenen Tod*, p. 376.

8　Mecklenburgisches Landeshauptarchiv Schwerin, Kreistag/Rat des Kreises Demmin, Nr. 46, ff. 62–64: [Der Landrat] des Kreises Demmin to the Präsidenten des Landes Mecklenburg-Vorpommern, Abteilung Innere Verwaltung, 'Tätigkeitsbericht', [Demmin], 21 Nov. 1945.

9　以下に引用されている。Damian van Melis, *Entnazifizierung in Mecklenburg-Vorpommern. Herrschaft und Verwaltung 1945–1948*（Munich, 1999）, pp. 23–4.

10　Norman M. Naimark, *Fires of Hatred. Ethnic Cleansing in Twentieth-Century Europe*（Cambridge, Mass., and London, 2001）, p. 117〔ノーマン・M・ナイマーク『民族浄化のヨーロッパ史－憎しみの連鎖の20世紀』山本明代訳、刀水書房、2014年〕

11　セーロフからベリヤへの手紙。以下に引用されている。Naimark, *Fires of Hatred*, p. 117.〔前掲『民族浄化のヨーロッパ史』〕

12　Arthur L. Smith, *Heimkehr aus dem Zweiten Weltkrieg. Die Entlassung der deutschen Kriegsgefangenen*（Stuttgart, 1985）, p. 11.

13　Andreas Hilger, *Deutsche Kriegsgefangene in der Sowjetunion, 1941–1956. Kriegsgefangenenpolitik, Lageralitag und Erinnerung*（Essen, 2000）, pp. 314–67. ソ連の戦争捕虜収容所からの最後の「帰還兵」は1956年 1 月に東西両ドイツに到着した。

14　1944年11月に、ドイツ全域で登録されている避難民は776万9880人にのぼった。勤務先の工場移転で移動した者がさらに46万648人いた。以下を参照。Katja Klee, *Im 'Luftschutzkeller des Reiches'. Evakuierte in Bayern: Politik, soziale Lage, Erfahrungen*（Munich, 1999）, p. 175.

15　1950年に西ドイツではまだ100万人以上が「行方不明」とされていた。

とする者にはこの過酷な脅しのみが効果を上げることができる。個人にのみならず、集団に対してもだ」と断言している。以下も参照。Wette, *Die Wehrmacht*, p. 165.

252 これに対し、第二次世界大戦中に脱走で処刑された兵はアメリカでは1人、イギリスではゼロである。以下を参照。Steven R. Welch, '"Harsh but Just"? German Military Justice in the Second World War: A Comparative Study of the Court-Martialling of German and US Deserters', *German History*, vol. 17, no. 3 (1999), p. 389.

253 以下に引用されている。Messerschmidt and Wüllner, *Die Wehrmachtjustiz*, p. 118.

254 *Reichsgesetzblatt*, 1945, Ⅰ, p. 30: Verordnung über die Errichtung von Standgerichten vom 15. Februar 1945.

255 以下に引用されている。Henke, *Die amerikanische Besetzung Deutschlands*, p. 845.

256 以下に引用されている。Absolon (ed.), *Die Wehrmacht im Dritten Reich*, p. 604.

257 Sixth Army Group, G-2, Weekly Intelligence Summary Nr. 32, 28 April 1945. 以下に引用されている。Henke, *Die amerikanische Besetzung Deutschlands*, p. 853.

258 以下を参照。Antony Beevor, *Berlin. The Downfall 1945* (London, 2002).〔アントニー・ビーヴァー『ベルリン陥落 1945』川上洸訳、白水社、2004年〕

259 以下を参照。Dietrich Eichholtz, *Geschichte der deutschen Kriegswirtschaft 1939–1945. Band Ⅲ 1943–1945* (Berlin, 1996), pp. 632–4.

260 Andreas Kunz, 'Zweierlei Untergang: Das Militär in der Schlussphase der nationalsozialistischen Herrschaft zwischen Sommer 1944 und Frühjahr 1945' (Phil. Diss., Universität der Bundeswehr Hamburg, 2003), p. 4.

261 デーニッツの政府についての簡潔かつ優れた考察については以下を参照。Martin Kitchen, *Nazi Germany at War* (London, 1995), pp. 288–301.

262 このことがのちにドイツ人女性にとっての戦争の記憶となった。エリーザベト・ハイネマンは次のように指摘している。「人生に影響を与えた出来事が集中している。爆撃、疎開、逃避、夫の死、レイプ、飢餓などだ」。以下を参照。Heineman, *What Difference Does a Husband Make?*, p. 79.

## 第4章　第二次世界大戦の余波

1 Text in Jeremy Noakes (ed.), *Nazism 1919–1945. Volume 4. The German Home Front in World War Ⅱ* (Exeter, 1998), pp. 667–71.

(London, 2003), pp. 13–37.

236 Erich Murawski, *Die Eroberung Pommerns durch die Rote Armee* (Boppard, 1969), pp. 341–2.

237 一例として以下を参照。Friedrich Blumenstock, *Der Einmarsch der Amerikaner und Franzosen im nördlichen Württemberg im April 1945* (Stuttgart, 1957), pp. 21–5.

238 'Mitteilungsblatt' of the NSDAP Kreisleitung in Küstrin, 5. Feb. 1945, reproduced in Hermann Thrams, *Küstrin 1945. Tagebuch einer Festung* (Berlin, 1992), p. 47.

239 以下に引用されている。Hans-Martin Stimpel, *Widersinn 1945. Aufstellung, Einsatz und Untergang eines militärischen Verbandes* (Göttingen, 1998), p. 68.

240 Wagner, *Produktion des Todes*, p. 268.

241 以下に引用されている。Wagner, *Produktion des Todes*, p. 332. ミッテルバウ＝ドーラは1945年初頭にアウシュヴィッツから約4000人、その後グロス＝ローゼンから１万人以上を受け入れた。以下を参照。Wagner, *Produktion des Todes*, pp. 269–70.

242 Wagner, *Produktion des Todes,* pp. 272–3.

243 多くの外国人労働者が雇用されていたルール地方の都市での状況については、以下を参照。Herbert, *Hitler's Foreign Workers*, pp. 370–4.

244 以下を参照。Gerhard Paul, *Landunter. Schleswig-Holstein und das Hakenkreuz* (Münster, 2001), pp. 298–300.

245 Herbert, *Hitler's Foreign Workers*, p. 374.

246 Manfred Messerschmidt and Fritz Wüllner, *Die Wehrmachtjustiz im Dienste des Nationalsozialismus. Zerstörung einer Legende* (Baden-Baden, 1987), p. 131.

247 一例として以下を参照。Blumenstock, *Der Einmarsch der Amerikaner und Franzosen*, pp. 28–34.

248 詳細については以下。Kunz, 'Wehrmacht in der Agonie der nationalsozialistischen Herrschaft', p. 103, fn. 26.

249 以下に引用されている。Rudolf Absolon (ed.), *Die Wehrmacht im Dritten Reich* (Band 6: 19. Dezember bis 9. Mai 1945) (Boppard am Rhein, 1995), p. 604.

250 以下に引用されている。Messerschmidt and Wüllner, *Die Wehrmachtjustiz*, p. 117.

251 Hitler, *Mein Kampf*, p. 449. 〔前掲『わが闘争』〕ヒトラーは、「逃亡兵には、任務を放棄することで、逃れようとしているものが自分にふりかかってくるのだということをわからせなければならない。前線でひとは死ぬかもしれないが、任務を放棄する者は死ななければならない。逃亡しよう

照。Mierzejewski, ‘When Did Albert Speer Give Up?’; Henke, *Die amerikavnische Besetzung Deutschlands*, pp. 427–35.

226 Boelcke, *Deutschlands Rustung im Zweiten Weltkrieg*, p. 21.

227 1945年 3 月29日のシュペーアからヒトラーへの手紙は以下。*Kriegstagebuch des Oberkommandos der Wehrmacht* (*Wehrmachtführungsstab*), *Band IV: 1. Januar 1944–22. Mai 1945* (ed. Percy Ernst Schramm) (Frankfurt am Main, 1961), pp. 1581–4.

228 Albert Speer, *Inside the Third Reich* (London, 1975), pp. 607–8.〔アルベルト・シュペーア『第三帝国の神殿にて－ナチス軍需相の証言』品田豊治訳、中公文庫、2001年〕

229 以下を参照。Dietrich Eichholtz, *Geschichte der deutschen Kriegswirtschaft 1939–1945. Band III: 1943–1945* (Berlin, 1996), pp. 663–8.

230 Walther Hubatsch (ed.), *Hitlers Weisungen für die Kriegführung 1939–1945. Dokumente des Oberkommandos der Wehrmacht* (Frankfurt am Main, 1962), pp. 256–58: Erlass des Führers über die Befehlsgewalt in einem Operationsgebiet innerhalb des Reiches vom 13. Juli 1944; pp. 259–60: Erlass des Führers über die Zusammenarbeit von Partei und Wehrmacht in einem Operationsgebiet innerhalb des Reiches vom 13. Juli 1944; pp.260–4: Befehl des Chefs OKW betr. Vorbereitungen für die Verteidigung des Reichs, Der Chef des Oberkommandos der Wehrmacht, F.H.Qu., den 19.7.1944; pp. 294–5: Zweiter Erlass des Führers über die Zusammenarbeit von Partei und Wehrmacht in einem Operationsgebiet innerhalb des Reichs vom 19. September 1944; pp. 295–7: Zweiter Erlass des Führers über die Befehlsgewalt in einem Operationsgebiet innerhalb des Reiches vom 20. September 1944. 以下を参照。Kunz, ‘Wehrmacht in der Agonie der nationalsozialistischen Herrschaft’, pp. 103–4.

231 以下を参照。David Keith Yelton, ‘“Ein Volk steht auf”. The GermanVolkssturm and Nazi Strategy 1944–1945’, *The Journal of Military History*, vol. 64 (2000), p. 1066–7.

232 以下に引用されている。Yelton, “Ein Volk steht auf”, p. 1069.

233 この考えについては以下を参照。Yelton, “Ein Volk steht auf”, pp. 1068–70. 以下も参照。Gerhard L. Weinberg, ‘German Plans for Victory, 1944–1945’, in his *Germany, Hitler and World War II. Essays in Modern German and World History* (Cambridge, 1994), pp. 274–86.

234 1945年 4 月12日のヒムラーの布告は以下。Rolf-Dieter Müller and Gerd R. Ueberschär, *Kriegsende 1945. Die Zerstörung des Deutschen Reiches* (Frankfurt am Main, 1994), p. 171.

235 ブレスラウの包囲攻撃については以下を参照。Norman Davies and Roger Moorhouse, *Microcosm, Portrait of a Central European City*

*Weltkrieg*, p. 238. Andreas Kunzによる以下の示唆に富む意見も参照。'Die Wehrmacht in der Agonie der nationalsozialistischen Herrschaft 1944/45. Eine Gedankenskizze', in Jörg Hillmann and John Zimmermann (eds), *Kriegsende 1945 in Deutschland* (Munich, 2002), p. 107.

213 Printed in Walther Hubatsch (ed.), *Hitlers Weisungen für die Kriegführung 1939–1945. Dokumente des Oberkommandos der Wehrmacht* (Frankfurt am Main, 1962), p. 299.

214 以下に引用されている。Jung, *Die Ardennen-Offensive 1944/45*, p. 21.

215 以下に引用されている。Heinrich Schwendenmann, '"Deutsche Menschen vor der Vernichtung durch den Bolschewismus zu retten": Das Programm der Regierung Dönitz und der Beginn einer Legendenbildung', in Jörg Hillmann and John Zimmermann (eds), *Kriegsende 1945 in Deutschland* (Munich, 2002), p.9.

216 Marlis Steinert, *Hitler's War and the Germans. Public Mood and Attitude during the Second World War* (Athens, Ohio, 1977), p. 287. 2011年11月25日に放送されたZDFの以下のテレビ番組にも注目。'Die Wahrheit über Nemmersdorf', 〈http://www.zdf.de/ZDFde/inhalt/0,1872,2004695,00.html〉.

217 Text of this 'Aufruf an die Soldaten der Ostfront' from 15 April 1945 in *Kriegstagebuch des Oberkommandos der Wehrmacht (Wehrmachtführungsstab), Band IV: 1. Januar 1944–22. Mai 1945* (ed. Percy Ernst Schramm) (Frankfurt am Main, 1961), pp. 1589–90.

218 以下に引用されている。Steinert, *Hitler's War and the Germans*, p. 288.

219 以下を参照。John Zimmermann, 'Die Kämpfe gegen die Westalliierten 1945 – Ein Kampf bis zum Ende oder die Kreierung einer Legende?', in Jörg Hillmann and John Zimmermann (eds), *Kriegsende 1945 in Deutschland* (Munich, 2002), pp. 115–33.

220 以下に引用されている。Christoph Studt, *Das Dritte Reich in Daten* (Munich, 2002), p. 244.

221 MacGregor Knox, *Common Destiny. Dictatorship, Foreign Policy, and War in Fascist Italy and Nazi Germany* (Cambridge, 2000), pp. 237–8.

222 以下を参照。Klaus-Dietmar Henke, *Die amerikanische Besetzung Deutschlands* (Munich, 1995), p. 422.

223 以下を参照。Alfred C. Mierzejewski, 'When Did Albert Speer Give Up?', *The Historical Journal*, vol. 31, no. 2 (1988), p. 392.

224 Text of this 'Führerbefehl' in *Kriegstagebuch des Oberkommandos der Wehrmacht (Wehrmachtführungsstab), Band IV: 1. Januar 1944–22. Mai 1945* (ed. Percy Ernst Schramm) (Frankfurt am Main, 1961), pp. 1580–1.

225 この件とシュペーアの真意についての批判的な考えについては以下を参

ドイツおよび西方の占領地域に英米空軍が投下した爆弾　1940–45年（単位トン）

| | | |
|---|---|---|
| 1940年 : 14,631 | 1942年 : 53,755 | 1944年 : 1,118,577 |
| 1941年 : 35,509 | 1943年 : 226,513 | 1945年 : 477,051 |

出典は、Bundesminister für Vertriebene, Flüchtlinge und Kriegsbeschädigte (ed.), *Dokumente Deutscher Kriegsschäden. Evakuierte – Kriegsgeschädigte Währungsgeschädigte. Die geschichtliche und rechtliche Entwicklung*, vol. 1 (Bonn, 1958), p. 46. 以下も参照。Krause, *Flucht vor dem Bombenkrieg*, p. 34.

200 Adolf Klein, *Köln im Dritten Reich. Stadtgeschichte der Jahre 1933–1945* (Cologne, 1983), p. 280; Bernd-A. Rusinek, *Gesellschaft in der Katastrophe. Terror, Illegalität, Widerstand – Köln 1944/45* (Essen, 1989), p. 102.

201 Bundesminister für Vertriebene, Flüchtlinge und Kriegsbeschädigte (ed.), *Dokumente Deutscher Kriegsschäden*, pp. 51–3.

202 Wagner, *Produktion des Todes*, p. 280.

203 Bundesminister für Vertriebene, Flüchtlinge und Kriegsbeschädigte (ed.), *Dokumente Deutscher Kriegsschäden*, pp. 58–62; Krause, *Flucht vor dem Bombenkrieg*, pp. 36–7; Friedrich, *Der Brand*, p.168.

204 Neil Gregor, 'A *Schicksalsgemeinschaft?*', p. 1070.

205 Rusinek, *Gesellschaft in der Katastrophe*, p. 94.

206 Matthias Menzel, *Die Stadt ohne Tod. Berliner Tagebuch 1943/45* (Berlin, 1946), pp. 48–50. 以下に引用されている。Hans Dieter Schäfer, *Berlin im Zweiten Weltkrieg. Der Untergang der Reichshauptstadt in Augenzeugenberichten* (Munich and Zürich, 1985), p. 268.

207 以下を参照。Friedrich Blumenstock, *Der Einmarsch der Amerikaner und Franzosen im nördlichen Württemberg im April 1945* (Stuttgart, 1957), pp. 17–20.

208 Manfred Uschner, *Die zweite Etage. Funktionsweise eines Machtapparates* (Berlin, 1993), p. 29.

209 以下に引用されている。Manfried Rauchensteiner, *Der Krieg in Österreich 1945* (2nd edn, Vienna, 1984), p. 25.

210 Tim Mason, 'The Legacy of 1918 for National Socialism', in Anthony Nicholls and Erich Matthias (eds), *German Democracy and the Triumph of Hitler. Essays in Recent German History* (London, 1971), pp. 215–40.

211 以下に引用されている。Schäfer, *Berlin im Zweiten Weltkrieg*, p. 309: 'Bericht über den "Sondereinsatz Berlin" für die Zeit vom 30.3.–7.4.1945', dated 10. April 1945.

212 以下を参照。Overmans, *Deutsche militärische Verluste im Zweiten*

*Münchner Kriegswirtschaft 1939–1945* (Munich, 1996), pp. 212–22; Herbert, *Hitler's Foreign Workers*, pp. 130–1, 219–20; Wagner, *Produktion des Todes*, pp. 175–6.

189 以下を参照。Wagner, *Produktion des Todes*.

190 Wagner, *Produktion des Todes*, pp. 423–6.

191 Gerhard Schreiber, *Deutsche Kriegsverbrechen in Italien. Täter – Opfer – Strafverfolgung* (Munich, 1996), p. 40. 以下を参照。Gerhard Schreiber, *Die italienischen Militärinternierten im deutschen Machtbereich 1943 bis 1945: verraten – verachtet – vergessen* (Munich, 1990).

192 Schreiber, *Deutsche Kriegsverbrechen in Italien*, pp. 214–15.

193 以下を参照。Geyer, "'Es muss daher mit schnellen und drakonischen Massnahmen durchgegriffen werden", pp. 208–38. 戦争の後期には、イタリア人に対しドイツの一般市民の間に嫌悪感が募っていたという証拠もある。一例として以下を参照。*Meldungen aus dem Reich. Die geheimen Lageberichte des Sicherheitsdienstes der SS 1938–1945* (ed. by Heinz Boberach), vol. 17 (Herrsching, 1984), p. 6705: 'Meldungen aus den SD-Abschnittsberichten vom 10. August 1944'.

194 以下を参照。Michael Krause, *Flucht vor dem Bombenkrieg. 'Umquartierungen' im Zweiten Weltkrieg und die Wiedereingliederung der Evakuierten in Deutschland 1943–1963* (Düsseldorf, 1997); Jörg Friedrich, *Der Brand. Deutschland im Bombenkrieg1940–1945* (Munich, 2002); Neil Gregor, 'A *Schicksalsgemeinschaft?* Allied Bombing, Civilian Morale, and Social Dissolution in Nuremburg, 1942–1945', *The Historical Journal*, vol. 43, no. 5 (2000), p. 1070.

195 この被害者意識は、爆撃についての最近ベストセラーとなった以下の歴史書に影響を与えている。Jörg Friedrich, *Der Brand. Deutschland im Bombenkrieg 1940–1945* (Munich, 2002).

196 Sir Charles Webster and Noble Frankland, *The Strategic Air Offensive against Germany 1939–1945*, vol. 1 (London, 1961), p. 393.

197 これは以下に従っている。Krause, *Flucht vor dem Bombenkrieg*, pp. 28–9. 以下も参照。Martin Middlebrook, *The Battle of Hamburg. Allied Bomber Forces against a German City in 1943* (London, 1980); Friedrich, *Der Brand*, pp. 192–5.

198 Boelcke, *Deutschlands Rüstung im Zweiten Weltkrieg*, p. 35.

199 戦争中、連合軍に投下された爆弾の総トン数の半分以上が1944年に投下され、４分の１が45年１月から４月に投下された。45年の最初の４ヵ月で、40年から43年の４年間に投下されたトン数の約1.5倍が投下された。

167 Michael Thad Allen, *The Business of Genocide. The SS, Slave Labor, and the Concentration Camps* (Chapel Hill and London, 2002), pp. 108, 137.
168 以下を参照。Rolf-Dieter Müller, 'Albert Speer und die Rüstungspolitik im totalen Krieg', in Bernhard Kroener, Rolf-Dieter Müller and Hans Umbreit, *Organisation und Mobilisierung des deutschen Machtbereichs. Band 5/1. Kriegsverwaltung, Wirtschaft und personelle Ressourcen 1942–1944/45* (Stuttgart, 1999), pp. 275–325.
169 R. J. Overy, *War and Economy in the Third Reich* (Oxford, 1994), pp. 278, 312. オウヴァリーはナチの戦時経済についていまだかつてないほど明らかにしている。
170 Overy, *War and Economy in the Third Reich*, p. 273.
171 以下を参照。Willi A. Boelcke, *Die Kosten von Hitlers Krieg. Kriegsfinanzierung und finanzielles Kriegserbe in Deutschland 1933–1948* (Paderborn, 1985), pp. 98–108.
172 Overy, *War and Economy in the Third Reich*, pp. 270–1.
173 Overy, *War and Economy in the Third Reich*, pp. 268–9.
174 Overy, *War and Economy in the Third Reich*, p. 289.
175 Overy, *War and Economy in the Third Reich*, p. 312.
176 以下を参照。Overy, *War and Economy in the Third Reich*, pp. 343–75.
177 Boelcke, *Deutschlands Rüstung im Zweiten Weltkrieg*, pp. 22–5.
178 この複雑な話を偏らず、入念に詳細に研究したのが以下である。Harold James, *The Deutsche Bank and the Economic War against the Jews* (Cambridge, 2001).
179 Frank Bajohr, *'Arisierung' in Hamburg. Die Verdrängung der jüdischen Unternehmer 1933–1945* (Hamburg, 1997), p. 333.
180 Rolf-Dieter Müller, 'Das Scheitern der wirtschaftlichen "Blitzkriegsstrategie"', in Horst Boog et al., *Der Angriff auf die Sowjetunion* (Frankfurt am Main, 1991), p. 1187.
181 Müller, 'Das Scheitern der wirtschaftlichen "Blitzkriegsstrategie"', p. 1187.
182 Figures in Jung, *Die Ardennen-Offensive 1944/45*, p. 293.
183 Heineman, *What Difference Does a Husband Make?*, p. 63.
184 Ulrich Herbert, *Hitler's Foreign Workers. Enforced Foreign Labor in Germany under the Third Reich* (Cambridge, 1997), p. 167.
185 Figures in Herbert, *Hitler's Foreign Workers*, pp. 296–8.
186 以下に引用されている。Jens-Christian Wagner, *Produktion des Todes. Das KZ Mittelbau-Dora* (Göttingen, 2001), p. 173.
187 Herbert, *Hitler's Foreign Workers*, pp. 132–3, 166; Heineman, *What Difference Does a Husband Make?*, p. 59.
188 以下を参照。Andreas Heusler, *Ausländereinsatz. Zwangsarbeit für die*

の「戦争捕虜の管理の再編成」についてのヒトラーの指示は以下を参照。Martin Moll (ed.), *'Führer-Erlasse' 1939–1945. Edition sämtlicher überlieferter, nicht im Reichsgesetzblatt abgedrückter, von Hitler während des Zweiten Weltkrieges schriftlich erteilter Direktiven aus den Bereichen Staat, Partei, Wirtschaft, Besatzungspolitik und Militärverwaltung* (Stuttgart, 1997), pp. 460–1. ヒムラーを国内予備軍司令官に任命する1944年7月20日の布告は以下。Moll (ed.), *'Führer-Erlasse'* 1939–1945, p. 433.

158 Jung, *Die Ardennen-Offensive 1944/45*, p. 12; Bernd Wegner, *Hitlers politische Soldaten: Die Waffen-SS 1933–1945. Studien zu Leitbild, Struktur und Funktion einer nationalsozialistischen Elite* (Paderborn, 1982), p. 210.

159 Jung, *Die Ardennen-Offensive 1944/45,* p. 12. アメリカ軍は11月22日にメスを、23日にストラスブールを攻略した。

160 以下を参照。Christian Gerlach and Götz Aly, *Das letzte Kapitel. Realpolitik, Ideologie und der Mord an den ungarischen Juden 1944/1945* (Stuttgart, 2002).

161 Overmans, *Deutsche militärische Verluste*, pp. 238–9.

162 以下に引用されている。Kunz, 'Die Wehrmacht in der Agonie der nationalsozialistischen Herrschaft', p. 108.

163 *Reichsgesetzblatt*, 1944, I, p. 253 (20 October 1944); 1944年10月20日の『フェルキッシャー・ベオバハター』にも掲載されている。以下を参照。Jung, *Die Ardennen-Offensive 1944/45*, pp.78–79. 国民突撃隊の結成についてのヒトラーの布告は44年9月25日付だが、プロパガンダのために10月の「国民の戦い」の記念日まで公表されなかった。以下を参照。Rolf-Dieter Müller and Gerd R. Ueberschär, *Kriegsende 1945. Die Zerstörung des Deutschen Reiches* (Frankfurt am Main, 1994), pp. 42–47.

164 以下を参照。Roland Müller, *Stuttgart zur Zeit des Nationalsozialismus* (Stuttgart, 1988), pp. 519–20. このときまで、ドイツ人は明らかに見込みがない努力のために砲弾の餌食になる気はさらさらなかったし、男たちが国民突撃隊に入れられることを避けようとすることも珍しくなかった。

165 ナチ政権下での汚職については以下を参照。Frank Bajohr, *Parvenüs und Profiteure. Korruption in der NS-Staat* (Frankfurt am Main, 2001); Gerd R. Ueberschär and Winfried Vogel, *Dienen und Verdienen. Hitlers Geschenke an seine Eliten* (Frankfurt am Main, 1999)〔ゲルト・ユーバーシェア／ヴァンフリート・フォーゲル『総統からの贈り物―ヒトラーに買収されたナチス・エリート達』守屋純訳、錦正社、2010年〕; Norman J. W. Goda, 'Hitler's Bribery of His Senior Officers during World War II', *The Journal of Modern History*, vol. 72 (2000), pp. 413–52.

166 R. J. Overy; *Goering. The 'Iron Man'* (London, 1984), pp. 111,128.

145 Weinberg, *A World at Arms*, p. 602.

146 戦闘の鋭い評価については以下を参照。Richard Overy, *Why the Allies Won* (London. 1995), pp. 91–8. ごく最近の、ドイツ軍とソ連軍それぞれの損害について批判的にとらえた研究は以下。Roman Töppel, 'Legendenbildung in der Geschichtsschreibung – Die Schlacht bei Kursk', in *Militärgeschichtliche Zeitschrft*, 61 (2002), no. 2, pp. 369–401.

147 Overy, *Why the Allies Won*, p. 96.

148 Aly, *Rasse und Klasse*, p. 242.

149 これについては、ドイツ人女性の士気についての1943年11月の SD の報告書にとくによく説明されている。以下を参照。*Meldungen aus dem Reich. Die geheimen Lageberichte des Sicherheitsdienstes der SS 1938–1945* (ed. Heinz Boberach), vol. 15 (Herrsching, 1984), pp. 6025–33: 'SD-Berichte zu Inlandsfragen vom 18. November 1943'.

150 Carl-Ludwig Holtfrerich, 'Die Deutsche Bank vom Zweiten Weltkrieg über die Besatzungsherrschaft zur Rekonstruktion 1945–1957', in Lothar Gall et al., *Die Deutsche Bank 1870–1995* (Munich, 1995), p. 418. 1944年末から45年にしだいに明らかになった大きな関心事は、銀行の本部が置かれた場所がソ連に占領された場合にどうすべきかだった。

151 Neil Gregor, *Daimler-Benz in the Third Reich* (New Haven and London, 1998), pp. 240–2. 対照的に、ピーター・ヘイズは「IG ファルベン内では戦争の後期に［……］惨事を乗り切るための努力をしたという証拠はほとんどない」と主張している。以下を参照。Peter Hayes, *Industry and ideology. IG Farben in the Nazi Years* (Cambridge and New York, 1987), p. 375.

152 以下を参照。Overmans, *Deutsche militärische Verluste*, pp. 238–9.

153 以下を参照。Rudolf Absolon (ed.), *Die Wehrmacht im Dritten Reich* (Band 6: 19. Dezember bis 9. Mai 1945) (Boppard am Rhein, 1995), p. 586.

154 以下を参照。Rudolf Absolon (ed.), *Die Wehrmacht im Dritten Reich* (Band 6: 19. Dezember bis 9. Mai 1945) (Boppard am Rhein, 1995), p. 587. 布告は1944年７月26日に『フェルキッシャー・ベオバハター』で報じられた。以下も参照。Hermann Jung, *Die Ardennen-Offensive 1944/45* (Zürich and Frankfurt am Main, 1971), p. 64.

155 Jung, *Die Ardennen-Offensive 1944/45*, pp. 74–5.

156 *Meldungen aus dem Reich. Die geheimen Lageberichte des Sicherheitsdienstes der SS 1938–1945* (ed. Heinz Boberach), vol. 17 (Herrsching, 1984), p. 6686: 'Meldungen über die Entwicklung in den öffentlichen Meinungsbildung vom 28. Juli 1944'.

157 以下を参照。Wildt, *Generation des Unbedingten*, p. 343. 1944年９月25日

in Wolfram Wette and Gerd R. Ueberschär (eds), *Stalingrad. Mythos und Wirklichkeit einer Schlacht* (Frankfurt am Main, 1993), pp. 61–6.

132 以下を参照。Ulrich Herbert, *Hitler's Foreign Workers. Enforced Foreign Labor in Germany under the Third Reich* (Cambridge, 1997), pp. 258–9.

133 Helmut Heiber (ed.), *Goebbels Reden 1932–1945, vol 2: 1939–1945* (Düsseldorf, 1972), pp. 172–208. ゲッベルスの「総力戦」についての演説の英訳は、以下のインターネットで見られる。〈http://www.calvin.edu/academic/cas/gpa/goeb36.htm〉.

134 *Meldungen aus dem Reich. Die geheimen Lageberichte des Sicherheitsdienstes der SS 1938–1945* (ed. Heinz Boberach), vol. 12 (Herrsching, 1984), p. 4831: 'Meldungen aus dem Reich (Nr. 361) 22. Februar 1943'.

135 *Meldungen aus dem Reich. Die geheimen Lageberichte des Sicherheitsdienstes der SS 1938–1945* (ed. Heinz Boberach), vol. 12 (Herrsching, 1984), p. 4831: 'Meldungen aus dem Reich (Nr. 361) 22. Februar 1943'.

136 *Meldungen aus dem Reich. Die geheimen Lageberichte des Sicherheitsdienstes der SS 1938–1945* (ed. Heinz Boberach), vol. 13 (Herrsching, 1984), p. 4945: 'Meldungen aus dem Reich (Nr. 367) 15. März 1943'.

137 Bernd Wegner, 'Krieg ohne Zukunft: Anmerkungen zu Deutschlands politisch-strategischer Lage 1942/43', in Stefan Martens and Maurise Vaïsse (eds), *Frankreich und Deutschland im Krieg (November 1942–Herbst 1944). Okkupation, Kollaboration, Résistance* (Bonn, 2000), P. 26. 以下も参照。Bernd Wegner, 'Defensive ohne Strategie. Die Wehrmacht und das Jahr 1943', in Rolf-Dieter Müller and Hans-Erich Volkmann (eds), *Die Wehrmacht. Mythos und Realität* (Munich, 1999), pp. 197–209.

138 1943年10月に、ドイツ軍は東部戦線に390万を配備していたが、西欧には137万の兵力を留め置いていた。以下を参照。Wegner, 'Defensive ohne Strategie', p. 203.

139 Wegner, 'Krieg ohne Zukunft', p. 26.

140 Williamson Murray, 'Betrachtungen zur deutschen Strategie im Zweiten Weltkrieg', in Rolf-Dieter Müller and Hans-Erich Volkmann (eds), *Die Wehrmacht. Mythos und Realität* (Munich, 1999), p. 318.

141 以下に引用されている。Wegner, 'Defensive ohne Strategie', pp. 205–6.

142 以下を参照。Martin Kitchen, *The Silent Dictatorship. The Politics of the German High Command under Hindenburg and Ludendorff 1916–1918* (London, 1976), pp. 247–70.

143 Wegner, 'Defensive ohne Strategie', p. 207.

144 *Meldungen aus dem Reich. Die geheimen Lageberichie des Sicherheitsdienstes der SS 1938–1945* (ed. Heinz Boberach), vol. 13 (Herrsching, 1984), p. 4966: 'Meldungen aus dem Reich (Nr. 368) 18. März 1943'.

York and Oxford, 1992). バルトフと異なり後方に配備されていた部隊や、ナチ・イデオロギーの役割に重点を置いていないものについては以下を参照。Schulte, *The German Army and Nazi Policies in Occupied Russia.*

116 以下に引用されている。Bartov, *Hitler's Army,* pp. 158, 163.

117 以下に引用されている。Bartov, *Hitler's Army,* p. 163.

118 以下に引用されている。Bartov, *Hitler's Army*, p. 161.

119 以下を参照。Bartov, *Hitler's Army,* pp. 163–5.

120 Generaloberst (Franz) Halder, *Kriegstagebuch,. Bd.Ⅲ. Der Russlandfeldzug bis zum Marsch auf Stalingrad (22.6.1941–24.9.1942)*, ed. Hans-Adolf Jacobsen (Stuttgart, 1964), p. 348: entry from 15 Dec. 1941.

121 ヒトラーは死ぬまで軍最高司令官であり続けた。4月30日から1945年5月8日のドイツの無条件降伏までは陸軍元帥フェルディナント・シェルナーが後継した。

122 以下に引用されている。Andreas Hillgruber and Gerhard Hümmeichen, *Chronik des Zweiten Weltkrieges* (Frankfurt am Main, 1966), p. 57.

123 Max Domarus, *Hitler. Reden und Proklamationen 1932–1945. Kommentiert von einem deutschen Zeitgenossen. Band Ⅱ Untergang, Zweiter Halbband 1941–1945* (Wiesbaden, 1973), p. 1814.

124 Generaloberst (Franz) Halder, *Kriegstagebuch,. Bd.Ⅲ. Der Russlandfeldzug bis zum Marsch auf Stalingrad (22.6.1941–24.9.1942)*, ed. Hans-Adolf Jacobsen (Stuttgart, 1964), p. 371: entry for 2 Jan. 1942.

125 Generaloberst (Franz) Halder, *Kriegstagebuch,. Bd.Ⅲ. Der Russlandfeldzug bis zum Marsch auf Stalingrad (22.6.1941–24.9.1942)*, ed. Hans-Adolf Jacobsen (Stuttgart, 1964), p. 356: entry for 20 Dec. 1941.

126 Willi A. Boelcke (ed.), *Deutschlands Rüstung im Zweiten Weltkrieg. Hitlers Konferenzen mit Albert Speer 1942–1945* (Frankfurt am Main, 1969), p. 127: meeting on 24 May 1942 at the *Führerhauptquartier.*

127 Richard Muck, *Kampfgruppe Scherer. 105 Tage eingeschlossen* (Oldenburg, 1943).

128 Generaloberst (Franz) Halder, *Kriegstagebuch,. Bd.Ⅲ. Der Russlandfeldzug bis zum Marsch auf Stalingrad (22.6.1941–24.9.1942)*, ed. Hans-Adolf Jacobsen (Stuttgart, 1964), pp. 430–2: entry for 21 Apr. 1942.

129 MacGregor Knox, '1 October 1942: Adolf Hitler, Wehrmacht Officer Policy, and Social Revolution', *The Historical Journal*, vol. 43, no. 3 (2000), pp. 801, 823.

130 Gerd R. Ueberschär, 'Stalingrad – eine Schlacht des Zweiten Weltkrieges', in Wolfram Wette and Gerd R. Ueberschär (eds), *Stalingrad. Mythos und Wirklichkeit einer Schlacht* (Frankfurt am Main, 1993), p. 19.

131 Heinz Boberach, 'Stimmungsumschwung in der deutschen Bevölkerung',

人以上の住民」への対処を任された。1942年9月には、2対1でパルチザンに劣勢だった。以下を参照。Shepherd, 'The Continuum of Brutality', p. 72.

107 Bernd Wegner, 'Der Krieg gegen die Sowjetunion 1942/43', in Horst Boog et al., *Der Globale Krieg. Die Ausweitung zum Weltkrieg und der Wechsel der Initiative 1941–1943* (Stuttgart, 1990), p. 911.

108 Wegner, 'Der Krieg gegen die Sowjetunion 1942/43', p. 917.

109 Norbert Müller (ed.), *Okkupation Raub Vernichtung. Dokumente zur Besatzungspolitik der faschistischen Wehrmacht auf sowjetischem Territorium 1941 bis 1944* (Berlin, 1980), pp. 139–40; Shepherd, 'The Continuum of Brutality', p.53. 以下も参照。Christian Gerlach, *Kalkulierte Mörde. Die deutsche Wirtschafts- und Vernichtungspolitik in Weissrussland 1941–1944* (Hamburg, 1999), pp. 884–1036.

110 Wolfgang Benz, Konrad Kwiet and Jürgen Matthäus (eds), *Einsatz im 'Reichskommissariat Ostland'. Dokumente zum Völkermord im Baltikum und in Weissrussland 1941–1944* (Berlin, 1998), pp. 237–9: Auszüge aus dem Bericht (des RKO) 'Zentralinformation I/lb' über die Entwicklung der Partisanenbewegung vom 1. Juli 1942 bis zum 30. April 1943.

111 Benz, Kwiet and Matthäus (eds), *Einsatz im 'Reichskommissariat Ostland'*, pp. 239–42: Auszüge aus dem Abschlussbericht des HSSPF Ostland (Jeckeln) an den Kommandostab RFSS vom 6. November 1942 betr. "Unternehmen Sumpffieber".

112 この最後の論拠については以下を参照。Jonathan E. Gumz, 'Wehrmacht Perceptions of Mass Violence in Croatia, 1941–1942', *The Historical Journal*, vol. 44, no. 4 (2001), p. 1035.

113 Sarah Farmer, *Martyred Village. Commemorating the 1944 Massacre at Oradour-sur-Glane* (Berkeley, Los Angeles and London, 1999), pp. 20–8.

114 Lutz Klinkhammer, 'Der Partisanenkrieg der Wehrmacht 1941–1944', in Rolf-Dieter Müller and Hans-Erich Volkmann, *Die Wehrmacht. Mythos und Realität* (Munich, 1999), pp. 833–6. Mark Mazower, 'Military Violence and National Socialist Values: The Wehrmacht in Greece 1941–1944', *Past & Present*, no. 134 (1992), 129–58; Michael Geyer, '"Es muss daher mit schnellen und drakonischen Massnehmen durchgegriffen werden". Civitella in Val di Chiana am 29. Juni 1944', in Hannes Heer und Klaus Naumann (eds), *Vernichtungskrieg. Verbrechen der Wehrmacht 1941 bis 1944* (Hamburg, 1995), pp. 208–37.

115 とくに以下を参照。Omer Bartov, *The Eastern Front, 1941–45. German Troops and the Barbarisation of Warfare* (London, 1985); and Omer Bartov, *Hitler's Army. Soldiers, Nazis, and War in the Third Reich* (New

Müller, *Hitlers Ostkrieg und die deutsche Siedlungspolitik*, p. 43. より引用。

93 以下に引用されている。Götz Aly, *Rasse und Klasse. Nachforschungen zum deutschen Wesen* (Frankfurt am Main, 2003), p. 234.

94 1941年5月2日に開かれた、四ヵ年計画の総務会事務次官会議の議事録より。以下に引用されている。Aly and Heim, *Vordenker der Vernichtung*, p.372.

95 以下に引用されている。Aly and Heim, *Vordenker der Vernichtung*, pp. 372–3. 以下にも引用されている。Düllfer, *Nazi Germany 1933–1945*, p. 158.

96 四ヵ年計画の総務会のメンバーだったバッケは、約3000万人の死を考慮している。以下を参照。Aly and Heim, *Vordenker der Vernichtung*, p. 369.

97 以下に引用されている。Aly and Heim, *Vordenker der Vernichtung*, p. 376.

98 John Erickson, *The Road to Stalingrad. Stalin's War with Germany. Volume 1* (London, 1975), p. 241.

99 以下に引用されている。Hillgruber, 'Die "Endlösung" und das deutsche Ostimperium', p. 106; Peter Klein, 'Zwischen den Fronten. Die Zivilbevölkerung Weissrusslands und der Krieg der Wehrmacht gegen die Partisanen', in Quinkert (ed.), '*Wir sind die Herren dieses Landes*', pp. 84–5.

100 1941年9月15日付のドイツ兵が家に送った手紙。以下に引用されている。Klaus Latzel, *Deutsche Soldaten – nationalsozialistischer Krieg? Kriegserlebnis – Kriegserfahrung – 1939–1945* (Paderborn, 2000), pp. 54–5.

101 以下に引用されている。Edgar M. Howell, *The Soviet Partisan Movement 1941–1944* (Washington, 1956), p. 59.

102 Bernhard Chiari, *Alltag hinter der Front. Besatzung, Kollaboration und Widerstand in Weissrussland 1941–1944* (Düsseldorf, 1998), p. 175.

103 Theo Schulte, *The German Army and Nazi Policies in Occupied Russia* (Providence, 1989), pp. 139–40. 以下も参照。Jonathan E. Gumz, 'Wehrmacht Perceptions of Mass Violence in Croatia, 1941–1942', *The Historical Journal*, vol. 44, no. 4 (2001), pp. 1035–37.

104 以下に引用されている。Ben Shepherd, 'The Continuum of Brutality: Wehrmacht Security Divisions in Central Russia, 1942', in *German History*, vol. 21, no. 1 (2003), p. 63.

105 以下に引用されている。Shepherd, 'The Continuum of Brutality', p. 63.

106 ベン・シェファードはある保安隊（第221）に注目している。これは1942年夏の時点でほとんど訓練を受けておらず装備も貧弱でありながら、「7000をはるかに下回る戦闘力で3万キロ四方、2560の村と130万

85 以下を参照。Dieter Pohl, *Nationalsozialistische Judenverfolgung in Ostgalizien 1941–1944. Organisation und Durchfuhrung eines staatlichen Massenverbrechens* (Munich, 1996), pp. 139–54; Thomas Sandkühler, *'Endlösung' in Galizien. Der Judenmord in Ostpolen und die Rettungsinitiativen von Bertold Beitz 1941–1944* (Bonn, 1996), pp. 148–55.

86 Streit, *Keine Kameraden*, p. 220. 約1000人がガス殺され、他の人々は線路の反対側で新たな「ビルケナウ」収容所を建設するのに使われた。

87 以下を参照。Wolfgang Scheffler and Helge Grabitz, 'Die Wannsee-Konferenz. Ihre Bedeutung in der Geschichte des nationalsozialistischen Völkermords', in *Studia nad Faszyzmem i Zbrodniami Hitlerowskimi*, vol. XVIII (Wroclaw, 1995), pp. 197–218; Christian Gerlach, 'Die Wannsee-Konferenz'; Peter Longerich, *Die Wannsee-Konferenz vom 20. Januar 1942. Planung und Beginn des Genozids an den europäischen Juden* (Berlin, 1998); Longerich, *Politik der Vernichtung*, pp. 466–72; Mark Roseman, *The Villa, the Lake, the Meeting: Wannsee and the Final Solution* (London, 2003). ヴァンゼー会議の議事録はインターネットで見ることができる（ファクシミリおよびテクストとして）。〈http://www.ghwk.de〉.

88 以下に引用されている。Evan Burr Bukey, *Hitler's Austria. Popular Sentiment in the Nazi Era 1938–1945* (Chapel Hill and London, 2000), p.164.

89 Ian Kershaw, *Popular Opinion and Political Dissent in the Third Reich: Bavaria 1933–1945* (Oxford, 1983), pp. 361–2. 1941年10月9日のSDの報告書によると、「ユダヤ人の識別についての布告は住民の圧倒的多数に歓迎され、とくにこういった識別については長く待ち望まれていたので、満足をもって受け入れられた」。以下を参照。*Meldungen aus dem Reich. Die geheimen Lageberichte des Sicherheitsdienstes der SS 1938–1945* (ed. Heinz Boberach), vol. 8 (Herrsching, 1984), p. 2849: 'Meldungen aus dem Reich (Nr. 227) 9. Oktober 1941'.

90 以下を参照。Michael Zimmermann, *Rassenutopie und Genozid. Die nationalsozialistische 'Lösung der Zigeunerfrage'* (Hamburg, 1996); Guenter Lewy, *The Nazi Persecution of the Gypsies* (New York, 2000); Sybil H. Milton, '"Gypsies" as Social Outsiders in Nazi Germany', in Gellately and Stoltzfus (eds), *Social Outsiders in Nazi Germany*, pp. 212–32.

91 Rolf-Dieter Müller, *Hitlers Ostkrieg und die deutsche Siedlungspolitik. Die Zusammenarbeit von Wehrmacht, Wirtschaft und SS* (Frankfurt am Main, 1991), pp. 40–8.

92 'Richtlinien Görings für die Wirtschaftspolitik im Osten, vom 8.11.1941',

*bis zum Marsch auf Stalingrad (22.6.1941–24.9.1942)*, ed. Hans-Adolf Jacobsen (Stuttgart, 1964), P. 170: entry for 11 Aug. 1941.

74 Deist, *Militär, Staat und Gesellschaft,* pp. 376–8.

75 Generaloberst (Franz) Halder, *Kriegstagebuch,. Bd III. Der Russlandfeldzug bis zum Marsch auf Stalingrad* (*22.6.1941–24.9.1942*), ed. Hans-Adolf Jacobsen (Stuttgart, 1964), p. 336: entry for 9 Dec. 1941.

76 陸軍総司令部とSS間の合意を概説した1941年4月28日のフォン・ブラウヒッチュの命令によると、特別行動部隊は「進軍や装備や食料に関しては」軍集団に配属されていたが、その任務については独立して行った。以下を参照。Hans-Adolf Jacobsen, 'Kommissarbefehl und Massenexekutionen sowjetischer Kriegsgefangener', in Hans Buchheim, Martin Broszat, Hans-Adolf Jacobsen and Helmut Krausnick, *Anatomie des SS-Staates*, vol. II (Munich, 1967), pp. 171–3.

77 Helmut Krausnick and Hans-Heinrich Wilhelm, *Die Truppe des Weltanschauungskrieges. Die Einsatzgruppen der Sicherheitspolizei und des SD 1938–1942* (Stuttgart, 1981), p. 140.

78 Andrei Angrick, Martina Voigt, Silke Ammerschubert and Peter Klein, '"Da hätte man schon ein Tagebuch führen müssen". Das Polizeibataillon 322 und die Judenmorde im Bereich der Heeresgruppe Mitte während des Sommers und Herbstes 1941', in Helge Grabitz, Klaus Bästlein and Johannes Tuchel (eds), *Die Normalität des Verbrechens. Bilanz und Perspektiven der Forschung zu den nationalsozialistischen Gewaltverbrechen* (Berlin, 1994), pp. 325–85; Christian Gerlach, 'Die Wannsee-Konferenz, das Schicksal der deutschen Juden und Hitlers politische Grundsatzentscheidung, alle Juden Europas zu ermodern', *WerkstattGeschichte*, vol. 6, no. 18 (1997), p. 9.

79 Krausnick and Wilhelm, *Die Truppe des Weltanschauungskrieges,* pp. 145–47; Mommsen*, Auschwitz,* pp. 115–17.

80 以下に引用されている。Krausnick and Wilhelm, *Die Truppe des Weltanschauungskrieges*, p. 157.

81 以下に引用されている。Krausnick and Wilhelm, *Die Truppe des Weltanschauungskrieges*, p.158.

82 Mommsen, *Auschwitz,* pp. 115–17.

83 以下に引用されている。Krausnick and Wilhelm, *Die Truppe des Weltanschauungskrieges*, p. 158.

84 以下を参照。Christopher Browning, *Fateful Months. Essays on the Emergence of the Final Solution* (New York and London, 1991), pp. 39–56; Manoschek, '*Serbien ist Judenfrei*', pp. 55–108; Longerich, *Politik der Vernichtung*, pp. 458–60.

30 Mar. 1941.

62 Deist, *Militär, Staat und Gesellschaft*, pp. 381–2.

63 Deist, *Militär, Staat und Gesellschaft*, pp. 382–3; Mommsen, *Auschwitz*, p. 114.

64 以下に引用されている。Jürgen Förster, 'Das Unternehmen "Barbarossa" als Eroberungs- und Vernichtungskrieg' in Horst Boog et al., *Der Angriff auf die Sowjetunion* (Frankfurt am Main, 1991), p. 531. ヘプナーは機甲軍団の司令官で、1941年12月にモスクワに最接近したが、42年1月、不要な損失を避けるために戦術的撤退を命じたことがもとで、ヒトラーから解任された。ヘプナーは44年8月に、7月の爆殺計画に加担したとしてベルリンのプレッツェンゼー刑務所で絞首刑に処せられた。

65 Generaloberst (Franz) Halder, *Kriegstagebuch,. Bd.III. Der Russlandfeldzug bis zum Marsch auf Stalingrad (22.6.1941–24.9.1942)*, ed. Hans-Adolf Jacobsen (Stuttgart, 1964), p. 53: entry for 8 July 1941.

66 以下に引用されている。Andreas Hillgruber, 'Die "Endlösung" und das deutsche Ostimperium als Kernstück des rassenideologischen Programms des Nationalsozialismus', in Manfred Funke (ed.), *Hitler, Deutschland und die Mächte. Materialien zur Aussenpolitik des Dritten Reiches* (Düsseldorf, 1978), p. 107. 以下も参照。Streit, *Keine Kameraden*, p. 115.

67 以下に引用されている。Hillgruber, 'Die "Endlösung" und das deutsche Ostimperium', pp. 107–8.

68 Streit, *Keine Kameraden*, p. 36; Michael Burleigh, *The Third Reich. A New History* (London 2000), p. 513; Pavel Polian, 'Sowjetische Staatsangehörige im "Dritten Reich" während des Zweiten Weltkriegs. Gruppen und Zahlen', in Babette Quinkert (ed.), *'Wir sind die Herren dieses Landes', Ursachen, Verlauf und Folgen des deutschen Überfalls auf die Sowjetunion* (Hamburg, 2002), pp. 140–1.

69 Generaloberst (Franz) Halder, *Kriegstagebuch,. Bd.III. Der Russlandfeldzug bis zum Marsch auf Stalingrad (22.6.1941–24.9.1942)*, ed. Hans-Adolf Jacobsen (Stuttgart, 1964), p. 29: entry for 30 June 1941.

70 Generaloberst (Franz) Halder, *Kriegstagebuch,. Bd.III. Der Russlandfeldzug bis zum Marsch auf Stalingrad (22.6.1941–24.9.1942)*, ed. Hans-Adolf Jacobsen (Stuttgart, 1964), p. 117: entry for 25 July 1941.

71 Overmans, *Deutsche militärische Verluste*, pp. 238–9.

72 Generaloberst (Franz) Halder, *Kriegstagebuch,. Bd.III. Der Russlandfeldzug bis zum Marsch auf Stalingrad (22.6.1941–24.9.1942)*, ed. Hans-Adolf Jacobsen (Stuttgart, 1964), p 374: entry for 5 Jan. 1942.

73 Generaloberst (Franz) Halder, *Kriegstagebuch,. Bd III. Der Russlandfeldzug*

*Landung in England bis zum Beginn des Ostfeldzuges (1.7.1940–21.6.1941)*, ed. Hans-Adolf Jacobsen (Stuttgart, 1963), p. 464, Anlage 2: Oberkommando des Heeres, H.Qu.OKH, den 31. Januar 1941, 'Aufmarschanweisung Barbarossa'.

55 第二次世界大戦時と同様に、ドイツが第一次大戦でも東方の「荒廃し汚れ、戦争で破壊された」同じ土地の多くを侵略したこと、そしてこのときの占領体験が1940年代にドイツ人の東方に対する見方に大きな影響を与えたということは、しばしば見過ごされている。以下の重要な研究を参照。Vejas Gabriel Liulevicius, *War Land on the Eastern Front. Culture, National Identity and German Occupation in World War I* (Cambridge, 2000). Liuleviciusは第一次世界大戦での東方におけるドイツの体験で生存圏の思想が形作られたことも指摘している（pp. 247–77）。

56 Andreas Hillgruber, 'Das Russland-Bild der führenden deutschen Militärs vor Beginn des Angriffs auf die Sowjetunion', in Alexander Fischer, Günter Moltmann and Klaus Schwabe (eds), *Russland-Deutschland-Amerika. Festschrift für Fritz T. Epstein zum 80. Geburtstag* (Wiesbaden, 1978), pp. 296–310, here p. 306.

57 Deist, *Militär, Staat und Gesellschaft*, p. 371. しかしながらヴィルヘルム・ダイストは、前年に西方で攻撃した軍ほどにはソ連に侵攻した軍の規模は大きくないこと、はるかに大規模だったのは前線の長さで、1941年6月の前線の長さは40年5月の2倍以上に及んだということを指摘している。

58 Generaloberst (Franz) Halder, *Kriegstagebuch,. Bd. II. Von der geplanten Landung in England bis zum Beginn des Ostfeldzuges (1.7.1940–21.6.1941)*, ed. Hans-Adolf Jacobsen (Stuttgart, 1963), p. 320: entry for 17 Mar. 1941.

59 Generaloberst (Franz) Halder, *Kriegstagebuch,. Bd. II. Von der geplanten Landung in England bis zum Beginn des Ostfeldzuges (1.7.1940–21.6.1941)*, ed. Hans-Adolf Jacobsen (Stuttgart, 1963), pp. 336–7: entry for 30 Mar. 1941. 以下を参照。Christian Streit, *Keine Kameraden. Die Wehrmacht und die sowjetischen Kriegsgefangenen 1941–1945* (Stuttgart, 1978), pp. 34–5; Reinhard Otto, *Wehrmacht, Gestapo und sowjetische Kriegsgefangene im deutschen Reichsgebiet 1941/42* (Munich, 1998), pp. 49–57.

60 Deist, *Militär, Staat und Gesellschaft*, p. 381.

61 Generaloberst (Franz) Halder, *Kriegstagebuch,. Bd. II. Von der geplanten Landung in England bis zum Beginn des Ostfeldzuges (1.7.1940–21.6.1941)*, ed. Hans-Adolf Jacobsen (Stuttgart, 1963), p. 337: entry for

43 ロシアにおけるドイツの死傷者が増加していた1941年8月でさえ、陸軍参謀長フランツ・ハルダーが第一次世界大戦の最初の2年間の非常に大きな損害との好ましい類似点を指摘していたのは注目に値する。以下を参照。Generaloberst (Franz) Halder, *Kriegstagebuch,. Bd.Ⅲ. Der Russlandfeldzug bis zum Marsch auf Stalingrad (22.6.1941–24.9.1942)*, ed. Hans-Adolf Jacobsen (Stuttgart, 1964), p. 190: entry for 21 Aug.1941.

44 以下を参照。Omer Bartov, 'From Blitzkrieg to Total War: Controversial Links between Image and Reality', in Ian Kershaw and Moshe Levin (eds), *Stalinism and Nazism: Dictatorship in Comparison* (Cambridge, 1997), pp. 160–5.

45 以下に引用されている。Hans-Erich Volkmann, 'Von Blomberg zu Keitel – Die Wehrmachtführung und die Demontage des Rechtsstaates', in Rolf-Dieter Müller and Hans-Erich Volkmann (eds), *Die Wehrmacht. Mythos und Realität* (Munich, 1999), p. 63.

46 *Meldungen aus dem Reich. Die geheimen Lageberichte des Sicherheitsdienstes der SS 1938–1945* (ed. by Heinz Boberach), vol. 4 (Herrsching, 1984), p. 1218: 'Meldungen aus dem Reich (nr. 94) 6. Juni 1940'.

47 Generaloberst (Franz) Halder, *Kriegstagebuch,. Bd.Ⅱ. Von der geplanten Landung in England bis zum Beginn des Ostfeldzuges* (*1.7.1940–21.6.1941*), ed. Hans-Adolf Jacobsen (Stuttgart, 1963), p. 455; entry for 14 June 1941. Wilhelm Deist, *Militär, Staat und Gesellschaft. Studien zur preussisch-deutschen Militärgeschichte* (Munich, 1991), pp.371–12.

48 Andreas Hillgruber, *Hitlers Strategie. Politik und Kriegführung 1940–1941* (Frankfurt am Main, 1965), pp. 506–7; Weinberg, *A World at Arms*, p. 204.

49 Walter Manoschek, '"Gehst mit Juden erschiessen?" Die Vernichtung der Juden in Serbien', in Hannes Heer und Klaus Naumann (eds), *Vernichtungskrieg. Verbrechen der Wehrmacht 1941 bis 1944* (Hamburg, 1995), pp. 39–56.

50 Walter Manoschek, *'Serbien ist judenfrei'. Militärische Besatzungspolitik und Judenvernichtung in Serbien 1941/42* (Munich, 1993), p. 31: Korpsbefehl nr. 9 von General v. Kortzfleisch, Generalkommando XI. Armeekorps, 27.4.1941.

51 Manoschek, *'Serbien ist judenfrei'*, p. 31.

52 Manoschek, *'Serbien ist judenfrei'*, p. 32: Befehl des Oberbefehlshabers der 2. Armee, Weichs, 28.4.1941.

53 Mark Mazower, *Inside Hitler's Greece. The Experience of Occupation, 1941–1944* (New Haven and London, 1993), pp. 238–44; 〈motlc. wiesenthal. com/text/x29/xr2934.html〉.

54 Generaloberst (Franz) Halder, *Kriegstagebuch,. Bd.Ⅱ. Von der geplanten*

30　Uwe Dietrich Adam, *Judenpolitik im Dritten Reich* (Düsseldorf, 1972), p. 255; Longerich, *Politik der Vernichtung*, p. 270.

31　1939年秋から40年春にかけて行われた虐殺の一部については以下を参照。Longerich, *Politik der Vernichtung*, pp. 245–46.

32　Helmuth Groscurth, *Tagebücher eines Abwehroffiziers 1938–1940* (Stuttgart, 1970), S. 438–40: General der Artillerie [Walter] Petzel, [Befehlshaber] Wehrkreiskommando XXI to BdE [Befehlshaber des Ersatzheeres], Posen, 23.11.1939.

33　Wildt, 'Radikalisierung und Seibstradikalisierung', p. 41.

34　Ernst Klee, *'Euthanasie' im NS-Staat. Die 'Vernichtung lebensunwerten Lebens'* (Frankfurt am Main, 1985), pp. 95–8; Longerich, *Politik der Vernichtung*, pp. 236–7.〔エルンスト・クレー『第三帝国と安楽死－生きるに値しない生命の抹殺』松下正明監訳、批評社、1999年〕

35　Detlev J. K. Peukert, 'Rassismus und "Endlösungs"-Utopie. Thesen zur Entwicklung und Struktur der nationalsozialistischen Vernichtungspolitik', in Christoph Klessmann (ed.), *Nicht nur Hitlers Krieg. Der Zweite Weltkrieg und die Deutschen* (Düsseldorf, 1989), p. 71.

36　Klee, *'Euthanasie' im NS-Staat*, p. 417.〔前掲『第三帝国と安楽死』〕

37　Nikolaus Wachsmann, 'From Indefinite Confinement to Extermination. "Habitual Criminals" in the Third Reich', in Robert Gellately and Nathan Stoltzfus (eds), *Social Outsiders in Nazi Germany* (Princeton, 2001), p. 177. 死刑に値する犯罪の数は、1933年に３件だったのが、戦争末期には46件に増加した。

38　Wolfgang Ayass, *'Asoziale' im Nationalsozialismus* (Stuttgart, 1995); Patrick Wagner, *Volksgemeinschaft ohne Verbrecher. Konzeption und Praxis der Kriminalpolizei in der Zeit der Weimarer Republik und des Nationalsozialismus* (Hamburg, 1996); Patrick Wagner, *Hitlers Kriminalisten. Die deutsche Kriminalpolizei und der Nationalsozialismus* (Munich, 2002); Nikolaus Wachsmann, 'From Indefinite Confinement to Extermination', pp. 165–91.

39　Wagner, *Hitlers Kriminalisten*, p. 11.

40　Patrick Wagner, *Volksgemeinschaft ohne Verbrecher. Konzeption und Praxis der Kriminalpolizei in der Zeit der Weimarer Republik und des Nationalsozialismus* (Hamburg, 1996), p. 374.

41　Elizabeth D. Heineman, *What Difference Does a Husband Make? Women and Marital Status in Nazi and Postwar Germany* (Berkeley, Los Angeles and London, 1999), pp. 46–7.

42　以下を参照。John Keegan, *The Mask of Command* (New York, 1987), pp. 274–5.

*eine neue europäische Ordnung* (Frankfurt am Main, 1993), p. 160; Jost Düllfer, *Nazi Germany 1933–1945. Faith and Annihilation* (London, 1996), p. 156)。

15 Düllfer, *Nazi Germany 1933–1945*, p. 156; Aly and Heim, *Vordenker der Vernichtung*, p. 153.

16 Götz Aly, '*Final Solution*'. *Nazi Population Policy and the Murder of the Jews* (London, 1999), pp. 113–19.

17 以下を参照。Longerich, *Politik der Vernichtung*, pp. 251–70.

18 以下を参照。Aly and Heim, *Vordenker der Vernichtung*, pp. 257–65; Longerich, *Politik der Vernichtung*, pp. 273–85.

19 Michael Wildt, *Generation des Unbedingten. Das Führungskorps des Reichssicherheitshauptamtes* (Hamburg, 2002), pp. 421–8.

20 Michael Wildt, 'Radikalisierung und Seibstradikalisierung 1939. Die Geburt des Reichssicherheitshauptamtes aus dem Geist des völkischen Massenmords', in Gerhard Paul and Klaus-Michael Mallniann (eds), *Die Gestapo im Zweiten Weltkrieg. 'Heimatfront' und besetztes Europa* (Darmstadt, 2000), pp. 22–3.

21 以下を参照。Wlodzimierrz Borodziej, *Terror und Politik. Die deutsche Polizei und die polnische Widerstandsbewegung im Generalgouvernement 1939–1944* (Mainz, 1999), p. 26.

22 Wildt, *Generation des Unbedingten*, pp.428–73.

23 以下に引用されている。Wildt, 'Radikalisierung und Seibstradikalisierung', p. 30. 以下も参照。Longerich, *Politik der Vernichtung*, p. 243.

24 Generaloberst (Franz) Halder, *Kriegstagebuch,. Bd. 1. Vom Polenfeldzug bis zum Ende der Westoffensive (14.8.1939–30.6.1940)*, ed. Hans-Adolf Jacobsen (Stuttgart, 1962), pp. 81–2: entry from 20 Sept. 1939.

25 Hans Mommsen, *Auschwitz, 17. Juli 1942. Der Weg zur europäischen 'Endlösung der Judenfrage'* (Munich, 2002), p. 97.

26 Longerich, *Politik der Vernichtung*, pp. 256–60.

27 Christian Jansen and Arno Weckbecker, *Der 'Volksdeutsche Selbstschutz' in Polen 1939/40* (Munich, 1992), p.155. 以下も参照。Borodziej, *Terror und Politik,* p. 29; Wildt, 'Radikalisierung und Selbstradikalisierung', p. 36.

28 Generaloberst (Franz) Halder, *Kriegstagebuch,. Bd. 1. Vom Polenfeldzug bis zum Ende der Westoffensive (14.8.1939–30.6.1940)*, ed. Hans-Adolf Jacobsen (Stuttgart, 1962), p. 107: entry for 18 Oct. 1939.

29 *Die Tagebucher von Joseph Goebbels. Sämtliche Fragmente, Teil Ⅰ. Aufzeichnungen 1924–1941. Band 3. 1.1.1937–31.12.1939,* ed. Elke Fröhlich (Munich, New York, London and Paris, 1987), p. 604: entry for 10 Oct. 1939.

た。Andreas Hiligruber, 'Die "Endlösung" und das deutsche Ostimperium als Kernstück des rassenideologischen Programms des Nationalsozialismus', in Manfred Funke (ed.), *Hitler, Deutschland und die Mächte. Materialien zur Aussenpolitik des Dritten Reiches* (Düsseldorf, 1978), pp. 94–114.

4 以下を参照。Gabriele Schneider, *Mussolini in Afrika. Die faschistische Rassenpolitik in den italienischen Kolonien 1936–1941* (Cologne, 2000), p. 143.

5 Gerhard L. Weinberg, *A World at Arms. A Global History of World War II* (Cambridge, 1994), pp. 322, 862–63.

6 ヒトラーの1939年9月1日の国会での演説。Erhard Klöss (ed.), *Reden des Führers. Politik und Propaganda Adolf Hitlers 1922–1945* (Munich, 1967), p. 215.

7 以下を参照。Rüdiger Overmans, *Deutsche militärische Verluste im Zweiten Weltkrieg* (Munich, 1999), p. 239.

8 Weinberg, *A World at Arms*, p. 57.

9 ペーター・ロンゲリヒは、1939年のポーランド占領により、約170万人のユダヤ人がドイツの支配下に置かれたと見積もっている。以下を参照。Peter Longerich, *Politik der Vernichtung. Eine Gesamtdarstellung der nationalsozialistischen Judenverfolgung* (Munich and Zurich, 1998), p. 252.

10 *Die Tagebücher von Joseph Goebbels. Sämtliche Fragmente, Teil I. Aufzeichnungen 1924–1941. Band 3. 1.1.1937–31.12.1939* (ed. Elke Fröhlich) (Munich, New York, London and Paris, 1987), p. 628: entry for 2 Nov. 1939.

11 Generaloberst (Franz) Halder, *Kriegstagebuch. Bd. 1. Vom Polenfeldzug bis zum Ende der Westoffensive (14.8.1939–30.6.1940)* (ed. Hans-Adolf Jacobsen) (Stuttgart, 1962), pp. 183–4: entry from 5 Feb.1940. 以下も参照。Rolf-Dieter Müller, *Hitlers Ostkrieg und die deutsche Siedlungspolitik* (Frankfurt am Main, 1991), pp. 20–2; Christopher R. Browning, *Nazi Policy Jewish Workers, German Killers* (Cambridge, 2000), p. 61.

12 Otto Dietrich, *Auf den Strassen des Sieges. Erlebnisse mit dem Führer in Polen* (Munich, 1940), p. 180.

13 Martin Broszat, *Nationalsozialistische Polenpolitik 1939–1945* (Stuttgart, 1961), pp. 85–6; Ian Kershaw, *Hitler 1936–1945. Nemesis* (London, 2000), p. 318.

14 このようにして追放されたポーランド人の数は、1941年3月半ば時点で36万5000人（Broszat, *Nationalsozialistische Polenpolitik*, pp. 100–101)、41年末には80万人以上になったと推定される（Götz Aly and Susanne Heim, *Vordenker der Vernichtung. Auschwitz und die deutschen Plane für*

*Policy, War and Racial Extermination* (Exeter, 2001), pp. 113–16.

147 Treue, 'Rede Hitlers vor der deutschen Presse', p. 185.

148 以下を参照。Müller, *Armee und Drittes Reich 1933–1939*, p. 119.

149 Müller, *Armee und Drittes Reich 1933–1939*, p. 370: Rede Hitlers am 10. Februar 1939 vor Truppenkommandeuren in Berlin.

150 Müller, *Armee und Drittes Reich 1933–1939*, pp. 373–4: Rede Hitlers am 10. Februar 1939 vor Truppenkommandeuren in Berlin.

151 Müller, *Armee und Drittes Reich 1933–1939*, pp. 123–4.

152 Michael Geyer, 'The Dynamics of Military Revisionism in the Interwar Years. Military Politics between Rearmament and Diplomacy', in Wilhelm Deist (ed.), *The German Military in the Age of Total War* (Leamington Spa, 1985), p. 147.

153 Deist, *The Wehrmacht and German Rearmament*, pp. 88–9. このことがドイツにおける製品不足を埋め合わせるのに役立ち、戦争勃発後に大いに助かった。装甲師団三個がチェコスロヴァキアの戦闘車両で装備し、フランスと対戦した。

154 Müller, *Armee und Drittes Reich 1933–1939*, p. 377: Weisung des Chefs des Oberkommando der Wehrmacht, Generaloberst Keitel, vom 3. April 1939.

155 Müller, *Armee und Drittes Reich 1933–1939*, pp. 375–6: Vermerk über Mitteilungen Hitlers an General von Brauchitsch vom 25. März 1939 betreffend künftige politische und militärishe Pläne.

156 Müller, *Armee und Drittes Reich 1933–1939*, p. 380: Niederschrift des Oberstleutnants Schmundt über die Besprechung in der Reichskanzlei am 23. Mai 1939. Bericht über die Besprechung Hitlers am 23.5.1939.

157 Müller, *Armee und Drittes Reich 1933–1939*, p. 385: Ausführungen Hitlers vor dem Oberbefehlshaber des Heeres und dem Chef des Generalstabes am 17. August 1939.

158 Müller, *Armee und Drittes Reich 1933–1939*, p. 385.

## 第3章　ナチズムと第二次世界大戦

1 J. Noakes and G. Pridharn (eds), *Nazism 1919–1945. Volume 3: Foreign Policy, War and Racial Extermination* (Exeter, 2001), p. 1049.

2 Hans Mommsen, 'The Realization of the Unthinkable: The "Final Solution of the Jewish Question" in the Third Reich', in Gerhard Hirschfeld (ed.), *The Politics of Genocide. Jews and Soviet Prisoners of War in Nazi Germany* (London, 1986), pp. 93–144.

3 このことは、以下によって四半世紀以上前に、驚くほど明快に論じられ

*Judenpogrom 1938*, p. 76–80.

135 以下を参照。Heinz Lauber, *Judenpogrom: 'Reichskristallnacht' November 1938 in Grossdeutschland. Daten, Fakten, Dokumente, Quellentexte, Thesen und Bewertungen* (Gerlingen, 1981), pp. 123–4.

136 *Reichsgesetzblatt*, 1938, I, p. 1579: Reichsverordnung über eine Sühneleistung der Juden deutscher Staatsangehörigkeit vom 12. November 1938.

137 *Deutschland-Berichte der Sozialdemokratischen Partei Deutschlands (Sopade) 1934–1940. Fünfter Jahrgang 1938* (Frankfurt am Main, 1980), pp. 1204–5: report Nr. 11, 'Abgeschlossen am 10. Dezember 1938'. 以下を参照。William Sheridan Allen, 'Die deutsche Bevölkerung und die "Reichskristallnacht". Konflikte zwischen Werthierarchie und Propaganda im Dritten Reich', in Detlev Peukert and Jürgen Reulecke (eds), *Die Reihen fast geschlossen. Beiträge zur Geschichte des Alltags unterm Nationalsozialismus* (Wuppertal, 1980), pp. 397–412.

138 1939年3月からシンティやロマにも同様の処置がとられた。彼らはパスポートで「ジプシー」ということが明らかにされた。

139 以下を参照。Saul Friedländer, *Nazi Germany and the Jews. The Years of Persecution 1933–39* (London, 1997), pp. 280–8.

140 1938年初頭のナチ・ドイツの外貨不足の危機的状況については以下を参照。Albrecht Ritschl, 'Die deutsche Zahlungsbilanz 1936–1941 und das Problem des Devisenmangels vor Kriegsbeginn', *Vierteljahrshefte für Zeitgeschichte,* vol. 39, no. 1 (1991), pp. 103–23.

141 Müller, *Armee und Drittes Reich 1933–1939*, p. 118; Kershaw, *Hitler 1936–1945,* pp. 163–5.

142 Müller, *Armee und Drittes Reich 1933–1939*, p. 359: Weisung Hitlers vom 21. Oktober 1938.

143 Wilhelm Treue, 'Rede Hitlers vor der deutschen Presse (10. November 1938)', *Vierteljahrshefte für Zeitgeschichte*, vol. 6, no. 2 (1958), pp. 175–91.

144 Hitler, *Mein Kampf*, pp. 540–2.〔前掲『わが闘争』〕:「国民社会主義は[……]わが国民に以下のことを教えなければならない。小さなものごとに固執せず大きなものごとに注意すること、二次的な目標にエネルギーを注がないこと、われわれがいつの日か戦わねばならない目的が国民の生存であるのを忘れないこと」

145 *Deutschland-Berichte der Sozialdemokratischen Partei Deutschlands (Sopade) 1934–1940. Fünfter Jahrgang 1938* (Frankfurt am Main, 1980), p. 944: report Nr. 9, 'Abgeschlossen am 10. Oktober 1938'.

146 Treue, 'Rede Hitlers vor der deutschen Presse', pp. 184–5. Translation in J. Noakes and G. Pridham (eds), *Nazism 1919–1945. Volume 3: Foreign*

*der 'Reichskristallnacht' zum Völkermord* (Frankfurt am Main, 1994), p. 96.

122 こういったことはたとえば、1935年の夏にオスナブリュックで起きている。以下を参照。Gerd Steinwascher (ed.), *Gestapo Osnabrück meldet... Polizei- und Regierungsberichte aus dem Regierungsbezirk Osnabrück aus den Jahren 1933 bis 1936* (Osnabrück, 1995), pp. 249–52: Dokument 39: 'Lagebericht der Staatspolizeistelle Osnabrück an das Geheime Staatspolizeiamt für den Monat August 1935 vom 4. September 1935'.

123 とくに以下を参照。Marion Kaplan, *Between Dignity and Despair: Jewish Life in Nazi Germany* (New York and Oxford, 1998).

124 Steinwascher (ed.), *Gestapo Osnabrück meldet...*, p. 166: 'Lagebericht der Staatspolizeistelle Osnabrück an das Geheime Staatspolizeiamt für die Monate März und April 1935 vom 4. Mai 1935'.

125 Avraham Barkai, "Schicksalsjahr 1938", p. 96.

126 Marion Kaplan, 'When the Ordinary Became Extraordinary. German Jews Reacting to Nazi Persecution, 1933–1939', in Robert Gellately and Nathan Stoltzfus (eds), *Social Outsiders in Nazi Germany* (Princeton and Oxford, 2001), p. 90.

127 Konrad Kwiet, 'Gehen oder bleiben? Die deutschen Juden am Wendepunkt', in Pehle (ed.), *Der Judenpogrom 1938*, p. 139.

128 その後すぐにムッソリーニは彼個人も一般的なイタリア人も「アーリア人」であることを知り、8月初頭にファシスト・イタリアはその反ユダヤ法を成立させた。以下を参照。R. J. B. Bosworth, *Mussolini* (London, 2002), pp. 334–44.

129 国防軍とヒトラーがオーストリアで受けた熱狂的な歓迎については以下を参照。Evan Burr Bukey, *Hitler's Austria. Popular Sentiment in the Nazi Era 1938–1945* (Chapel Hill and London, 2000), pp. 28–33.

130 Franz von Papen, *Memoirs* (London, 1952), p. 438. 以下に引用されている。Kershaw, *Hitler 1936–1945*, p. 83.

131 Hans Witek, '"Arisierung" in Wien. Aspekte nationalsozialistischer Enteignungspolitik 1938–1940', in Emmerich Talos, Ernst Hanisch and Wolfgang Neugebauer (eds), *NS-Herrschaft in Österreich 1938–1945* (Vienna, 1988), pp. 199–216; Hans Safrian, *Eichmann und seine Gehilfen* (Frankfurt am Main, 1995), pp. 23–67.

132 Karl A. Schleunes, *The Twisted Road to Auschwitz. Nazi Policy Toward German Jews 1933–39* (London, 1971).

133 Trude Maurer, 'Abschiebung und Attentat. Die Ausweisung der polnischen Juden und der Vorwand für die "Kristallnacht"', in Pehle (ed.), *Der Judenpogrom 1938*, pp. 52–73.

134 Uwe Dietrich Adam, 'Wie spontan war der Pogrom?', in Pehle (ed.), *Der*

112 Reinhard Heydrich, 'Die Bekämpfung der Staatsfeinde', in *Deutsches Recht*, vol. 6, no. 7/8 (15 April 1936), pp. 121–3 (here, 121). 以下に引用されている。Wildt, *Generation des Unbedingten*, p. 13.

113 *Reichsgesetzblatt*, 1933, Ⅰ, p. 175: Gesetz zur Wiederherstellung des Berufsbeamtentums vom 7. April 1933.

114 *Reichsgesetzblatt*, 1935, Ⅰ, p. 1146: Reichsbürgergesetz vom 15. September 1935; *Reichsgesetzblatt*, 1935, Ⅰ, pp. 1146–7: Gesetz zum Schutze des deutschen Blutes und der deutschen Ehre vom 15. September 1935. ニュルンベルク諸法については以下を参照。Hans Mommsen, *Auschwitz, 17. Juli 1942. Der Weg zur europäischen "Endlösung des Judenfrage"* (Munich, 2002), pp. 41–55; and, especially, Cornelie Essner, *Die "Nürnberger Gesetze" oder Die Verwaltung des Rassenwahns 1933–1945* (Paderborn, 2002), pp. 76–173. 1936年初頭にジプシーと非白人は「ドイツ人の血を守るための」法の条項に含まれた。

115 *Reichsgesetzblatt*, 1935, Ⅰ, pp. 1333–4: Erste Verordnung zum Reichsbürgergesetz vom 14. November 1935.

116 *Reichsgesetzblatt*, 1935, Ⅰ, p.700: Verordnung über die Musterung und Aushebung 1935 vom 29. Mai 1935.「アーリア人の血統が兵役に就く前提条件だ」と定めたこの布告によると、「非アーリア人」とは、とくにユダヤ人の両親もしくは祖父母をもつ非アーリア人の子孫と定義された。これはとくに親または祖父母のどちらかがユダヤ教徒であることを前提とした。

117 Essner, *Die "Nürnberger Gesetze"*, p. 445.

118 Peter Longerich, *Politik der Vernichtung. Eine Gesamtdarstellung der nationalsozialistischen Judenverfolgung* (Munich and Zurich, 1998), pp. 106–11.

119 *Deutschland-Berichte der Sozialdemokratischen Partei Deutschlands (Sopade) 1934–1940. Dritter Jahrgang 1936* (Frankfurt am Main, 1980), p. 27: 1936年1月の報告書。

120 一例として以下を参照。Wolfgang Ribbe (ed.), *Die Lageberichte der Geheimen Staatspolizei über die Provinz Brandenberg und die Reichshauptstadt Berlin 1933 bis 1936*. Teilband Ⅰ. *Der Regierungsbezirk Potsdam* (Weimar and Vienna, 1998), p. 366: Lagebericht der Staatspolizeistelle Potsdam für September 1935.

121 1938年の春までに、33年1月時点でユダヤ人がドイツに所有していた事業の60から70パーセントが取引を停止するか、あるいは「アーリア人」の手に渡った。以下を参照。Avraham Barkai, '"Schicksalsjahr 1938", Kontinuität und Verschärfung der wirtschaftlichen Ausplünderung der deutschen Juden', in Walter H. Pehle (ed.), *Der Judenpogrom 1938. Von*

p. 304: 1936年 3 月の報告書。

98 *Deutschland-Berichte der Sozialdemokratischen Partei Deutschlands (Sopade) 1934–1940. Dritter Jahrgang 1936* (Frankfurt am Main, 1980), p. 301: 1936年 3 月の報告書。

99 Wolfgang Ribbe (ed.), *Die Lageberichte der Geheimen Staatspolizei über die Provinz Brandenberg und die Reichshauptstadt Berlin 1933 bis 1936.* Teilband I. *Der Regierungsbezirk Potsdam* (Weimar and Vienna, 1998), p. 251: Lagebericht der Staatspolizeistelle Potsdam für April 1935.「第三帝国」の腐敗については以下。Frank Bajohr, 'Nationalsozialismus und Korruption', *Mittelweg* 36, no. 1 (1998), pp. 57–77; Frank Bajohr, *Parvenüs und Profiteure. Korruption in der NS-Zeit* (Frankfurt am Main, 2001).

100 *Deutschland-Berichte der Sozialdemokratischen Partei Deutschlands (Sopade) 1934–1940. Dritter Jahrgang 1936* (Frankfurt am Main, 1980), p. 829: 1936年 7 月の報告書。

101 Text printed in Müller, *Armee und Drittes Reich 1933–1939*, pp. 316–23 (Dok. 145). p. 316 から引用。

102 1938年 1 月から 2 月の複雑な事件についての入念な記載は以下を参照。Ian Kershaw, *Hitler 1936–1945. Nemesis* (London, 2000), pp. 52–60.

103 以下に引用されている。Overy, *War and Economy in the Third Reich*, p. 185.

104 Beck's 'Betrachtungen zur gegenwärtigen militärpolitischen Lage Deutschlands', in Müller, *Armee und Drittes Reich 1933–1939*, pp. 326–9.

105 Carola Sachse, et al., *Angst, Belohnung, Zucht und Ordnung. Herrschaftsmechanismen im Nationalsozialismus* (Opladen, 1982).

106 Robert Gellately, *The Gestapo and German Society. Enforcing Racial Policy 1933–1945* (Oxford, 1990); Klaus-Michael Mallmann and Gerhard Paul, *Herrschaft und Alltag. Ein Industrierevier im Dritten Reich* (Bonn, 1991); Klaus-Michael Mallmann and Gerhard Paul, 'Allwissend, allmächtig, allgegenwärtig? Gestapo, Gesellschaft und Widerstand', *Zeitschrift für Geschichtswissenschaft*, vol. 41 (1993); Gerhard Paul and Klaus-Michael Mallmann (eds), *Die Gestapo. Mythos und Realität* (Darmstadt, 1995).

107 Robert Gellately, *Backing Hitler. Consent and Coercion in Nazi Germany* (Oxford, 2001).〔『ヒトラーを支持したドイツ国民』根岸隆夫訳、みすず書房、2008年〕

108 Mallmann and Paul, *Herrschaft und Alltag*, p. 249.

109 Wildt, *Generation des Unbedingten.*

110 Andreas Seeger, *'Gestapo Müller'. Die Karriere eines Schreibtischtäters* (Berlin, 1996), pp. 28–52.

111 以下に引用されている。Seeger, *'Gestapo Müller'*, p. 39.

85 Klinksiek, *Die Frau im NS-Staat,* pp. 80–1.
86 以下を参照。Ulrich Herbert, 'Good Times, Bad Times: Memories of the Third Reich', in Richard Bessel (ed.), *Life in the Third Reich* (revised edition, Oxford, 2001), pp. 97–110.〔『ナチ統治下の民衆』柴田敬二訳、刀水書房、1990年〕
87 Statistisches Reichsamt (ed.), *Statistisches Jahrbuch für das Deutsche Reich 1936* (Berlin, 1936), p. 35.
88 Detlev J. K. Peukert, *Inside Nazi Germany. Conformity, Opposition and Racism in Everyday Life* (London, 1987), p. 76.
89 Klinksiek, *Die Frau im NS-Staat*, pp. 120–2; Ute Benz, 'Einleitung. Frauen im Nationalsozialismus', in Ute Benz (ed.), *Frauen im Nationalsozialismus. Dokumente und Zeugnisse* (Munich, 1993), pp. 14–15. 1938年末に、ドイツ女性事業団の団員は約180万人にのぼり、さらに400万人の会員が「アルトライヒ」にいた。
90 *Deutschland-Berichte der Sozialdemokratischen Partei Deutschlands (Sopade) 1934–1940. Erster Jahrgang 1934* (Frankfurt am Main, 1980), p. 117.
91 Michael Schneider, *Unterm Hakenkreuz. Arbeiter und Arbeiterbewegung 1933 bis 1939* (Bonn, 1999), p. 178.
92 Schneider, *Unterm Hakenkreuz,* pp. 168–243.
93 Frei, *National Socialist Rule in Germany*, p. 82; Schneider, *Unterm Hakenkreuz,* pp. 230–1.〔前掲『総統国家』〕
94 *Deutschland-Berichte der Sozialdemokratischen Partei Deutschlands (Sopade) 1934–1940. Zweiter Jahrgang 1935* (Frankfurt am Main, 1980), p. 410: 1933年4月の報告書。
95 *Deutschland-Berichte der Sozialdemokratischen Partei Deutschlands (Sopade) 1934–1940. Zweiter Jahrgang1935* (Frankfurt am Main, 1980), p. 412: 1935年4月の報告書。同様の反応が1年あまりのちの36年夏に伝えられている。このときには兵役義務期間は1年から2年に延長されていた。以下を参照。*Deutschland-Berichte der Sozialdemokratischen Partei Deutschlands (Sopade) 1934–1940. Dritter Jahrgang 1936* (Frankfurt am Main, 1980), pp. 1097–1103: 1936年9月の報告書。以下を参照。Ute Frevert, *Die kasernierte Nation. Militärdienst und Zivilgesellschaft in Deutschland* (Munich, 2001), pp. 317–19.
96 *Deutschland-Berichte der Sozialdemokratischen Partei Deutschlands (Sopade) 1934–1940. Zweiter Jahrgang 1935* (Frankfurt am Main, 1980), p. 412: 1935年4月の報告書。
97 *Deutschland-Berichte der Sozialdemokratischen Partei Deutschlands (Sopade) 1934–1940. Dritter Jahrgang 1936* (Frankfurt am Main, 1980),

Czarnowski, *Das kontrollierte Paar. Ehe- und Sexualpolitik im Nationalsozialismus* (Wiesbaden, 1991), pp. 101–35; Gabriele Czarnowski, '"The Value of Marriage for the *Volksgemeinschaft*". Policies towards Women and Marriage under National Socialism', in Richard Bessel (ed.), *Fascist Italy and Nazi Germany. Comparisons and Contrasts* (Cambridge, 1996), pp. 100–1; and Elizabeth D. Heineman, *What Difference Does a Husband Make? Women and Marital Status in Nazi and Postwar Germany* (Berkeley, Los Angeles and London, 1999), p. 22. 1938年には結婚したカップルの5分の2が結婚融資金を受け取っている。1933年から44年にかけて、約200万組がそういった融資を受けた。

76 'Wortprotokoll der 5. Tagung der Reichsarbeitskammer vom 24. November 1936 in Berlin', printed in Timothy W. Mason, *Arbeiterklasse und Volksgemeinschaft. Dokumente und Materialien zur deutschen Arbeiterpolitik 1936–1939* (Opladen, 1975), pp. 170–91 (here p. 185).

77 Klinksiek, *Die Frau im NS-Staat*, p. 105; Rüdiger Hachtmann, *Industriearbeit im "Dritten Reich"*, pp. 39–41.

78 Lisa Pine, *Nazi Family Policy, 1933–1945* (Oxford and New York, 1997), p. 109. 1941年までに110万の家族がそういった一度限りの助成金を受け取った。

79 *Reichsgesetzblatt*, 1933, Ⅰ, pp. 529–31: Gesetz zur Verhütung erbkranken Nachwuchses vom 14. Juli 1933.

80 Gisela Bock, *Zwangssterilisation im Nationalsozialismus. Studien zur Rassenpolitik und Frauenpolitik* (Opladen, 1986), p. 232. 以下も参照。Annette Feldmann and Horst-Pierre Bothien, 'Zwangssterilisation in Bonn. Zur Arbeit des Erbsgesundheitsgerichts Bonn (1934–1944)', in Annette Kuhn (ed.), *Frauenleben im NS-Alltag. Bonner Studien zur Frauengeschichte* (Pfaffenweiler, 1994), pp. 248–9.

81 Bock, *Zwangssterilisation im Nationalsozialismus*, p. 372.

82 Reiner Pommerin, *Sterilisierung der Rheinlandbastarde. Das Schicksal einer farbigen deutschen Minderheit 1918–1937* (Düsseldorf, 1979), pp. 77–84.

83 *Reichsgesetzblatt*, 1935, Ⅰ, p. 1246: Gesetz zum Schutze der Erbsgesundkeit des deutschen Volkes (Ehegesundheitsgesetz) vom 18. Oktober 1935. 以下も参照。Heineman, *What Difference Does a Husband Make?*, pp. 23–5.

84 Walter Schnell, *Die öffentliche Gesundheitspflege* (Leipzig, Stuttgart and Berlin, 1938), p. 66. 以下に引用されている。Ernst Klee, *Deutsche Medizin im Dritten Reich. Karrieren vor und nach 1945* (Frankfurt am Main, 2001), p.63.

表された論文のタイトルだった。以下に抜粋されている。Gustavo Corni and Horst Gies, "*Blut und Boden*". *Rassenideologie und Agrarpolitik im Staat Hitlers* (Idstein, 1994), p. 207.

69 Herbert Backe, 'Die russische Getreidewirtschaft als Grundlage der Land- und Volkswirtschaft Russlands'. このことに気づかせてくれた Adam Tooze に感謝したい。

70 以下を参照。Gustavo Corni and Horst Gies, *Brot, Butter Kanonen. Die Ernährungswirtschaft in Deutschland unter der Diktatur Hitlers* (Berlin, 1997), pp. 399–409.

71 Ian Kershaw, *Popular Opinion and Political Dissent in the Third Reich: Bavaria 1933–1945* (Oxford, 1983), p. 83. その問題は、たとえば1935年8月の SPD の報告書には大々的に述べられており、そのなかで第一次世界大戦中との比較がなされている。以下を参照。*Deutschland-Berichte der Sozialdemokratischen Partei Deutschlands* (*Sopade*) *1934–1940. Zweiter Jahrgang 1935* (Frankfurt am Main, 1980), pp. 951–60 (here, p. 960).

72 このことが軍需大臣フォン・ブロムベルクを大いに動揺させた。以下の手紙を参照。the Reichskriegsministers und Oberbefehlshabers der Wehrmacht of 5 August 1937 to the Reichsarbeitsminister zur Landarbeiterfrage, in Corni and Gies, "*Blut und Boden*", pp. 167–8.

73 たとえば人種主義者でのちに人種学・人種生物学・農村社会学研究所所長をベルリン大学で務めたハンス・フリードリヒ・カール・ギュンターは、1936年11月のベルリン大学創立126周年の祝典で演説している。以下を参照。Elvira Weisenburger, 'Der "Rassepabst". Hans Friedrich Karl Günther, Professor für Rassenkunde', in Michael Kissner and Joachim Scholtyseck (eds), *Die Führer der Provinz. NS-Biographien aus Baden und Württemberg* (Konstanz, 1997), p. 189.

74 Hans Land, 'Die Bekämpfung der Schwarzarbeit, des Doppelverdienertums und der Frauenarbeit im Rahmen der deutschen Konjunkturpolitik' (Diss. Marburg, 1937), p. 45. 以下に引用されている。Dorothee Klinksiek, *Die Frau im NS-Staat* (Stuttgart, 1982), p. 100.

75 *Reichsgesetzblatt*, 1933, I, pp. 326–29: Gesetz zur Verminderung der Arbeitslosigkeit vom 1. Juni 1933, Abschitt V: Förderung der Eheschliessungen; *Reichsgesetzblatt*, 1933, I, pp. 377–9: Durchführungsverordnung über die Gewährung von Ehestandsdarlehen (EDDVO) vom 20. Juni 1933. 退職して結婚する女性は、特定の家財道具について、領収書があれば最高1000ライヒスマルクの融資を利用できた。返済する総額の25パーセントが子供をひとり産むごとに減額された。以下も参照。Klinksiek, *Die Frau im NS-Staat*, p. 102; Gabriele

Deist (ed.), *The German Military in the Age of Total War* (Leamington Spa, 1985), p. 130.

51 以下に引用されている。Kershaw, *Hitler 1889–1936*, p. 591.

52 以下に引用されている。Overy, *War and Economy in the Third Reich*, p. 189.

53 Wilhelm Treue, 'Hitlers Denkschrift zum Vierjahresplan 1936', *Vierteljahrshefte für Zeitgeschichte*, vol. 3. (1955), pp. 204–6.

54 Treue, 'Hitlers Denkschrift zum Vierjahresplan 1936', p. 210.

55 Wilhelm Deist, *The Wehrmacht and German Rearmament* (London, 1981), p. 53.

56 Wilhelm Deist, *Militär, Staat und Gesellschaft. Studien zur preussischdeutschen Militärgeschichte* (Munich, 1991), pp. 410–13. 1935年7月の英独海軍協定は、ドイツ海軍がイギリス海軍の35パーセントの軍備を有することを予見するもので、海軍指導部はこれを「暫定的なもの」にすぎないとみなしていた。

57 Charles S. Thomas, *The German Navy in the Nazi Era* (London, 1990), p. 141; Jost Düllfer, *Weimar, Hitler und die Marine. Realpolitik und Flottenbau 1920–1939* (Düsseldorf, 1973), pp. 457–8. ヴィルヘルム時代には、一度にもっとも大きいもので20万トンだった。

58 以下を参照。Klaus-Jürgen Müller, *Armee und Drittes Reich 1933–1939. Darstellung und Dokumentation* (Paderborn. 1987), pp. 100–1.

59 実際は、陸軍は1939年9月1日の開戦時に275万8000人の兵力に到達していた。以下を参照。Deist, *The Wehrmacht and German Rearmament*, p. 89.

60 Müller, *Armee und Drittes Reich 1933–1939*, p. 101.

61 Deist, *Militär, Staat und Gesellschaft*, pp. 413–14.

62 以下を参照。Overy, *Goering. The 'Iron Man'*, p. 68.

63 Printed in Klaus-Jürgen Müller, *Armee und Drittes Reich 1933–1939*, pp. 311–16. p. 311より引用.

64 Willi A Boelcke, *Die Kosten von Hitlers Krieg. Kriegsfinanzierung und finanzielles Kriegserbe in Deutschland 1933–1948* (Paderborn, 1985), p.51; Overy, *War and Economy in the Third Reich*, p. 20.

65 Overy, *War and Economy in the Third Reich*, p. 21.

66 'Ausarbeitung des Allgemeinen Heeresamtes über den Aufbau des Friedens- und Kriegsheeres vom 1 August 1936', in Müller, *Armee und Drittes Reich 1933–1939*, pp. 304–8.

67 以下に引用されている。Müller, *Armee und Drittes Reich 1933–1939*, p. 102.

68 これは1942年7月7日に *NS-Landpost* にヘルベルト・バッケによって発

38 Overy, *War and Economy in the Third Reich*, p. 85.
39 James D. Shand, 'The Reichsautobahnen. Symbol for the Third Reich', *Journal of Contemporary History*, vol. 19 (1984), pp. 189–200.
40 1934年３月のピーク時には、約63万人が雇用創出計画によって職を得た。以下を参照。Overy, *War and Economy in the Third Reich*, p. 53.
41 Overy, *War and Economy in the Third Reich*, p. 39.
42 Overy, *War and Economy in the Third Reich*, p. 196. 以下も参照。Ulrich Herbert, *Geschichte der Ausländerbeschäftigung in Deutschland 1880 bis 1980. Saisonarbeiter, Zwangsarbeiter, Gastarbeiter* (Bonn, 1986), pp. 120–4.
43 1933年から39年にかけて、産業労働者の平均労働時間は週42.9時間から48.7時間に増加した。以下を参照。Rüdiger Hachtmann, *Industriearbeit im 'Dritten Reich'. Untersuchungen zu den Lohn- und Arbeitsbedingungen in Deutschland 1933–1945* (Göttingen, 1989), p. 51.
44 以下を参照。Götz Aly, *Rasse und Klasse. Nachforschungen zum deutschen Wesen* (Frankfurt am Main, 2003), pp. 230–44.
45 R. J. Overy, *Goering. The 'Iron Man'* (London, 1984), pp. 64–8.
46 Overy, *War and Economy in the Third Reich*, p. 87.
47 Norbert Frei, *National Socialist Rule in Germany, The Führer State 1933–1945* (Oxford and Cambridge, Mass., 1993), p. 82.〔『総統国家』芝健介訳、岩波書店、1994年〕; Hans Mommsen and Manfred Grieder, *Das Volkswagenwerk und seine Arbeiter im Dritten Reich* (Düsseldorf, 1996), pp. 189–202.「歓喜力行団自動車」を購入するための積み立て契約数は1939年末には27万件に達し、さらに７万人が45年春までに契約した。
48 イアン・カーショーは最近の二巻からなるヒトラーの伝記で1936年を分かれ目としている。この年、ナチの独裁者は「彼自身の総統崇拝の一番の信者」となり、義憤が傲慢に取って代わった。以下を参照。Kershaw, *Hitler 1889–1936*, p. 591.
49 国防相フォン・ブロムベルクは心配し続けていたが、外相フォン・ノイラートは諜報活動によりフランスは軍事行動を起こさないと確信していた。以下を参照。Zach Shore, 'Hitler, Intelligence and the Decision to Remilitarize the Rhine', *Journal of Contemporary History*, vol. 34, no. 1 (Jan. 1999), pp. 5–18. スティーブン・シューカーによると、軍事費の実質的削減後にフランスが再軍備に抵抗できたかどうかは疑わしい。以下を参照。Stephen A. Schuker, 'France and the Remilitarization of the Rhineland, 1936', *French Historical Studies*, vol. 14, no. 3. (Spring, 1986), pp. 299–338.
50 Michael Geyer, 'The Dynamics of Military Revisionism in the Interwar Years. Military Politics between Rearmament and Diplomacy', in Wilhelm

26 *Die Tagebücher von Joseph Goebbels. Sämtliche Fragmente* (ed. Elke Fröhlich), *Teil I. Aufzeichnungen 1924–1941. Band 2 1.1.1931–31. 12.1936* (Munich, New York, London and Paris, 1987), p. 398 (entry for 27 March 1933).

27 Kershaw, *Hitler 1889–1936*, p. 502.

28 Ian Kershaw, *The 'Hitler Myth'. Image and Reality in the Third Reich* (Oxford, 1987), pp. 54–6〔『ヒトラー神話』柴田敬二訳、刀水書房、1993年〕

29 *Reichsgesetzblatt,* 1933, Ⅰ, p. 141: Gesetz zur Behebung der Not von Volk und Reich (Ermächtigungsgesetz) vom 24. März 1933.

30 *Reichsgesetzblatt*, 1933, Ⅰ, p. 479: Gesetz gegen die Neubildung von Parteien vom 14. Juli 1933.

31 'Ausführungen des Reichswehrministers von Blomberg vor den Gruppen- und Wehrkreisbefehlshabern im Reichswehrministerium. Handschriftliche Aufzeichnungen des Gen.Lt. Liebmann'. Printed in Thilo Vogelsang, 'Neue Dokumente zur Geschichte der Reichswehr 1930–1933', *Vierteljahrshefte für Zeitgeschichte*, vol. 2 (1954), doc. nr. 7, p. 432.

32 'Lagebericht der Staatsopolizeistelle Stettin an das Geheime Staatspolizeiamt über den Monat Juli', 4 Aug. 1934, printed in Robert Thévoz, Hans Branig and Cécile Lowenthal-Hensel (eds), *Pommern 1934/35 im Spiegel von Gestapo-Lageberichten und Sachakten* (*Quellen*) (Cologne and Berlin, 1974), p. 31.

33 'Halbmonatsbericht des Bezirkamts Ebermannstadt'. 14 July 1934, in Martin Broszat, Elke Fröhlich and Falk Wiesemann (eds), *Bayern in der NS-Zeit. Soziale Lage und politisches Verhalten der Bevölkerung im Spiegel vertraulicher Berichte* (Munich, 1977), p. 71.

34 以下を参照。Kershaw, *The 'Hitler Myth'*. pp. 84–95.〔前掲『ヒトラー神話』〕

35 ヒトラーの1934年7月13日の国会での演説は以下を参照。Erhard Klöss (eds), *Reden des Führers. Politik und Propaganda Adolf Hitlers* (Munich, 1967), p. 146.「レーム事件」に対する陸軍の反応については以下を参照。Müller, *Das Heer und Hitler,* pp. 125–33.

36 R. J. Overy, *War and Economy in the Third Reich* (Oxford, 1994), p. 78.

37 Martin Kornrumpf, *HAFRABA e. V. Deutsche Autobahn-Planung 1926–1934* (Bonn, 1990); Franz W. Siedler, 'Fritz Todt – Vom Autobahnbauer zum Reichsminister', in Ronald Smelser and Rainer Zitelmann (eds), *Die braune Elite* (Darmstadt, 1989), pp. 299–312; Erhard Schütz and Eckhard Gruber, *Mythos Reichsautobahn. Bau und Inszenierung der 'Strassen des Führers' 1933–1941* (Berlin, 1996).

13 Archiwum Panstwowe w Wroclawiu, Rejencja Opolska I/1797, f. 1: The Pr. Minister des Innern to the Ober- und Regierungspräsidenten and the Polizeipräsident in Berlin, Berlin, 15 Feb. 1933.
14 以下を参照。Karl Dietrich Bracher, Wolfgang Sauer and Gerhard Schultz, *Die nationalsozialistische Machtergreifung. Studien zur Errichtung des totalitären Herrschaftssystems in Deutschland 1933/34* (2nd edn., Cologne and Opladen, 1962), pp. 72–3, 864–5.
15 Bracher/Sauer/Schulz, *Die nationalsozialistische Machtergreifung,* p. 66; Bessel, *Political Violence and the Rise of Nazism*, pp. 112–14.
16 *Reichsgesetzblatt,* 1933, Ⅰ, p.35: Verordnung des Reichspräsidenten zum Schutz des Deutschen Volkes vom 4. Februar 1933.
17 *Reichsgesetzblatt*, 1933, Ⅰ, p. 83: Verordnung des Reichspräsidenten zum Schutz von Volk und Staat vom 28. Februar 1933.
18 Heinrich Uhlig, *Die Warenhäuser im Dritten Reich* (Cologne and Opladen, 1956), pp. 77–85.
19 Kurt Pätzold, *Faschismus Rassenwahn Judenverfolgung. Eine Studie zur politischen Strategie und Taktik des faschistischen deutschen Imperialismus (1933–1945)* (Berlin, 1975), p. 40.
20 次のような例がある。Pasewalk: Archiwum Panstwowe w Szczecinie, Regierung Stettin – Präsidial Abteilung Polizei, Nr. 36, f. 141: The Bürgermeister to the Landrat in Uekermünde, Pasewalk, 13 March 1933.
21 Bessel, *Political Violence and the Rise of Nazism*, pp. 105–6. 以下も参照。Eric Johnson, *The Nazi Terror. The Gestapo, Jews and Ordinary Germans* (London, 1999), pp. 88–90; Michael Wildt, 'Violence against Jews in Germany, 1933–1939', in David Bankier (ed.), *Probing the Depths of German Antisemitism. German Society and the Persecution of the Jews, 1933–1941* (Oxford and Jerusalem, 2000), pp. 191–4; Dirk Schumann, *Politische Gewalt in der Weimarer Republik 1918–1933. Kampf um die Strasse und Furcht vor dem Bürgerkrieg* (Essen, 2001), pp. 331–4.
22 以下を参照。Bessel, *Political Violence and the Rise of Nazism*, pp. 105–9; Saul Friedländer, *Nazi Germany and the Jews. The Years of Persecution 1933–1939* (London, 1997), pp. 21–3.
23 以下を参照。Helmut Genschel, *Die Verdrängung der Juden aus der Wirtschaft im Dritten Reich* (Göttingen, 1966); Avraham Barkai, *From Boycott to Annihilation: The Economic Struggle of German Jews, 1933–1943* (Hanover, NH, 1989).
24 Bundesarchiv, R 43 Ⅱ/1195, f. 61: 'Aufruf Adolf Hitlers an SA und SS', Berlin, 10 March 1933.
25 Bessel, *Political Violence and the Rise of Nazism*, pp. 122–5.

## 第２章　ナチ政権と戦争への道

1　Reinhard Müller, 'Hitlers Rede vor der Reichswehrführung 1933. Eine neue Moskauer Überlieferung', *Mittelweg 36* (1/2001), pp. 73–90. 最近モスクワで発見されたこの版には、これまでナチ政府の設立の記録として頻繁に引用されていたクルト・リープマンが会議で記録した覚書にあるよりも、ヒトラーの演説がより十分かつ詳細に記されている。リープマンの覚書については以下を参照。Thilo Vogelsang, 'Neue Dokumente zur Geschichte der Reichswehr 1930–1933', *Vierteljahrshefte für Zeitgeschichte*, vol. II (1954), doc. nr. 8, pp. 434–5. リープマンの覚書の英訳は以下を参照。J. Noakes and G. Pridham (eds), *Nazism 1919–1945. Volume 3: Foreign Policy, War and Racial Extermination. A Documentary Reader* (Exeter, 2001), pp. 20–1.

2　Müller, 'Hitlers Rede vor der Reichswehrführung 1933', pp. 76–9.

3　以下に引用されている。Müller, 'Hitlers Rede vor der Reichswehrführung 1933', p. 73.

4　以下に引用されている。Klaus-Jürgen Müller, *Das Heer und Hitler. Armee und nationalsozialistisches Regime 1933–1940* (Stuttgart, 1969), p. 63.

5　Müller, *Das Heer und Hitler*, pp. 37–9.

6　Wilhelm Deist, *The Wehrmacht and German Rearmament* (London, 1981), p. 104.

7　Wolfram Wette, *Die Wehrmacht. Feindbilder, Vernichtungskrieg, Legenden* (Frankfurt am Main, 2002), pp. 151–3.

8　Henry Ashby Turner, Jr., *Hitler's Thirty Days to Power. January 1933* (Reading, Mass., 1996), pp. 144–5; Ian Kershaw, *Hitler 1889–1936: Hubris* (London, 1998), p. 420.

9　Kershaw, *Hitler 1889–1936*, p. 421. 以下も参照。Larry Eugene Jones, '"The Greatest Stupidity of My Life". Alfred Hugenberg and the Formation of the Hitler Cabinet, January 1933', *Journal of Contemporary History*, vol. 27 (1992), pp. 63–87.

10　以下に引用されている。J. Noakes and G. Pridham (eds), *Nazism 1919–1945. Volume 1: The Rise to Power 1919–1934. A Documentary Reader* (Exeter, 1983), pp. 134–5.

11　以下に引用されている。Michael Wildt, *Generation des Unbedingten. Das Führungskorps des Reichssicherheitshauptamtes* (Hamburg, 2002), p. 143.

12　Richard Bessel, *Political Violence and the Rise of Nazism. The Storm Troopers in Eastern Germany 1925–1934* (New Haven and London, 1984), pp. 98–9.

*Political Violence and the Rise of Nazism*, pp. 97–118; Eric G. Reiche, *The Development of the SA in Nurnberg, 1922–1934* (Cambridge, 1986), pp. 173–86; Peter Longerich, *Die braunen Bataillone. Geschichte der SA* (Munich, 1989), pp. 165–79.

43 Walter, *Antisemitische Kriminalität und Gewalt,* pp. 211–21.

44 Esra Bennathan, 'Die demographische und wirtschaftliche Struktur der Juden', in Werner E. Mosse and Arnold Paucker (eds), *Entscheidungsjahr 1932. Zur Judenfrage in der Endphase der Weimarer Republik* (Tübingen, 1966), pp. 88–131; Donald L. Niewyck, *The Jews in Weimar Germany* (Baton Rouge and London, 1980), pp. 11–19.

45 一例として以下を参照。Peter H. Merkl, *Political Violence under the Swastika. 581 Early Nazis* (Princeton, 1975), pp. 498–517; Peter H. Merkl, *The Making of a Stormtrooper* (Princeton, 1980), pp. 222–8.

46 'Central-Verein deutscher Staatsbürger jüdischen Glaubens. Ortsgruppe Köln', Cologne, November 1930, printed in Arnold Paucker, *Der jüdische Abwehrkampf gegen Antisemitismus und Nationalsozialismus in den letzten Jahren der Weimarer Republik* (2nd edn, Hamburg, 1968), p. 194.

47 Thomas Childers, *The Nazi Voter. The Social Foundations of Fascism in Germany, 1919–1933* (Chapel Hill and London, 1983), p. 268.

48 以下を参照。Richard F. Hamilton, *Who Voted for Hitler?* (Princeton, 1982); Childers, *The Nazi Voter*; Jürgen W. Falter, *Hitlers Wähler* (Munich, 1991).

49 Richard Bessel, *Germany after the First World War* (Oxford, 1993), pp. 270–1.

50 Wolfram Wette, 'From Kellogg to Hitler (1928–1933). German Public Opinion Concerning the Rejection or Glorification of War', in Wilhelm Deist (ed.), *The German Military in the Age of Total War* (Leamington Spa, 1985), pp. 79.

51 戦争を美化する文学の波に対し、エーリヒ・マリア・レマルクのベストセラー『西部戦線異状なし』は別格で、論議を呼び続けた。レマルクのこの有名な作品が受け入れられ成功を収めたことについての鋭い考察については以下を参照。Modris Eksteins, *Rites of Spring. The Great War and the Birth of the Modern Age* (London, 2000), pp. 274–99.〔モードリス・エクスタインズ『春の祭典－第一次世界大戦とモダン・エイジの誕生』金利光訳、みすず書房、2009年〕

52 このテーゼについての標準的な意見については以下を参照。Tim Mason, 'The Legacy of 1918 for National Socialism', in Anthony Nicholls and Erich Matthias (eds), *German Democracy and the Triumph of Hitler. Essays in Recent German History* (London, 1971), pp. 215–39.

Kultur der Gewalt in Deutschland zwischen den beiden Weltkriegen', *Geschichte in Wissenschaft und Unterricht*, vol. 43 (1992), pp. 391–404; Bernd Weisbrod, 'The Crisis of Bourgeois Society in Interwar Germany', in Richard Bessel (ed.), *Fascist Italy and Nazi Germany. Comparisons and Contrasts* (Cambridge, 1996), pp. 34–7; Dirk Schumann, *Politische Gewalt in der Weimarer Republik 1918–1933. Kampf um die Strasse und Furcht vor dem Bürgerkrieg* (Essen, 2001).

27 Wilhelm Deist, *Militär, Staat und Gesellschaft. Studien zur preussischdeutschen Militärgeschichte* (Munich, 1991), p. 390.

28 Michael Geyer, *Aufrüstung der Sicherheit. Die Reichswehr in der Krise der Machtpolitik 1924–1936* (Wiesbaden, 1980), pp. 23–7, 80–2.

29 'Denkschrift des Reichswehrministers Groener zur wehrpolitischen Lage des Deutschen Reiches Ende 1928', in Otto Ernst Schüddekopf, *Das Heer und die Republik. Quellen zur Politik der Reichswehrführung 1918–1933* (Hannover and Frankfurt am Main, 1955), pp. 251–4.

30 以下を参照。Michael Geyer, 'Professionals and Junkers: German Rearmament and Politics in the Weimar Republic', in Richard Bessel and E. J. Feuchtwanger (eds), *Social Change and Political Development in Weimar Germany* (London, 1981), pp. 77–133.

31 F. L. Carsten, *The Reichswehr and Politics, 1918–1933* (Oxford, 1966), pp. 351–6.

32 Bessel, *Political Violence and the Rise of Nazism*, pp. 67–74.

33 Albert Grzesinski, *Inside Germany* (New York, 1939), p. 135.

34 以下に引用。Christian Streit, *Keine Kameraden. Die Wehrmacht und die sowjetischen Kriegsgefangenen 1941–1945* (Stuttgart, 1978), p. 115.

35 Bessel, *Political Violence and the Rise of Nazism*, p. 48.

36 Bundesarchiv, NS 23/274, ff. 105175–7: The Führer der Untergruppe Mittelschlesien Süd to the Oberste SA-Führung, Reichenbach (Eulengeb.), 26 Sept. 1932.

37 Kershaw, *Hitler 1889–1936*, pp. 337–8.

38 Richard Bessel, 'The Potempa Murder', *Central European History*, vol. 10 (1977), pp. 241–54; Kershaw, *Hitler 1889–1936*, pp. 381–2.

39 Joseph Goebbels, *Kampf um Berlin* (9th edn, Munich, 1936), p. 30. 〔ヨーゼフ・ゲッベルス『伯林奪取』下村昌夫訳、永田書店、1940年〕

40 以下を参照。Eve Rosenhaft, *Beating the Fascists? The German Communists and Political Violence 1929–1933* (Cambridge, 1983).

41 Bessel, *Political Violence and the Rise of Nazism*, pp. 87–92.

42 以下を参照。Conan Fischer, *Stormtroopers. A Social, Economic and Ideological Analysis, 1929–1935* (London, 1983), pp. 179–205; Bessel,

発表した。(Albrecht Tyrell, *Führer befiehi... Selbstzeugnisse aus der 'Kampfzeit' der NSDAP*［Düsseldorf, 1969］, pp. 105–7. より引用。)

20 ニーダーザクセンでのこのプロセスについては、Jeremy Noakes, *The Nazi Party in Lower Saxony 1921–1933* (Oxford, 1971), pp. 89–107 を参照。ドイツ東部でのプロセスについては、Richard Bessel, *Political Violence and the Rise of Nazism. The Storm Troopers in Eastern Germany 1925–1934* (New Haven and London, 1984), pp. 13–14 を参照。チューリンゲンのプロセスについては、Donald R. Tracey, 'Der Aufstieg der NSDAP bis 1930', in Detlev Heiden and Gunther Mai (eds), *Nationalsozialismus in Thüringen* (Weimar, Cologne and Vienna, 1995), pp. 53–67 を参照。

21 1928年の数字は、1930年代には10万8717人だと主張されていた。*Schlag nach! Wissenswerte Tatsachen aus allen Gebieten* (2nd edn, Leipzig, 1939), p. 220 を参照。実際は、この数字より若干低かった。マイケル・ケイターは９万6918人だとしている。Michael Kater, *The Nazi Party. A Social Profile of Members and Leaders, 1919–1945* (Oxford, 1983), p. 263 を参照。

22 マイケル・ケイターによれば、「全ドイツの学生の半数は1930年にはナチに参加していたと思われる」。Kater, *The Nazi Party*, p. 44 を参照。

23 Thomas Childers, 'The Limits of National Socialist Mobilisation: The Elections of 6 November 1932 and the Fragmentation of the Nazi Constituency' in Thomas Childers (ed.), *The Formation of the Nazi Constituency 1919–1933* (London and Sydney, 1986), p. 232 に引用されている。

24 鉄兜団のブランデンブルク地方団体の1928年２月２日の宣言は、Wolfram Wette, 'Ideologien, Propaganda und Innenpolitik als Voraussetzungen der Kriegspolitik des Dritten Reiches', in Wilhelm Deist, Manfred Messerschmidt, Hans-Erich Volksmann and Wolfram Wette, *Ursachen und Voraussetzungen der deutschen Kriegspolitik* (*Das Deutsche Reich und der Zweite Weltkrieg*, Band Ⅰ) (Stuttgart, 1979), p. 41 に引用されている。

25 選挙支援のパターンを分析して、Jürgen Falter は1925年のヒンデンブルクの背後の有権者の連携を「1932年と33年の NSDAP の選挙戦勝利の前兆」だとしている。Jürgen W. Falter, 'The Two Hindenburg Elections of 1925 and 1932: A Total Reversal of Voter Coalitions', *Central European History*, vol. 23, no. 2/3 (1990), p. 239. Peter Fritzsche, 'Presidential Victory and Popular Festivity in Weimar Germany: Hindenburg's 1925 Election', *Central European History*, vol. 23, no. 2/3 (1990), pp. 205–24 も参照。

26 以下を参照。Bernd Weisbrod, 'Gewalt in der Politik. Zur politischen

Oberkommando in den Marken, sämtl. stellv. Gen. Kdos., an sämtl. Garnisonkommandos (ausser Elsass-Lothringen), Berlin, 16. Nov. 1918.

9 Gerhard A. Ritter and Susanne Miller (eds), *Die deutsche Revolution 1918–1919* (Frankfurt am Main, 1983), pp. 139–41.

10 Andreas Dorpalen, *Hindenburg and the Weimar Republic* (Princeton, 1964), pp. 51–2. Roger Chickering, *Imperial Germany and the Great War, 1914–1918* (Cambridge, 1998), p.190 を参照。「イギリスのある将軍」についての主張は、1918年12月の *Neue Züricher Zeitung* に掲載された記事の読み誤りに起因すると思われる。Friedrich Frhr. Hiller von Gaertringen, '"Dolchstoss"-Diskussion und "Dolchstosslegende" im Wandel von vier Jahrzehnten', in Waldemar Besson and Friedrich Frhr. Hiller von Gaertringen (eds), *Geschichte und Gegenwartsbewusstsein. Historische Betrachtungen und Untersuchungen. Festschrift für Hans Rothfels zum 70. Geburtstag* (Göttingen, 1963), pp. 127–8 を参照。

11 George L. Mosse, *Fallen Soldiers: Reshaping the Memory of the World Wars* (New York and Oxford, 1990), p. 7.〔『英霊』宮武実知子訳、柏書房、2002年〕

12 Hitler, *Mein Kampf*, p. 182.〔前掲『わが闘争』〕

13 Kershaw, *Hitler 1889–1936*, pp. 109–28.

14 Robert G. L. Waite の先駆的な著書 *Vanguard of Nazism. The Free Corps Movement in Postwar Germany 1918–1933* (Cambridge, Mass., 1952) を参照。〔ロバート・G・L・ウェイト『ナチズムの前衛』山下貞雄訳、新生出版、2007年〕

15 Hagen Schulze, *Freikorps und Republik 1918–1920* (Boppard am Rhein, 1969), pp. 36–7.

16 以下を参照。Ulrich Herbert, '"Generation der Sachlichkeit". Die völkische Studentenbewegung der früheren zwanziger Jahren in Deutschland', in Frank Bajohr, Werner Johe and Uwe Lohalm (eds), *Zivilisation und Barbarei. Die widersprüchlichen Potentiale der Moderne* (Hamburg, 1991), pp. 115–20; Michael Wildt, *Generation des Unbedingten. Das Führungskorps des Reichssicherheitshauptamtes* (Hamburg, 2002), pp. 46–52.

17 Sebastian Haffner, *Defying Hitler. A Memoir* (London, 2002), p. 16.

18 このテーマについては、Dirk Walter, *Antisemitische Kriminalität und Gewalt. Judenfeindschaft in der Weimarer Republik* (Bonn, 1999) による啓発的な解説を参照。ヴァイマル・ドイツで反ユダヤ主義が広まっていた様子が記録されている。

19 ヒトラーは1925年２月26日の『フェルキッシャー・ベオバハター』で国民社会主義ドイツ労働者党を再構成するための基本的なガイドラインを

10 Rolf-Dieter Müller, *Hitlers Ostkrieg und die deutsche Siedlungspolitik. Die Zusammenarbeit von Wehrmacht, Wirtschaft und SS* (Frankfurt am Main, 1991).
11 Jan Erik Schulte, *Zwangsarbeit und Vernichtung: Das Wirtschaftsimperium der SS. Oswald Pohl und das SS-Wirtschafts-Verwaltungshauptamt 1933–1945* (Paderborn, 2001); Michael Thad Allen, *The Business of Genocide. The SS, Slave Labor, and the Concentration Camps* (Chapel Hill, 2002).
12 Ernst Klee, *'Euthanasie' im NS-Staat. Die 'Vernichtung lebensunwerten Lebens'* (Frankfurt am Main, 1985); Paul Weindling, *Health, Race and German Politics between National Unification and Nazism 1870–1945* (Cambridge, 1989); Michael Burleigh, *Death and Deliverance. 'Euthanasia' in Germany* (Cambridge, 2000); Michael Burleigh, *Ethics and Extermination. Reflections on Nazi Genocide* (Cambridge, 1997).
13 Michael Burleigh and Wolfgang Wippermann, *The Racial State. Germany 1933–1945* (Cambridge, 1991), p. 306.〔『人種主義国家ドイツ 1933–45』柴田敬二訳、刀水書房、2001年〕
14 以下を参照。Götz Aly, *Rasse und Klasse. Nachforschungen zum deutschen Wesen* (Frankfurt am Main, 2003), pp. 230–4.
15 Aly, *Rasse und Klasse*, p. 81

## 第1章　第一次世界大戦の余波とナチズムの台頭

1 Adolf Hitler, *Mein Kampf*, translated by James Murphy (London, 1939), p. 178.〔前掲『わが闘争』〕
2 Hitler, *Mein Kampf*, pp. 182–4.〔前掲『わが闘争』〕
3 Ian Kershaw, *Hitler 1889–1936: Hubris* (London, 1998), pp. 96–7 を参照。
4 Jeffrey Verhey, *The Spirit of 1914. Militarism, Myth and Mobilization in Germany* (Cambridge, 2000) 参照。
5 Wilhelm Deist, 'The Military Collapse of the German Empire: The Reality Behind the Stab-in-the-Back Myth', in *War in History*, vol. 3, no. 2 (1996), pp. 186–207 を参照。
6 1919年から23年にかけて、刑事上の有罪判決は2倍以上、34万8247件から82万3902件に増加した。Nikolaus Wachsmann, 'From Confinemant to Extermination. "Habitual Criminals" in the Third Reich', in Robert Gellately and Nathan Stoltzfus (eds), *Social Outsiders in Nazi Germany* (Princeton and Oxford, 2001), p. 171.
7 Wolfgang Homering (ed.), *Zeitzeugen des Jahrhunderts. Norbert Elias. Im Gespräch mit Hans Christian Huf* (Berlin, 1999), p. 25.
8 Stadtarchiv Heidelberg, 212a, 7: Kriegsministerium to the

# 原　注

## 序　論

1　Adolf Hitler, *Mein Kampf*, translated by James Murphy (London, 1939), p. 150.〔『わが闘争』平野一郎・将積茂訳、角川文庫、1973年〕

2　とくに Mark Mazower, *Dark Continent: Europe's Twentieth Century* (London, 1998) によるすばらしい総合的研究を参照。

3　これはおそらく、John K. Roth, Elisabeth Maxwell, Margot Levy and Wendy Whitworth による、最近のすばらしい3巻からなる大著 *Remembering for the Future. The Holocaust in an Age of Genocide* (Basingstoke and New York, 2001) でもっとも高く評価されている。

4　Dieter Pohl, *Nationalsozialistische Judenverfolgung in Ostgalizien 1941–1944. Organisation und Durchführung eines staatlichen Massenverbrechens* (Munich, 1996); Thomas Sandkühler, *'Endlösung' in Galizien. Der Judenmord in Ostpolen und die Rettungsinitiativen von Bertold Beitz 1941–1944* (Bonn, 1996); Bernhard Chiari, *Alltag hinter der Front. Besatzung, Kollaboration und Widerstand in Weissrussland 1941–1944* (Düsseldorf, 1998); Christian Gerlach, *Kalkulierte Mörde. Die deutsche Wirtschafts- und Vernichtungspolitik in Weissrussland 1941 bis 1944* (Hamburg, 1999); Ulrich Herbert (ed.), *National Socialist Extermination Policies. Contemporary German Perspectives and Controversies* (New York and Oxford, 2000).

5　Yaacov Lozowick, *Hitler's Bureaucrats. The Nazi Security Police and the Banality of Evil* (London and New York, 2000); Michael Wildt, *Generation des Unbedingten. Das Führungskorps des Reichssicherheitshauptamtes* (Hamburg, 2002).

6　Gabriele Czarnowski, *Das kontrollierte Paar. Ehe- und Sexualpolitik im Nationalsozialismus* (Weinheim, 1991); Lisa Pine, *Nazi Family Policy, 1933–1945* (Oxford and New York, 1997).

7　Michael Zimmermann, *Rassenutopie und Genozid. Eine nationalsozialistische 'Lösung der Zigeunerfrage'* (Hamburg, 1996); Gunter Lewy, *The Nazi Persecution of the Gypsies* (New York, 2000).

8　Wolfgang Ayass, *'Asoziale' im Nationalsozialismus* (Stuttgart, 1995).

9　Patrick Wagner, *Volksgemeinschaft ohne Verbrecher. Konzeption und Praxis der Kriminalopolizei der Weimarer Republik und des Nationalsozialismus* (Hamburg, 1996); Patrick Wagner, *Hitlers Kriminalisten. Die deutsche Kriminalpolizei und der Nationalsozialismus* (Munich, 2002).

R. J. Overy, *War and Economy in the Third Reich* (Oxford, 1994).
R. J. Overy, *The Nazi Economic Recovery, 1932–1938* (second edition, Cambridge, 1996).
Detlev J. K. Peukert, *Inside Nazi Germany. Conformity and Opposition in Everyday Life* (London, 1987).〔デートレフ・ポイカート『ナチス・ドイツある近代の社会史ーナチ支配下の「ふつうの人びと」の日常』木村靖二・山本秀行訳、三元社、1991年〕
Detlev J. K. Peukert, *The Weimar Republic. The Crisis of Classical Modernity* (London, 1991).〔デートレフ・ポイカート『ワイマル共和国ー古典的近代の危機』小野清美・田村栄子・原田一美訳、名古屋大学出版会、1993年〕
Lisa Pine, *Nazi Family Policy, 1933–1945* (Oxford. 1997).
Laurence Rees, *The Nazis. A Warning from History* (London, 1998).
Karl A. Schleunes, *The Twisted Road to Auschwitz. Nazi Policy towards German Jews 1933–1939* (Chicago, 1970).
David Schoenbaum, *Hitler's Social Revolution. Class and Status in Nazi Germany, 1933–1939* (New York and London, 1997).〔D・シェーンボウム『ヒットラーの社会革命ー1933〜39年のナチ・ドイツにおける階級とステイタス』大島通義・大島かおり訳、而立書房、1978年〕
Theo Schulte, *The German Army and Nazi Policies in Occupied Russia* (Providence, 1989).
Peter D. Stachura (ed.), *The Shaping of the Nazi State* (London, 1978).
Peter D. Stachura (ed.), *The Nazi Machtergreifung* (London, 1983).
Marlis Steinert, *Hitler's War and the Germans* (Athens, Ohio, 1977).
Jill Stephenson, *Women in Nazi Germany* (London, 1975).
Henry A. Turner (ed.), *Nazism and the Third Reich* (New York, 1972).
Henry A. Turner, *German Big Business and the Rise of Hitler* (New York and Oxford, 1985).
Henry A. Turner, *Hitler's Thirty Days to Power* (London, 1996).
Nikolaus Wachsmann, *Hitler's Prisons. Legal Terror in Nazi Germany* (New Haven and London, 2004).
Gerhard L. Weinberg, *A World at Arms. A Global History of World War II* (Cambridge, 1994).
David Welch, *The Third Reich: Politics and Propaganda* (London, 1993).
Robert S. Wistrich, *Hitler and the Holocaust* (New York, 2001).〔ロベルト・S.ヴィストリヒ『ヒトラーとホロコースト』大山晶訳、ランダムハウス講談社、2006年〕

Ian Kershaw, *Popular Opinion and Political Dissent in the Third Reich. Bavaria, 1933–45* (Oxford, 1983).

Ian Kershaw, *The 'Hitler Myth'. Image and Reality in the Third Reich* (Oxford, 1987).〔イアン・ケルショー『ヒトラー神話－第三帝国の虚像と実像』柴田敬二訳、刀水書房、1993年〕

Ian Kershaw (ed.), *Weimar: Why Did German Democracy Fail?* (London, 1990).

Ian Kershaw, *The Nazi Dictatorship. Problems and Perspectives of Interpretation* (fourth edition, London, 2000).

Ian Kershaw, *Hitler, 1889–1936: Hubris* (London, 1998).

Ian Kershaw, *Hitler, 1936–1945: Nemesis* (London, 2000).

Ian Kershaw and Moshe Levin (eds), *Stalinism and Nazism: Dictatorship in Comparison* (Cambridge, 1997).

Martin Kitchen, *Nazi Germany at War* (London, 1995).

MacGregor Knox, *Common Destiny. Dictatorship, Foreign Policy, and War in Fascist Italy and Nazi Germany* (Cambridge, 2000).

David Clay Large (ed.), *Contending with Hitler. Varieties of German Resistance in the Third Reich* (Cambridge, 1991).

Christian Leitz (ed.), *The Third Reich* (Oxford, 1999).

Tim Mason, *Social Policy in the Third Reich. The Working Class and the 'National Community'* (Providence and Oxford, 1993).

Tim Mason, *Nazism, Fascism and the Working Class* (Cambridge, 1996).

Mark Mazower, *Inside Hitler's Greece: The Experience of Occupation 1941–1944* (New Haven, 1993).

Allen Merson, *Communist Resistance in Nazi Germany* (London, 1985).

Robert G. Moeller, *War Stories. The Search for a Usable Past in the Federal Republic of Germany* (Berkeley, Los Angeles and London, 2001).

Hans Mommsen, *From Weimar to Auschwitz. Essays in German History* (Oxford, 1991).

Hans Mommsen, *The Rise and Fall of Weimar Democracy* (Chapel Hill and London, 1996).〔ハンス・モムゼン『ヴァイマール共和国史－民主主義の崩壊とナチスの台頭』関口宏道訳、水声社、2001年〕

George L. Mosse, *Fallen Soldiers. Reshaping the Memory of the World Wars* (New York, 1990).〔ジョージ・L・モッセ『英霊－創られた世界大戦の記憶』宮武実知子訳、柏書房、2002年〕

Klaus-Jürgen Müller, *The Army, Politics, and Society in Germany, 1933–1945: Studies in the Army's Relationship to Nazism* (Manchester, 1987).

Jeremy Noakes (ed.), *Nazism 1919–1945* (4 vols, Exeter, 1983, 1984, 1988, 1998).

(Oxford, 1993).〔ノルベルト・フライ『総統国家—ナチスの支配 1933–1945年』芝健介訳、岩波書店、1994年〕

Henry Friedlander, *The Origins of Nazi Genocide: From Euthanasia to the Final Solution* (Chapel Hill and London, 1995).

Saul Friedländer, *Nazi Germany and the Jews,* vol. i.: *The Years of Persecution 1933–1939* (New York, 1997).

Peter Fritzsche, *Germans into Nazis* (Cambridge, Mass., 1998).

Robert Gellately, *The Gestapo and German Society. Enforcing Racial Policy 1933–1945* (Oxford, 1990).

Robert Gellately, *Backing Hitler. Consent and Coercion in Nazi Germany* (Oxford, 2001).〔ロバート・ジェラテリー『ヒトラーを支持したドイツ国民』根岸隆夫訳、みすず書房、2008年〕

Robert Gellately and Nathan Stoltzfus (eds), *Social Outsiders in Nazi Germany* (Princeton, 2001).

Michael Geyer and John W. Boyer (eds), *Resistance against the Third Reich, 1933–1990* (Chicago, 1994).

Hermann Graml, *Antisemitism in the Third Reich* (Oxford, 1992).

Richard Grunberger, *A Social History of the Third Reich* (Harmondsworth, 1974).〔リヒアルト・グルンベルガー『第三帝国の社会史』池内光久訳、彩流社、2000年〕

Elizabeth D. Heineman, *What Difference Does a Husband Make? Women and Marital Status in Nazi and Postwar Germany* (Berkeley, Los Angeles and London, 1999).

Ulrich Herbert, *Hitler's Foreign Workers: Enforced Foreign Labor in Germany under the Third Reich* (Cambridge, 1997).

Ulrich Herbert (ed.), *National Socialist Extermination Policies. Contemporary German Perspectives and Controversies* (New York and Oxford, 2000).

Klaus Hildebrand, *The Third Reich* (London, 1984).〔クラウス・ヒルデブラント『ヒトラーと第三帝国』中井晶夫・義井博訳、南窓社、1987年〕

Gerhard Hirschfeld (ed.), *The Politics of Genocide. Jews and Soviet Prisoners of War in Nazi Germany* (London, 1986).

Konrad H. Jarausch and Michael Geyer, *Shattered Past. Reconstructing German Histories* (Princeton and Oxford, 2003).

Eric Johnson, *The Nazi Terror. The Gestapo, Jews and Ordinary Germans* (London, 2000).

Marion Kaplan, *Between Dignity and Despair: Jewish Life in Nazi Germany* (New York, 1998).

Michael Kater, *The Nazi Party. A Social Profile of Members and Leaders, 1919–1945* (Oxford, 1983).

Renate Bridenthal, et al., *When Biology Became Destiny. Women in Weimar and Nazi Germany* (New York, 1984).〔レナート・ブライデンソールほか編『生物学が運命を決めたとき―ワイマールとナチスドイツの女たち』近藤和子訳、社会評論社、1992年〕
Martin Broszat, *The Hitler State. The Foundation and Development of the Internal Structure of the Third Reich* (London, 1981).
Christopher Browning, *Fateful Months. Essays on the Emergence of the Final Solution* (Cambridge, 1991).
Christopher Browning, *Ordinary Men. Reserve Police Battalion 101 and the Final Solution in Poland* (New York, 1992).〔クリストファー・ブラウニング『普通の人びと―ホロコーストと第101警察予備大隊』谷喬夫訳、筑摩書房、1997年〕
Christopher Browning, *The Path to Genocide. Essays on the Launching of the Final Solution* (Cambridge, 1992).
Christopher Browning, *Nazi Policy, Jewish Labor, German Killers* (Cambridge, 2000).
Evan Burr Bukey, *Hitler's Austria. Popular Sentiment in the Nazi Era, 1938–1945* (Chapel Hill and London, 2000).
Hedley Bull (ed.), *The Challenge of the Third Reich* (Oxford, 1986).
Michael Burleigh (ed.), *Confronting the Nazi Past* (London, 1996).
Michael Burleigh, *The Third Reich. A New History* (London, 2000).
Michael Burleigh and Wolfgang Wippermann, *The Racial State. Germany 1933–1945* (Cambridge, 1991).〔M・バーリー＆W・ヴィッパーマン『人種主義国家ドイツ　1933–45』柴田敬二訳、刀水書房、2001年〕
Jane Caplan and Thomas Childers (eds), *Reevaluating the Third Reich* (New York, 1993).
William Carr, *Arms, Autarky and Aggression. A Study in German Foreign Policy, 1933–1945* (London, 1972).
William Carr, *Hitler: A Study of Personality in Politics* (London, 1978).
Thomas Childers, *The Nazi Voter. The Social Foundations of Fascism in Germany* (Chapel Hill and London, 1983).
Thomas Childers (ed.), *The Formation of the Nazi Constituency 1918–1933* (London, 1986).
David F. Crew (ed.), *Nazism and German Society 1933–1945* (London, 1994).
Wilhelm Deist, *The Wehrmacht and German Rearmament* (London, 1982).
Richard J. Evans, *The Coming of the Third Reich* (London, 2003).
Conan Fischer, *Stormtroopers. A Social, Economic and Ideological Analysis 1929–1935* (London, 1983).
Norbert Frei, *National Socialist Rule in Germany. The Führer State 1933–1945*

# 主要参考文献


Michael Thad Allen, *The Business of Genocide. The SS, Slave Labor, and the Concentration Camps* (Chapel Hill and London, 2002).

William Sheridan Allen, *The Nazi Seizure of Power. The Experience of a Single German Town* (revised edition, London, 1989).〔ウィリアム・シェリダン・アレン『ヒトラーが町にやってきた―ナチス革命に捲込まれた市民の体験』西義之訳、番町書房、1973年〕

Götz Aly, *'Final Solution'. Nazi Population Policy and the Murder of the European Jews* (London, 1999).〔ゲッツ・アリー『最終解決―民族移動とヨーロッパのユダヤ人殺害』山本尤・三島憲一訳、法政大学出版局、1998年〕

Pierre Aycoberry, *The Nazi Question* (London, 1983).

Omer Bartov, *The Barbarisation of Warfare. German Officers and Soldiers in Combat on the Eastern Front, 1941–1945* (London, 1986).

Omer Bartov, *Hitler's Army. Soldiers, Nazis, and War in the Third Reich* (Oxford, 1991).

Omer Bartov, *Murder in our Midst: the Holocaust, Industrial Killing, and Representation* (New York and Oxford, 1996).

Omer Bartov (ed.), *The Holocaust. Origins, Implementation, Aftermath* (London, 2000).

Richard Bessel, *Political Violence and the Rise of Nazism* (New Haven and London, 1984).

Richard Bessel (ed.), *Fascist Italy and Nazi Germany. Comparisons and Contrasts* (Cambridge, 1996).

Richard Bessel (ed.), *Life in the Third Reich* (revised edition, Oxford, 2001).〔リチャード・ベッセル編『ナチ統治下の民衆』柴田敬二訳、刀水書房、1990年〕

Richard Bessel and Dirk Schumann (eds), *Life after Death. Approaches to a Cultural and Social History of Europe during the 1940s and 1950s* (Cambridge, 2003).

Karl Dietrich Bracher, *The German Dictatorship. The Origins, Structure and Effects of National Socialism* (Harmondsworth, 1971).〔K・D・ブラッハー『ドイツの独裁―ナチズムの生成・構造・帰結』(Ⅰ・Ⅱ) 山口定・高橋進訳、岩波書店、1975年〕

Richard Breitman, *The Architect of Genocide: Himmler and the Final Solution* (Hanover, NH, 1991).

リチャード・ベッセル（Richard Bessel）

1948年アメリカ合衆国生まれ．80年，オックスフォード大学で博士号取得（歴史学）．98年よりヨーク大学教授（20世紀史）．『ヒストリー・トゥデイ』編集委員．
著書 *Germany 1945: From War to Peace.*（Simon & Schuster and Harper Collins, 2009.）
*Germany after the First World War.*（Oxford: Oxford University Press, 1993; paperback edi-tion 1995.）
編著『ナチ統治下の民衆』（柴田敬二訳，刀水書房，1990）

大山 晶（おおやま・あきら）

1961年生まれ．大阪外国語大学外国語学部卒業．翻訳家．
訳書『ヒトラーとホロコースト』（R・S・ヴィトリヒ，ランダムハウス講談社，2006）
『ヒトラー・ユーゲント』（B・R・ルイス，原書房，2001）
『ヒトラーとシュタウフェンベルク家』（P・ホフマン，原書房，2010）
『ポンペイ』（A・バタワース／R・ローレンス，中央公論新社，2009）
ほか

ナチスの戦争《せんそう》 1918 - 1949
中公新書 2329

2015年9月25日初版
2024年6月30日6版

著　者　R・ベッセル
発行者　安部順一

本文印刷　三晃印刷
カバー印刷　大熊整美堂
製　　本　小泉製本

発行所　中央公論新社
〒100-8152
東京都千代田区大手町 1-7-1
電話　販売 03-5299-1730
　　　編集 03-5299-1830
URL https://www.chuko.co.jp/



Published by CHUOKORON-SHINSHA, INC.
Printed in Japan　ISBN978-4-12-102329-2 C1222

# 中公新書刊行のことば

いまからちょうど五世紀まえ、グーテンベルクが近代印刷術を発明したとき、書物の大量生産は潜在的可能性を獲得し、いまからちょうど一世紀まえ、世界のおもな文明国で義務教育制度が採用されたとき、書物の大量需要の潜在性が形成された。この二つの潜在性がはげしく現実化したのが現代である。

いまや、書物によって視野を拡大し、変りゆく世界に豊かに対応しようとする強い要求を私たちは抑えることができない。この要求にこたえる義務を、今日の書物は背負っている。だが、その義務は、たんに専門的知識の通俗化をはかることによって果たされるものでもなく、通俗的好奇心にうったえて、いたずらに発行部数の巨大さを誇ることによって果たされるものでもない。現代を真摯に生きようとする読者に、真に知るに価いする知識だけを選びだして提供すること、これが中公新書の最大の目標である。

私たちは、知識として錯覚しているものによってしばしば動かされ、裏切られる。私たちは、作為によってあたえられた知識のうえに生きることがあまりに多く、ゆるぎない事実を通して思索することがあまりにすくない。中公新書が、その一貫した特色として自らに課すものは、この事実のみの持つ無条件の説得力を発揮させることである。現代にあらたな意味を投げかけるべく待機している過去の歴史的事実もまた、中公新書によって数多く発掘されるであろう。

中公新書は、現代を自らの眼で見つめようとする、逞しい知的な読者の活力となることを欲している。

一九六二年一一月

中公新書

## 現代史

f1

- 2105 昭和天皇　古川隆久
- 2687 天皇家の恋愛　森　暢平
- 2309 朝鮮王公族―帝国日本の準皇族　新城道彦
- 2482 日本統治下の朝鮮　木村光彦
- 632 海軍と日本　池田　清
- 2703 帝国日本のプロパガンダ　貴志俊彦
- 2754 関東軍―満洲支配への独走と崩壊　及川琢英
- 2192 政友会と民政党　井上寿一
- 1138 キメラ―満洲国の肖像（増補版）　山室信一
- 2144 昭和陸軍の軌跡　川田　稔
- 2587 五・一五事件　小山俊樹
- 76 二・二六事件（増補改版）　高橋正衛
- 2657 平沼騏一郎　萩原　淳
- 795 南京事件（増補版）　秦　郁彦
- 84 90 太平洋戦争（上下）　児島　襄
- 2707 大東亜共栄圏　安達宏昭
- 2465 日本軍兵士―アジア・太平洋戦争の現実　吉田　裕
- 2525 硫《い》黄《おう》島《とう》　石原　俊
- 2798 日ソ戦争　麻田雅文
- 2015 「大日本帝国」崩壊　加藤聖文
- 244 248 東京裁判（上下）　児島　襄
- 2296 日本占領史 1945-1952　福永文夫
- 2411 シベリア抑留　富田　武
- 2471 戦前日本のポピュリズム　筒井清忠
- 2171 治安維持法　中澤俊輔
- 2806 言論統制（増補版）　佐藤卓己
- 828 清沢《きよさわ》洌《きよし》（増補版）　北岡伸一
- 2638 幣原喜重郎　熊本史雄
- 1243 石橋湛山　増田　弘
- 2796 堤　康次郎　老川慶喜

# 現代史

f3